COLLECTION MICHEL LÉVY
— 1 franc le volume —
1 franc 25 centimes dans les gares de chemins de fer et à l'Étranger

ALEXANDRE DUMAS
— ŒUVRES COMPLÈTES —

LA GUERRE DES FEMMES

NOUVELLE ÉDITION

II

PARIS
MICHEL LÉVY FRÈRES, LIBRAIRES-ÉDITEURS
RUE VIVIENNE, 2 BIS

1861

COLLECTION MICHEL LÉVY

ŒUVRES COMPLÈTES
D'ALEXANDRE DUMAS

ŒUVRES COMPLÈTES
D'ALEXANDRE DUMAS

Parues dans la collection Michel Lévy

AMAURY	1	IMPRESSIONS DE VOYAGE: Suisse.	3
ANGE PITOU	2	— Le Véloce	2
L'ARABIE HEUREUSE	3	— De Paris à Cadix	2
ASCANIO	2	— Une année à Florence	1
LES BALEINIERS	2	— Le capitaine Arena	1
LE BATARD DE MAULÉON	3	— Quinze jours au Sinaï	1
BLACK	1	INGÉNUE	2
BRIC-A-BRAC	2	LES LOUVES DE MACHECOUL	3
UN CADET DE FAMILLE	3	LA MAISON DE GLACE	2
LE CAPITAINE RICHARD	1	LE MAITRE D'ARMES	1
CATHERINE BLUM	1	LES MARIAGES DU PÈRE OLIFUS	1
CAUSERIES	2	LES MEDICIS	1
CECILE	1	MEMOIRES DE GARIBALDI	2
CHARLES LE TÉMÉRAIRE	2	MEMOIRES D'UN MEDECIN: — JOSEPH BALSAMO	5
LE CHASSEUR DE SAUVAGINE	1	LE MENEUR DE LOUPS	1
LE CHATEAU D'EPPSTEIN	2	LES MILLE ET UN FANTÔMES	1
LE CHEVALIER DE MAISON-ROUGE	2	LES MORTS VONT VITE	2
LE COLLIER DE LA REINE	3	UNE NUIT A FLORENCE	1
LE COMTE DE MONTE-CRISTO	6	OLYMPE DE CLÈVES	3
LA COMTESSE DE CHARNY	6	LE PASTEUR D'ASHBOURN	2
LA COMTESSE DE SALISBURY	2	PAULINE ET PASCAL BRUNO	1
CONSCIENCE L'INNOCENT	2	LE PÈRE GIGOGNE	2
LA DAME DE MONSOREAU	3	LE PÈRE LA RUINE	1
LES DEUX DIANE	3	LES QUARANTE-CINQ	3
LES DRAMES DE LA MER	1	LA REINE MARGOT	2
LA FEMME AU COLLIER DE VELOURS	1	LA ROUTE DE VARENNES	1
		SYLVANDIRE	1
FERNANDE	1	LE TESTAMENT DE CHAUVELIN	1
UNE FILLE DU RÉGENT	1	LES TROIS MOUSQUETAIRES	2
GEORGES	1	LA TULIPE NOIRE	1
UN GIL BLAS EN CALIFORNIE	1	LE VICOMTE DE BRAGELONNE	6
LA GUERRE DES FEMMES	2	LA VIE AU DESERT	2
HISTOIRE D'UN CASSE-NOISETTE	1	UNE VIE D'ARTISTE	1
L'HOROSCOPE	1	VINGT ANS APRÈS	3

LAGNY. — Typographie de A. VARIGAULT et Cie.

LA GUERRE
DES FEMMES

PAR

ALEXANDRE DUMAS

II

NOUVELLE ÉDITION

PARIS

MICHEL LÉVY FRÈRES, LIBRAIRES-ÉDITEURS

RUE VIVIENNE, 2 BIS

—

1861

Tous droits réservés

LA GUERRE
DES FEMMES

LA VICOMTESSE DE CAMBES

I

Le surlendemain, on arriva en vue de Bordeaux : il s'agissait de décider enfin comment on entrerait dans la ville. Les ducs n'étaient plus, avec leur armée, qu'à une distance de dix lieues à peu près ; on pouvait donc essayer également d'entrer pacifiquement ou par force. L'important était de savoir lequel valait mieux de commander à Bordeaux ou d'obéir au parlement. Madame la Princesse rassembla son conseil, qui se composait de madame de Tourville, de Claire, de ses dames d'honneur et de Lenet. Madame de Tourville, qui connaissait son antagoniste, avait fort insisté pour qu'il n'assistât point au conseil, attendu que la guerre était une guerre de femmes, dans laquelle on ne se servait des hommes que pour combattre. Mais madame la Princesse déclara que Lenet lui ayant été imposé par le prince, son mari, elle ne pouvait l'exclure de la chambre des délibérations, dans laquelle d'ailleurs sa présence n'aurait aucune importance, vu qu'il était convenu d'avance qu'il pourrait parler tant qu'il voudrait, mais qu'on ne l'écouterait pas.

La précaution de madame de Tourville n'était pas une précaution inutile; elle avait employé les deux jours de marche qui venaient de s'écouler à tourner la tête de madame la Princesse vers des idées belliqueuses auxquelles celle-ci n'était déjà que trop encline, et elle craignait que Lenet ne vint détruire encore tout l'échafaudage de son travail si laborieusement élevé.

En effet, le conseil assemblé, madame de Tourville exposa son plan : c'était de faire venir secrètement les ducs et leur armée; de se procurer, soit de force, soit à l'amiable, un certain nombre de bateaux, et d'entrer dans Bordeaux, en descendant la rivière, aux cris de : — A nous, Bordelais! Vive Condé! Pas de Mazarin!

Ainsi l'entrée de madame la Princesse devenait une véritable entrée triomphale, et madame de Tourville, par un chemin détourné, revenait ainsi à son fameux projet de s'emparer de force de Bordeaux, et de faire ainsi peur à la reine d'une armée dont le coup d'essai serait un si brillant coup de main.

Lenet approuva toute chose de la tête, interrompant madame de Tourville par des exclamations admiratives; puis, lorsqu'elle eut fini d'exposer son plan :

— C'est magnifique, Madame! dit-il; maintenant, veuillez vous résumer.

— C'est chose facile, et qui sera faite en deux mots, dit la bonne dame triomphante et s'animant elle-même à son propre récit. Au milieu de la grêle des balles, au son des cloches, aux cris de fureur ou d'amour des populations, on verra de faibles femmes poursuivre intrépidement leur généreuse mission; on verra un enfant dans les bras de sa mère supplier le parlement pour obtenir sa protection. Ce touchant spectacle ne manquera point d'attendrir les âmes les plus farouches. Nous vaincrons ainsi, moitié par la force, moitié par la justice de notre cause : ce qui est, je crois, le but de son altesse madame la Princesse.

Le résumé fit plus d'effet encore que le discours; madame la Princesse applaudit; Claire, que le désir d'être nommée parlementaire à l'île Saint-Georges poignait de plus en plus, applaudit; le capitaine des gardes, dont c'était l'état de rechercher les grands coups d'épée, applaudit; enfin Lenet fit plus que d'applaudir, il alla prendre la main de madame de Tourville, et la pressant avec autant de respect que de sensibilité :

— Madame, s'écria-t-il, quand je n'eusse pas su combien votre prudence est grande, combien vous connaissez à fond, d'instinct ou d'étude, je n'en sais rien, et peu m'importe, la grande question civile et militaire qui nous occupe, je serais certes convaincu à cette heure, et je me prosternerais devant la plus utile conseillère que Son Altesse puisse jamais trouver...

— N'est-ce pas, Lenet, dit la princesse, n'est-ce pas que voilà une belle chose! C'était aussi mon avis. Vite, allons Vialas, qu'on mette à monsieur le duc d'Enghien la petite épée que je lui ai fait faire, ainsi que son casque et son armure.

— Oui! faites, Vialas. Mais un seul mot encore auparavant, s'il vous plaît, Madame, dit Lenet, tandis que madame de Tourville, qui s'était d'abord rengorgée d'orgueil, commençait à s'assombrir, vu la parfaite connaissance qu'elle avait des subtilités de Lenet à son endroit.

— Eh bien! dit la princesse, voyons, qu'y a-t-il encore?

— Rien, Madame, bien certainement; car jamais on ne présenta une chose qui fût plus en harmonie avec le caractère d'une princesse auguste comme vous l'êtes, et pareil avis ne pouvait venir que de votre maison.

Ces paroles produisirent un nouveau gonflement de madame de Tourville, et ramenèrent le sourire sur les lèvres de madame la Princesse, qui commençait à froncer le sourcil.

— Mais, Madame, continua Lenet, dont le regard suivait l'effet de ce terrible *mais* sur le visage de son ennemie jurée, tout en adoptant, je ne dirai pas même sans répugnance, mais d'enthousiasme ce plan, le seul convenable, j'y proposerai une légère modification.

Madame de Tourville fit demi-tour sur elle-même, raide, sèche et prête à la défense. Le sourcil de madame la Princesse se refronça.

Lenet s'inclina et fit un signe de la main indiquant qu'il demandait la permission de continuer.

— Le son des cloches, les cris d'amour des populations, dit-il, me comblent d'avance d'une joie que je ne puis exprimer. Mais je ne suis point aussi rassuré que je voudrais l'être sur la grêle de balles dont a parlé Madame.

Madame de Tourville se redressa en prenant un air martial. Lenet s'inclina encore davantage, et continua en baissant la voix d'un demi-ton.

— Assurément, il serait beau de voir une femme et son enfant, calmes, au milieu de cette tempête qui épouvante ordinairement les hommes eux-mêmes. Mais je craindrais qu'une de ces balles frappant aveuglément, selon l'usage des choses brutales et sans intelligence, ne donnât raison contre nous à monsieur de Mazarin, et ne gâtât notre plan, qui est si magnifique d'ailleurs. Je suis d'avis, ainsi que l'a dit avec tant d'éloquence madame de Tourville, qu'on voie le jeune prince et son auguste mère s'ouvrir un chemin jusqu'au parlement, mais par la supplication et non par les armes. Je pense enfin qu'il sera plus beau d'attendrir ainsi les âmes les plus farouches, que de vaincre autrement les cœurs les plus forts. Je pense enfin que l'un des deux moyens offre infiniment plus de chances que l'autre, et que le but de madame la Princesse est, avant toute chose, d'entrer à Bordeaux. Or, je le dis, rien n'est moins sûr que cette entrée si nous livrons bataille...

— Vous allez voir, dit aigrement madame de Tourville, que Monsieur, selon son habitude, va démolir mon plan pierre à pierre, et proposer tout doucement un plan de sa façon à la place du mien.

— Moi! s'écria Lenet, tandis que la princesse rassurait madame de Tourville d'un sourire et d'un coup d'œil, moi le plus zélé de vos admirateurs! non, mille fois non! Mais je sais que, venant de Blaye, il est entré en ville un officier de Sa Majesté nommé monsieur Dalvimar, dont la mission est de soulever les jurats et le peuple contre Son Altesse. Et je dis que si monsieur de Mazarin peut terminer la guerre d'un seul coup, il le fera : voilà pourquoi je crains cette grêle de balles dont parlait tout à l'heure madame de Tourville, et parmi elles peut-être plus encore les balles intelligentes que les balles brutales et sans raison.

Cette dernière allocution de Lenet parut faire réfléchir la princesse.

— Vous savez toujours tout, vous, monsieur Lenet, répondit d'une voix tremblante de colère madame de Tourville.

— Une bonne action bien chaude eût été belle pourtant, dit en se redressant et en faisant avec le pied des appels comme il eût fait dans une salle d'armes le capitaine des gardes, vieux soldat confiant dans les idées de force, et qui eût bien grandi en cas d'action.

Lenet lui écrasa le pied tout en le regardant avec le plus aimable sourire,

— Oui, capitaine, dit-il; mais vous pensez aussi, n'est-ce pas, que monsieur le duc d'Enghien est nécessaire à notre cause, et que lui mort ou pris, le véritable généralissime de l'armée des princes est pris ou mort?

Le capitaine des gardes, qui savait que ce titre pompeux de généralissime donné en apparence à un prince de sept ans le faisait, lui, en réalité, premier brigadier de l'armée, comprit la sottise qu'il venait de faire, et, renonçant à sa proposition, il appuya chaudement l'avis de Lenet.

Pendant ce temps, madame de Tourville s'était rapprochée de la princesse et lui avait parlé tout bas. Lenet vit qu'il allait avoir une nouvelle lutte à soutenir. En effet, se tournant de son côté ;

— Il n'en est pas moins étrange, dit Son Altesse avec humeur, que l'on défasse avec tant d'acharnement ce qui était si bien fait.

— Son Altesse est dans l'erreur, dit Lenet. Jamais je n'ai mis d'acharnement dans les conseils que j'ai eu l'honneur de lui donner, et si je défais, c'est pour refaire. Si, malgré les raisons que j'ai eu l'honneur de lui soumettre, Votre Altesse veut toujours se faire tuer avec monsieur son fils, elle en est bien la maîtresse, et nous nous ferons tuer à ses côtés : ceci n'est qu'un fait facile à accomplir, et le premier valet de votre suite ou le dernier croquant de la ville en fera autant. Mais si nous voulons réussir malgré le Mazarin, malgré la reine, malgré les parlements, malgré mademoiselle Nanon de Lartigues, enfin malgré toutes les mauvaises chances inséparables de la faiblesse où nous sommes réduits, voici, je crois, ce qui nous reste à faire.

— Monsieur, s'écria impétueusement madame de Tourville saisissant au bond la dernière phrase de Lenet, Monsieur, il n'y a point de faiblesse là où se trouve le nom de Condé, d'une part, et deux mille soldats de Rocroy, de Nordlingen et de Lens, de l'autre; et s'il y a faiblesse malgré cela, nous sommes perdues de toutes façons, et ce ne sera point votre plan, si magnifique qu'il soit, qui nous sauvera.

— J'ai lu, Madame, répondit avec calme Lenet, savourant d'avance l'effet qu'il allait produire sur la princesse, attentive malgré elle; j'ai lu que la veuve d'un des plus illustres Romains, sous Tibère, que la généreuse Agrippine, à laquelle la persécution venait d'enlever Germanicus, son époux, princesse qui pouvait soulever à son gré une armée toute palpitante au souvenir du général mort, aima mieux entrer à Brindes seule, traverser la Pouille et la Campanie vêtue de deuil et tenant un enfant de chaque main, et marcher ainsi, pâle, les yeux rouges de larmes, la tête baissée, tandis que les enfants sanglotaient et imploraient du regard... qu'alors tous les assistants, et il y en avait plus de deux millions de Brindes à Rome, fondirent en larmes, se répandirent en imprécations, éclatèrent en menaces, et que la cause de cette femme fut gagnée non-seulement devant Rome, mais devant toute l'Italie; non-seulement près de ses contemporains, mais près de la postérité: car elle ne trouva pas une seule résistance à ses pleurs et à ses gémissements, tandis qu'aux lances elle eût vu s'opposer les piques, et les épées aux épées. Je crois que la ressemblance est grande entre Son Altesse et Agrippine, entre monsieur le prince et Germanicus; enfin, entre Pison, ministre persécuteur et empoisonneur, et monsieur de Mazarin. Or, la ressemblance étant identique, la situation étant pareille, je demande que la conduite soit la même; car, à mon avis, il est impossible que ce qui a si bien réussi dans une époque ne réussisse pas dans l'autre...

Un sourire d'approbation épanouit les traits de la princesse et assura à Lenet le triomphe de sa harangue. Madame de Tourville alla se retrancher dans l'angle de la chambre, se voilant comme une statue antique. Madame de Cambes, qui avait trouvé un ami dans Lenet, lui rendit l'appui qu'il lui avait prêté en approuvant de la tête; le capitaine pleurait comme un tribun militaire, et le petit duc d'Enghien s'écria:

— Maman, vous me tiendrez par la main, et vous m'habillerez de deuil?

— Oui, mon fils, répondit la princesse. Lenet, vous savez que j'ai toujours eu l'intention de me présenter aux Bordelais vêtue de noir...

— D'autant plus, dit madame de Cambes, que le noir sied à merveille à Votre Altesse.

— Chut! chère petite, dit la princesse, madame de Tourville le criera bien assez tout haut, sans que vous le disiez même tout bas.

Le programme de l'entrée à Bordeaux fut donc arrêté ainsi sur la proposition de Lenet. Les dames de l'escorte eurent ordre de se préparer. Le jeune prince fut vêtu d'une robe de tapis blanc chamarrée de passements noir et argent, avec un chapeau couvert de plumes blanches et noires.

Quant à la princesse, affectant la plus grande simplicité, afin de ressembler à Agrippine, sur laquelle elle avait résolu de se modeler en tout point, elle s'habilla de noir sans aucune pierrerie.

Lenet, entrepreneur de la fête, se multipliait pour qu'elle fût splendide. La maison qu'il habitait dans une petite ville, située à deux lieues de Bordeaux, ne désemplissait point de partisans de madame la Princesse, qui, avant de la faire entrer à Bordeaux, voulaient savoir quel genre d'entrée lui serait le plus agréable. Lenet, comme un directeur de théâtre moderne, leur conseilla les fleurs, les acclamations et les cloches ; puis, voulant faire une part à la belliqueuse madame de Tourville, il proposa quelques saluts de canon.

Le lendemain, 31 mai, sur l'invitation du parlement, la princesse se mit en marche. Un nommé Lavie, avocat général près le parlement, et partisan enragé de monsieur de Mazarin, avait bien fait fermer les portes l'avant-veille pour empêcher que la princesse ne fût reçue si elle se présentait ; mais, d'un autre côté, les partisans des Condé avaient agi, et le matin même le peuple, excité par eux, s'était rassemblé aux cris de : *Vive madame la Princesse ! vive monsieur le duc d'Enghien !* et avait brisé les portes à coups de hache ; de sorte que, en définitive, rien ne s'opposait plus à cette fameuse entrée qui prenait ainsi tout le caractère d'un triomphe. Les observateurs pouvaient en outre retrouver dans ces deux événements l'inspiration des chefs des deux partis qui divisaient la ville, car Lavie recevait directement les conseils du duc d'Épernon, et le peuple avait ses moteurs conseillés par Lenet.

A peine la princesse eut-elle dépassé la porte, que la scène préparée depuis longtemps eut lieu dans des proportions gigantesques. Le salut militaire fut fait par les vaisseaux qui se trouvaient dans le port, et les canons de la ville y répondirent. Les fleurs tombaient des fenêtres ou traversaient les rues en guirlandes, si bien que le pavé en était couvert et l'air embaumé : les acclamations étaient poussées par trente mille zélés de tout âge et de tout sexe qui sentaient leur enthousiasme s'accroître de l'intérêt qu'inspiraient madame la Princesse et son fils, et de la haine qu'ils portaient au Mazarin...

Au reste, le petit duc d'Enghien fut le plus habile acteur de toute cette scène ; madame la Princesse avait renoncé à le conduire par la main, de peur de le fatiguer, ou qu'il ne fût enseveli sous les roses ; il était donc porté par son gentilhomme, de sorte qu'ayant les mains libres, il envoyait des baisers à droite et à gauche, et ôtait gracieusement son chapeau à plumes.

Le peuple bordelais s'enivre aisément; les femmes en arrivèrent à une adoration frénétique pour ce bel enfant qui pleurait avec tant de charmes, les vieux magistrats s'émurent des paroles du petit orateur qui disait : « Messieurs, servez-moi de père, puisque monsieur le cardinal m'a ôté le mien. »

En vain les partisans du ministre voulurent-ils tenter quelque opposition, les poings, les pierres et même les hallebardes leur enjoignirent la prudence, et il fallut se résigner à laisser le champ libre aux triomphateurs.

Cependant madame de Cambes, pâle et grave, marchant derrière la princesse, attirait sa part des regards. Elle ne songeait pas à tant de gloire sans s'affliger intérieurement de ce que le succès d'aujourd'hui ferait peut-être oublier la résolution de la veille. Elle était donc sur ce chemin, heurtée par les adorateurs, foulée par le peuple, inondée de fleurs et de caresses respectueuses, frémissant d'être portée en triomphe, comme certains cris commençaient à en menacer madame la Princesse, le duc d'Enghien et leur suite, lorsque apercevant Lenet, qui, voyant son embarras, lui tendait la main pour l'aider à gagner un carrosse, elle lui dit, répondant à sa propre pensée :

— Ah! vous êtes bien heureux, vous, monsieur Lenet, vous faites prévaloir vos avis en toute chose, et ce sont toujours ceux qu'on suit. Il est vrai, ajouta-t-elle, qu'ils sont bons et qu'on s'en trouve bien...

— Il me semble, Madame, répondit Lenet, que vous n'avez point à vous plaindre, et que le seul que vous ayez émis a été adopté.

— Comment cela?

— N'est-il pas convenu que vous essayez de nous avoir l'île Saint-Georges?

— Oui, mais quand me permettra-t-on de me mettre en campagne?

— Dès demain, si vous me promettez d'échouer.

— Soyez tranquille; je n'ai que trop peur de remplir vos intentions.

— Tant mieux.

— Je ne vous comprends pas bien.

— Nous avons besoin de la résistance de l'île Saint-Georges pour obtenir des Bordelais nos deux ducs et leur armée, qui, je dois le dire, quoique mon opinion sur ce point se rapproche de madame de Tourville, me paraissent éminemment nécessaires dans les circonstances où nous nous trouvons.

— Sans doute, répondit Claire; mais, quoique je n'aie pas en guerre les connaissances de madame de Tourville, il me semble qu'on n'attaque pas une place sans la faire sommer auparavant.

— Ce que vous dites est parfaitement juste.

— On enverra donc un parlementaire à l'île Saint-Georges?

— Indubitablement.

— Eh bien! je demande à être ce parlementaire.

Les yeux de Lenet se dilatèrent de surprise.

— Vous, dit-il, vous! mais toutes nos dames sont donc devenues des amazones?

— Passez-moi cette fantaisie, mon cher monsieur Lenet.

— Vous avez raison. Le pis qui puisse nous arriver, au fait, c'est que vous preniez Saint-Georges.

— C'est donc dit?

— Oui.

— Mais promettez-moi une chose.

— Laquelle?

— C'est que personne ne saura le nom et la qualité du parlementaire que vous aurez envoyé, que dans le cas où ce parlementaire aura réussi.

— C'est convenu, dit Lenet tendant la main à madame de Cambes.

— Et quand partirai-je?

— Quand vous voudrez.

— Demain.

— Demain, soit.

— Bien. Maintenant, voilà que madame la Princesse va monter, avec monsieur son fils, sur la terrasse de monsieur le président de Lalasne. Je laisse ma part de triomphe à madame de Tourville. Vous m'excuserez près de Son Altesse, sous prétexte d'indisposition. Faites-moi conduire au logement qu'on m'a préparé : je vais faire mes préparatifs et réfléchir à ma mission, qui ne laisse pas de m'inquiéter, attendu que c'est la première de ce genre que j'accomplis, et que tout, dit-on, dans ce monde, dépend du début.

— Peste! dit Lenet, je ne m'étonne plus que monsieur de La Rochefoucault ait été sur le point de faire pour vous une infidélité à madame de Longueville; vous la valez en certaines choses et beaucoup mieux en d'autres.

— C'est possible, dit Claire, et je ne repousse pas tout à fait le compliment; mais si vous avez quelque pouvoir sur monsieur de La Rochefoucault, mon cher monsieur Lenet, affermissez-le dans son premier amour, car le second me fait peur?

— Eh bien! nous y tâcherons, dit Lenet en souriant : ce soir je vous donnerai vos instructions.

— Vous consentez donc à ce que je vous prenne Saint-Georges?

— Il le faut bien, puisque vous le désirez.
— Et les deux ducs et l'armée?
— J'ai dans ma poche un autre moyen de les faire venir.

Et Lenet, après avoir donné l'adresse du logement de madame de Cambes au cocher, prit congé d'elle en souriant et alla rejoindre la reine.

II

Le lendemain de l'entrée de madame la Princesse à Bordeaux, il y avait grand dîner à l'île Saint-Georges, Canolles ayant invité à sa table les principaux officiers de la garnison et les autres gouverneurs de place de la province.

A deux heures de l'après-midi, heure fixée pour le commencement du repas, Canolles se trouvait donc entouré d'une douzaine de gentilshommes qu'il voyait la plupart pour la première fois, et qui, racontant le grand événement de la veille, s'égayant sur le compte des dames qui accompagnaient madame la Princesse, ressemblaient peu à des gens qui vont entrer en campagne et à qui sont confiés les plus sérieux intérêts d'un royaume.

Canolles, tout radieux, Canolles, magnifique dans son habit doré, animait encore cette joie par son exemple. On allait servir.

— Messieurs, dit-il, je vous présente toutes mes excuses, mais il nous manque encore un convive

— Lequel? demandèrent les jeunes gens en s'entre-regardant.

— Le gouverneur de Vayres, à qui j'ai écrit, quoique je ne le connaisse pas, et qui, justement parce que je ne le connais pas, a droit à quelques égards. Je vous prierai donc de m'accorder un sursis d'une demi-heure.

— Le gouverneur de Vayres! dit un vieil officier habitué sans doute à la régularité militaire, et à qui ce retard fit pousser un soupir, le gouverneur de Vayres! attendez donc : c'est, si je ne me trompe, le marquis de Bernay : mais il n'administre pas, il a un lieutenant.

— Alors, dit Canolles, il ne viendra pas, ou son lieutenant viendra à sa place. Quant à lui, il est sans doute à la cour, séjour des faveurs.

— Mais, baron, dit un des assistants, il me semble qu'il n'est pas besoin d'être à la cour pour avancer, et je sais un commandant de ma connaissance qui n'a pas à se plaindre. Peste! en trois mois, capitaine, lieutenant-colonel, gouverneur de l'île Saint-Georges! C'est un joli petit chemin, avouez-le.

— Aussi, je l'avoue, dit Canolles en rougissant, et comme je ne sais à quoi attribuer de pareilles faveurs, il faut, en vérité, que je convienne qu'il y a quelque bon génie dans ma maison pour qu'elle prospère ainsi.

— Nous connaissons le bon génie de monsieur le gouverneur, dit en s'inclinant le lieutenant qui avait introduit Canolles dans la forteresse, c'est son mérite.

— Je ne conteste pas le mérite, bien au contraire, répondit un autre officier, et je suis le premier à le reconnaître. Mais à ce mérite j'ajouterai la recommandation de certaine dame, la plus spirituelle, la plus bienfaisante, la plus aimable de France, après la reine, bien entendu.

— Pas d'équivoque, comte, dit Canolles en souriant au

nouvel interlocuteur, si vous avez des secrets à vous, gardez-les pour vous; s'ils sont à vos amis, gardez-les pour eux.

— J'avoue, dit un officier, que lorsque j'ai entendu parler de retard. j'ai cru qu'on allait nous demander pardon en faveur de quelque resplendissante toilette. Maintenant je vois que je m'étais trompé.

— Nous dînerons donc sans femmes? demanda un autre.

— Dame! à moins que je n'invite madame la Princesse et sa suite, dit Canolles, je ne vois pas trop qui nous pourrions avoir; d'ailleurs, n'oublions pas, Messieurs, que notre dîner est un dîner sérieux : si nous voulons causer d'affaires, au moins, nous n'importunerons que nous.

— Bien dit, commandant, quoiqu'en vérité, si nous n'y faisions pas attention, les femmes font en ce moment-ci une véritable croisade contre notre autorité : témoin ce que disait devant moi monsieur le cardinal à don Luis de Haro.

— Et que disait-il donc? demanda Canolles.

— « Vous êtes bien heureux, vous! Les femmes d'Espagne ne s'occupent que d'argent, de coquetterie et de galants, tandis que les femmes de France ne prennent plus à cette heure un amant sans l'avoir essayé sur la question politique; si bien, ajoutait-il d'un air désespéré, que les rendez-vous d'amour se passent aujourd'hui à traiter sérieusement des affaires de gouvernement. »

— Aussi, dit Canolles, la guerre que nous faisons s'appelle-t-elle la guerre des femmes : ce qui ne laisse pas que d'être flatteur pour nous.

En ce moment, comme la demi-heure de répit demandée par Canolles était écoulée, la porte s'ouvrit, et un laquais paraissant annonça que monsieur le gouverneur était servi.

Canolles invita ses convives à le suivre; mais comme ils se mettaient en marche, une autre annonce retentit dans l'antichambre :

— Monsieur le gouverneur de Vayres !

— Ah ! ah ! dit Canolles ; c'est fort aimable à lui.

Et il fit un pas pour s'avancer au-devant du collègue qui lui était inconnu. Mais tout à coup reculant de surprise :

— Richon ! s'écria-t-il ; Richon, gouverneur de Vayres !

— Moi-même, mon cher baron, répondit Richon conservant, malgré son affabilité, l'air grave qui lui était habituel.

— Ah ! tant mieux, mille fois tant mieux ! dit Canolles en lui serrant cordialement la main. Messieurs, ajouta-t-il, vous ne connaissez pas Monsieur, mais je le connais, moi, et je dis hautement qu'on ne pouvait confier un emploi d'importance à un plus honnête homme.

Richon promena autour de lui son regard fier comme celui d'un aigle qui écoute, et ne voyant dans tous les regards qu'une légère surprise tempérée par beaucoup de bienveillance :

— Mon cher baron, dit-il, maintenant que vous avez si hautement répondu de moi, présentez-moi, je vous prie, à ceux de ces Messieurs que je n'ai pas l'honneur de connaître.

Et Richon indiqua des yeux trois ou quatre gentilshommes pour lesquels effectivement il était tout à fait étranger.

Il se fit alors cet échange de hautes civilités qui donnaient un caractère si noble et si amical à la fois à toutes les relations de cette époque. Richon, au bout d'un quart d'heure, était l'ami de tous ces jeunes officiers et pouvait demander à chacun d'eux son épée ou sa bourse. Sa garantie était son courage bien connu, sa réputation sans tache et sa noblesse écrite dans ses yeux.

— Pardieu ! Messieurs, dit le commandant de Braunes, il faut avouer que, quoique homme d'église, monsieur de Mazarin se connaît en hommes de guerre et fait bien les choses depuis quelque temps. Il flaire la guerre et choisit ses gouverneurs : Canolles ici, Richon à Vayres.

— Est-ce qu'on se battra ? demanda Richon négligemment.

— Si l'on se battra! répondit un jeune homme qui arrivait directement de la cour. Vous demandez si l'on se battra, monsieur Richon?

— Oui.

— Eh bien! moi, je vous demanderai en quel état sont vos bastions.

— Mais à peu près neufs, monsieur; car depuis trois jours que je suis dans la place, j'y ai fait faire plus de réparations qu'on y en avait fait faire depuis trois ans.

— Eh bien! ils ne tarderont pas à étrenner, répondit le jeune homme.

— Tant mieux, dit Richon : que peuvent désirer des hommes de guerre? la guerre.

— Bon! dit Canolles, le roi peut maintenant dormir sur les deux oreilles, car il tient les Bordelais en bride avec ses deux rivières.

— Le fait est, dit Richon, que celui qui m'a mis là peut compter sur moi.

— Et depuis quand dites-vous, Monsieur, que vous êtes à Vayres?

— Depuis trois jours; et vous, Canolles, depuis combien de temps à Saint-Georges?

— Depuis huit. Est-ce qu'on vous a fait une entrée comme la mienne, Richon? Mon entrée à moi a été splendide, et je n'en ai en vérité pas encore assez remercié ces Messieurs; j'ai eu les cloches, les tambours, les vivat; il n'y manquait que le canon; mais on nous le promet dans peu de jours, et cela me console.

— Eh bien! dit Richon, voici la différence qu'il y a eu entre nous deux: mon entrée à moi, mon cher Canolles, a été aussi modeste que la vôtre magnifique; j'avais ordre d'introduire dans la place cent hommes, cent hommes du régiment de Turenne, et je ne savais pas comment je les y introduirais, quand mon brevet m'est arrivé à Saint-Pierre, où je me tenais, signé de monsieur d'Épernon. Je suis parti aussitôt, j'ai remis ma lettre au lieutenant, et, sans tambour ni trompette, j'ai pris possession de la place. A présent j'y suis.

Canolles, qui riait d'abord, sentit, à l'accent dont ces derniers mots étaient prononcés, son cœur se serrer sous l'étreinte d'un pressentiment sinistre.

— Et vous êtes chez vous? demanda-t-il à Richon.

— Je m'arrange pour cela, dit Richon tranquillement.

— Et vous avez combien d'hommes? demanda Canolles.

— D'abord les cent hommes du régiment de Turenne, vieux soldats de Rocroy, sur lesquels on peut compter; de plus, une compagnie que je forme dans la ville, et que j'instruis à mesure que les enrôlés me viennent trouver; des bourgeois, des jeunes gens, des ouvriers, deux cents hommes à peu près; enfin, j'attends un dernier renfort de cent ou cent cinquante hommes levés par un capitaine du pays.

— Le capitaine Ramblay? demanda un des convives.

— Non, le capitaine Cauvignac, répondit Richon.

— Je ne connais pas cela, dirent plusieurs.

— Je le connais, moi, dit Canolles.

— Est-ce un royaliste éprouvé?

— Je n'oserais le dire. Cependant j'ai tout lieu de penser que le capitaine Cauvignac est une créature de monsieur d'Épernon, et qu'il est fort dévoué au duc.

— Alors voilà qui répond à la question : qui est dévoué au duc l'est à Sa Majesté.

— C'est quelque coureur de l'avant-garde du roi, dit le vieil officier, qui regagnait à table le temps perdu à attendre. J'en ai entendu parler dans ce sens.

— Est-ce que Sa Majesté est en route? demanda Richon avec sa tranquillité ordinaire.

— C'est-à-dire qu'à cette heure, répondit le jeune homme qui venait de la cour, le roi doit être au moins à Blois.

— Vous en êtes sûr?

— Très-sûr. L'armée sera commandée par le maréchal de La Meilleraie, qui doit faire sa jonction aux environs d'ici avec monsieur le duc d'Épernon.

— A Saint-Georges peut-être? dit Canolles.

— Ou plutôt à Vayres, dit Richon. Monsieur de La Meilleraie arrive de Bretagne, et Vayres est sur son chemin.

— Celui qui soutiendra le choc des deux armées risquera fort pour ses bastions, dit le gouverneur de Braunes. Monsieur de La Meilleraie a trente pièces de canon, et monsieur d'Épernon vingt-cinq.

— Ce sera un beau feu, dit Canolles; malheureusement nous ne le verrons pas.

— Ah! dit Richon, à moins que quelqu'un de nous ne se déclare pour les princes.

— Oui, mais Canolles est toujours sûr de voir un feu quelconque, lui. S'il se déclare pour les princes, il verra le feu de monsieur de La Meilleraie et de monsieur d'Épernon; s'il reste attaché à Sa Majesté, il verra le feu des Bordelais.

— Oh! quant à ces derniers, reprit Canolles, je ne les crois pas fort terribles, et j'avoue que j'ai quelque honte de n'avoir affaire qu'à eux. Malheureusement je suis corps et âme à Sa Majesté, et il faudra que je me contente d'une guerre toute bourgeoise.

— Qu'ils vous feront, soyez tranquille, dit Richon.

— Vous avez donc quelques probabilités là-dessus? demanda Canolles.

— J'ai mieux que cela, dit Richon, j'ai des certitudes. Le conseil des bourgeois a décidé qu'avant toutes choses on prendrait l'île Saint-Georges.

— Bien, dit Canolles, qu'ils viennent, je les attends.

On en était là de la conversation, et l'on venait d'entamer le dessert, lorsque tout à coup on entendit rouler le tambour aux portes de la forteresse.

— Que veut dire ceci? demanda Canolles.

— Ah! pardieu! s'écria le jeune officier qui avait donné les nouvelles de la cour, il serait curieux qu'on vous attaquât en ce moment, mon cher Canolles, ce serait une charmante après-dînée qu'un assaut et une escalade!

— Le diable m'emporte! cela m'en a tout l'air, dit le vieux commandant; ces misérables bourgeois n'en font jamais d'autres que de vous déranger aux heures des repas. J'étais aux avant-postes de Charenton du temps de la guerre de Paris; nous ne pouvions jamais déjeuner ni dîner tranquilles.

Canolles sonna : le soldat de planton dans l'antichambre entra.

— Que se passe-t-il? demanda Canolles.

— Je n'en sais rien encore, monsieur le gouverneur. Quelque messager du roi ou de la ville, sans doute.

— Informez-vous, et rendez-moi réponse.

Le soldat sortit tout en courant.

— Remettons-nous à table, Messieurs, dit Canolles à ses convives qui, pour la plupart, s'étaient levés. Il sera temps de quitter la table quand nous entendrons le canon.

Tous les convives se rassirent en riant. Richon seul, sur le visage duquel un nuage avait passé, demeura inquiet et les yeux fixés sur la porte, attendant le retour du soldat. Mais, au lieu du soldat, ce fut un officier qui se présenta à la porte, l'épée nue, en disant :

— Monsieur le gouverneur, un parlementaire.

—.Un parlementaire, dit Canolles, et de la part de qui?

— De la part des princes...

— Venant d'où?

— De Bordeaux.

— De Bordeaux! répétèrent tous les convives, excepté Richon.

— Ah çà! mais, la guerre est donc sérieusement déclarée dit le vieil officier, que l'on envoie des parlementaires?

Canolles réfléchit un moment, et, pendant ce moment, son visage, souriant dix minutes auparavant, prit toute la gravité qu'exigeait la circonstance.

— Messieurs, dit-il, le devoir avant toutes choses... Je vais probablement avoir, avec l'envoyé de messieurs les Bordelais, une question difficile à résoudre. J'ignore à quel moment je pourrai vous revoir...

— Non pas! non pas! s'écrièrent en chœur les convives. Congédiez-nous, au contraire, commandant; ce qui vous arrive est un avis à nous de retourner à nos postes respectifs. Il est donc important que nous nous séparions à l'instant même.

— Ce n'était point à moi de vous le proposer, Messieurs, dit Canolles; mais puisque vous me l'offrez, je suis forcé d'avouer que c'est le plus prudent, et j'accepte... Les chevaux ou les équipages de ces Messieurs, dit Canolles.

Presque aussitôt, rapides dans leurs mouvements comme s'ils eussent déjà été sur le champ de bataille, les convives avaient sauté en selle ou étaient montés dans leurs carrosses, et, suivis de leurs piquets d'escorte, s'étaient éloignés dans les directions de leurs résidences respectives.

Richon était resté le dernier.

— Baron, dit-il à Canolles, je n'ai pas voulu vous quitter tout à fait comme les autres, attendu que nous nous connaissons depuis plus longtemps que vous ne connaissez les autres. Adieu donc, maintenant... donnez-moi la main, et bonne chance!

Canolles donna la main à Richon.

— Richon, lui dit-il en le regardant fixement, je vous con-

mais il se passe quelque chose en vous; vous ne me le dites pas, car il est probable que ce n'est point votre secret... Cependant, vous êtes ému... et lorsqu'un homme de votre trempe est ému, ce n'est pas pour peu de chose...

— N'allons-nous pas nous quitter? dit Richon.

— Nous allions nous quitter aussi, lorsque nous prîmes congé l'un de l'autre à l'hôtel de Biscarros, et cependant vous étiez tranquille...

Richon sourit tristement.

— Baron, dit-il, j'ai le pressentiment que nous ne nous reverrons plus!...

Canolles tressaillit, tant il y avait de profonde mélancolie dans la voix ordinairement si ferme de l'aventureux partisan.

— Eh bien! dit-il, si nous ne nous voyons plus, Richon, c'est que l'un de nous deux sera mort... de la mort des braves : et, dans ce cas, celui qui sera frappé sera sûr au moins, en mourant, de survivre dans le cœur d'un ami! Embrassons-nous, Richon; vous m'avez dit bonne chance; je vous dirai, moi, bon courage!...

Les deux hommes se jetèrent dans les bras l'un de l'autre, et tinrent quelque temps leurs nobles cœurs appuyés l'un contre l'autre.

Lorsqu'ils se séparèrent, Richon essuya une larme, la seule peut-être qui eût jamais obscurci son fier regard; puis, comme s'il eût craint que Canolles vît cette larme, il s'élança hors de la chambre, honteux sans doute d'avoir donné à un homme dont il connaissait le courage une pareille marque de faiblesse.

III

La salle à manger était demeurée vide, à l'exception de Canolles et à l'exception de l'officier qui avait annoncé le parlementaire et qui se tenait debout à l'angle de la porte.

— Qu'ordonne monsieur le gouverneur? dit-il après un instant de silence.

Canolles, qui était d'abord demeuré absorbé dans ses pensées, tressaillit à cette voix, releva la tête, et sortant de sa préoccupation :

— Où est le parlementaire? demanda-t-il.

— Dans la salle d'armes, Monsieur.

— Par qui est-il accompagné?

— Par deux gardes de la milice bourgeoise de Bordeaux.

— Quel est-il?

— Un jeune homme... autant qu'on en peut juger; car il porte un large feutre et est enveloppé d'un grand manteau.

— Et comment s'est-il annoncé?

— Comme porteur de lettres de madame la Princesse et du parlement de Bordeaux.

— Priez-le d'attendre un instant, dit Canolles; je suis à lui.

L'officier sortit pour accomplir sa mission, et Canolles s'apprêtait à le suivre, lorsqu'une porte s'ouvrit, et Nanon, toute pâle, toute frémissante, mais avec son affectueux sourire, apparut, et, saisissant la main du jeune homme :

— Un parlementaire, mon ami, dit-elle; que veut dire cela ?

— Cela veut dire, chère Nanon, que messieurs les Bordelais veulent m'effrayer ou me séduire !

— Et qu'avez-vous décidé?

— Que je le recevrais.

— Ne pouvez-vous donc vous en dispenser?

— Impossible. Il est des usages auxquels on ne se soustrait pas.

— Oh! mon Dieu !

— Qu'avez-vous, Nanon?

— J'ai peur...

— De quoi ?

— Ne m'avez-vous pas dit que ce parlementaire venait pour vous effrayer ou pour vous séduire ?

— Sans doute; un parlementaire n'est bon qu'à l'un ou l'autre de ces deux usages... Avez-vous peur qu'il ne m'effraye ?

— Oh! non; mais il vous séduira peut-être...

— Vous m'offensez, Nanon...

— Hélas! mon ami, je dis ce que je crains...

— Vous doutez de moi à ce point... Et pour qui me prenez-vous donc!

— Pour ce que vous êtes, Canolles, c'est-à-dire pour un cœur généreux, mais tendre !

— Ah çà! dit Canolles en riant, mais quel parlementaire m'envoie-t-on? serait-ce Cupido en personne?

— Peut-être.

— Vous l'avez donc vu?

— Je ne l'ai pas vu; mais j'ai entendu sa voix. Elle est bien douce pour une voix de parlementaire...

— Nanon, vous êtes folle! laissez-moi accomplir ma charge Vous m'avez fait gouverneur...

— Pour me défendre, ami...

— Me croyez-vous donc assez lâche pour vous trahir?...

En vérité, Nanon, vous m'insultez en doutant ainsi de moi !

— Vous êtes donc décidé à voir ce jeune homme ?

— Je le dois, et je vous saurais vraiment mauvais gré de vous opposer davantage à ce que je remplisse ce devoir.

— Vous êtes libre, ami, dit tristement Nanon. Un mot encore seulement...

— Dites.

— Où le recevrez-vous ?

— Dans mon cabinet.

— Canolles, une grâce...

— Laquelle ?

— Au lieu de le recevoir dans votre cabinet, recevez-le dans votre chambre à coucher.

— Quelle idée avez-vous là ?...

— Ne comprenez-vous point ?

— Non.

— Ma chambre donne dans votre alcôve...

— Et vous écouterez ?

— Derrière les rideaux, si vous le permettez...

— Nanon !

— Laissez-moi demeurer près de vous, ami. J'ai foi dans mon étoile : je vous porterai bonheur.

— Mais cependant, Nanon, si ce parlementaire..

— Eh bien ?

— Venait pour me confier quelque secret d'État...

— Ne pouvez-vous confier un secret d'État à celle qui vous a confié sa vie et sa fortune ?...

— Eh bien ! écoutez-nous, Nanon, puisque vous le voulez absolument ; mais ne me retenez pas davantage : ce parlementaire attend.

— Allez, Canolles, allez ; mais, auparavant, soyez béni pour le bien que vous me faites !

Et la jeune femme voulut baiser la main de son amant.

— Folle! dit Canolles en l'approchant de sa poitrine et en l'embrassant au front; ainsi donc, vous serez...

— Derrière les rideaux de votre lit... Je pourrai, de là, voir et entendre...

— N'allez pas rire, au moins, Nanon; car ce sont choses graves.

— Soyez tranquille, dit la jeune femme; je ne rirai pas.

Canolles donna ordre qu'on introduisit le messager, et passa dans sa chambre, vaste salle meublée sous Charles IX, et d'un aspect sévère. Deux candélabres brûlaient sur la cheminée, mais ne jetaient qu'une faible lueur dans l'immense appartement: l'alcôve, placée au plus profond de la chambre, était entièrement dans l'ombre.

— Êtes-vous là, Nanon? demanda Canolles.

Un oui étouffé, haletant, parvint jusqu'à lui.

En ce moment des pas retentirent; le factionnaire présenta les armes. Le messager entra, suivit des yeux celui qui l'avait introduit, jusqu'à ce qu'il fût ou crût être seul avec Canolles; alors il leva son chapeau et rejeta son manteau en arrière: aussitôt de blonds cheveux se déroulèrent sur de charmantes épaules, la taille fine et cambrée d'une femme apparut sous le baudrier d'or, et Canolles, à son regard doux et triste, reconnut la vicomtesse de Cambes.

— Je vous avais dit que je vous retrouverais, et je vous tiens parole, dit-elle; me voici...

Canolles, par un mouvement de stupeur et d'angoisse, frappa ses deux mains l'une contre l'autre, et se laissa tomber dans un fauteuil.

— Vous! vous!... murmura-t-il. Oh! mon Dieu! que venez-vous faire, que venez-vous demander ici?

— Je viens vous demander, Monsieur, si vous vous souvenez encore de moi.

Canolles poussa un profond soupir et mit ses deux mains

devant ses yeux, pour conjurer cette apparition ravissante et fatale à la fois.

Alors tout lui fut expliqué : la crainte, la pâleur, le tremblement de Nanon, et surtout son désir d'assister à l'entrevue. Nanon, avec les yeux de la jalousie, avait reconnu une femme dans le parlementaire.

— Je viens vous demander, continua Claire, si vous êtes prêt à remplir cet engagement que vous prîtes avec moi dans cette petite chambre de Jaulnay, de donner votre démission à la reine et d'entrer au service des princes.

— Oh! silence! silence! s'écria Canolles.

Claire tressaillit à cet accent de terreur tremblant dans la voix du jeune homme, et regardant avec inquiétude autour d'elle :

— Ne sommes-nous pas seuls ici? demanda-t-elle.

— Si fait, Madame, dit Canolles; mais à travers ces murailles, quelqu'un ne peut-il pas nous entendre?

— Je croyais les murailles du fort Saint-Georges plus solides que cela, dit Claire en souriant.

Canolles ne répondit rien.

— Je venais donc vous demander, reprit Claire, comment il se fait que depuis huit ou dix jours que vous êtes ici je n'aie point entendu parler de vous; de sorte que j'ignorerais encore qui commande à l'île Saint-Georges, si le hasard, ou plutôt le bruit public, ne m'avait appris que c'est l'homme qui me jurait, il y a douze jours à peine, que sa disgrâce était un bonheur, puisqu'elle lui permettait de consacrer son bras, son courage, sa vie, au parti auquel j'appartiens...

Nanon ne put retenir un mouvement qui fit tressaillir Canolles et retourner madame de Cambes.

— Qu'est-ce donc? dit-elle.

— Rien, répondit Canolles; un des bruits habituels de cette vieille chambre, pleine de craquements lugubres.

— Si c'est autre chose, dit Claire en posant sa main sur le bras de Canolles, ne me le cachez point, baron, car, vous comprenez, du moment où je me suis décidée à venir vous trouver moi-même, quelle est l'importance de l'entretien que nous allons avoir.

Canolles essuya la sueur qui coulait de son front, et essayant de sourire :

— Parlez, dit-il.

— Je venais donc vous rappeler cette promesse et vous demander si vous étiez prêt à la tenir.

— Hélas! Madame, répondit Canolles, la chose est devenue impossible.

— Et pourquoi cela ?

— Parce que depuis ce temps bien des événements inattendus sont arrivés, bien des liens que je croyais rompus se sont renoués; à la punition que je croyais mériter, la reine a substitué une récompense dont j'étais indigne : aujourd'hui, je suis lié au parti de Sa Majesté par... la reconnaissance.

Un soupir traversa l'espace, la pauvre Nanon attendait sans doute un autre mot que celui qui venait d'être prononcé.

— Dites par l'ambition, monsieur de Canolles, et je comprendrai cela; vous êtes noble, de haute naissance ; on vous fait à vingt-huit ans lieutenant-colonel, gouverneur d'une place forte : c'est beau, je le sais ; mais ce n'est que la récompense naturelle de votre mérite, et ce mérite, monsieur de Mazarin n'est pas le seul qui l'apprécie...

— Madame, dit Canolles, pas un mot de plus, je vous prie.

— Pardon, Monsieur, dit Claire, cette fois ce n'est plus la vicomtesse de Cambes qui vous parle, c'est l'envoyée de madame la Princesse qui s'est chargée d'une mission près de vous : il faut donc qu'elle accomplisse cette mission.

— Parlez, Madame, répondit Canolles avec un soupir qui ressemblait à un gémissement.

— Eh bien! madame la Princesse, connaissant les sentiments que vous m'aviez manifestés à Chantilly d'abord et à Jaulnay ensuite, inquiète de savoir à quel parti vous appartenez définitivement, avait résolu de vous envoyer un parlementaire pour faire une tentative sur votre place; cette tentative, qu'un autre parlementaire eût faite peu convenablement peut-être, je m'en suis chargée, moi, pensant que, confidente de vos secrètes pensées à ce sujet, mieux que personne je pourrais l'accomplir.

— Merci, Madame, dit Canolles déchirant sa poitrine avec sa main; car, pendant les courts silences du dialogue, il entendait la respiration haletante de Nanon.

— Voici donc ce que je vous propose, Monsieur... au nom de madame la Princesse, je m'explique; car si c'eût été au mien, continua Claire avec son charmant sourire, j'eusse interverti l'ordre des propositions.

— J'écoute, dit Canolles d'une voix sourde.

— Vous rendrez l'île Saint-Georges à l'une des trois conditions que je vais vous faire à votre choix. La première est celle-ci, ce n'est pas moi qui parle, rappelez-vous-le bien : une somme de deux cent mille livres...

— Oh! Madame, n'allez pas plus loin, dit Canolles essayant de rompre là la conversation. J'ai été chargé par la reine d'un commandement; ce commandement, c'est l'île Saint-Georges, et je la défendrai jusqu'à la mort.

— Rappelez-vous le passé, Monsieur, s'écria tristement Claire : ce n'est point cela que vous me disiez dans notre dernière entrevue, quand vous me proposiez de tout quitter pour me suivre, quand vous teniez déjà la plume pour offrir votre démission à ceux à qui aujourd'hui vous voulez sacrifier votre vie.

— J'ai pu vous offrir cela, Madame, quand j'étais libre de choisir mon chemin; aujourd'hui je ne le suis plus...

— Vous n'êtes plus libre! s'écria Claire pâlissante; comment l'entendez-vous, Monsieur? que voulez-vous dire.

— Je veux dire que je suis lié d'honneur.

— Eh bien! écoutez donc ma seconde proposition alors.

— A quoi bon? dit Canolles; ne vous ai-je point assez répété, Madame, que j'étais inébranlable dans ma résolution; ne me tentez donc pas, ce serait inutile.

— Pardon, Monsieur, répondit Claire à son tour; mais moi aussi je suis chargée d'une mission, et il faut que je l'accomplisse jusqu'au bout.

— Faites, murmura Canolles; mais, en vérité, vous êtes bien cruelle.

— Donnez votre démission, et nous agirons alors sur votre successeur plus efficacement que sur vous. Dans un an, dans deux ans, vous reprendrez du service sous monsieur le Prince, avec le grade de brigadier.

Canolles hocha tristement la tête.

— Hélas! Madame, dit-il, pourquoi donc ne me demandez-vous que des choses impossibles?

— Et c'est à moi que vous répondez cela? dit Claire; mais en vérité, Monsieur, je ne vous comprends pas. N'avez-vous pas été sur le point de la signer, cette démission? Ne disiez-vous pas à celle qui était près de vous alors, et qui vous écoutait avec tant de joie, que c'était librement et du fond du cœur que vous la donniez? Pourquoi donc ne feriez-vous pas ici, lorsque je vous le demande, lorsque je vous en prie, ce que vous proposiez de faire à Jaulnay?...

Toutes ces paroles entraient comme des coups de poignard dans le cœur de la pauvre Nanon, et Canolles les sentait entrer.

— Ce qui, à cette époque, était un acte sans importance,

serait aujourd'hui une trahison, une trahison infâme! dit Canolles d'une voix sourde. Jamais je ne rendrai l'île Saint-Georges! jamais je ne donnerai ma démission!

— Attendez, attendez, dit Claire de sa plus douce voix, mais tout en regardant cependant autour d'elle avec inquiétude ; car cette résistance de Canolles, et surtout la contrainte que paraissait éprouver celui qui la faisait, lui semblaient singulières. Écoutez maintenant cette dernière proposition par laquelle je voulais commencer, car je savais, moi, car j'avais dit d'avance que vous refuseriez les deux premières : les avantages matériels, et je suis heureuse de l'avoir deviné, ne sont pas choses qui tentent un cœur comme le vôtre ; il vous faut, à vous, d'autres espérances que celles de l'ambition et de la fortune ; il faut aux nobles instincts de nobles récompenses. Écoutez donc...

— Au nom du ciel, Madame, dit Canolles, ayez pitié de moi!

Et il fit un mouvement pour se retirer.

Claire crut qu'il était ébranlé, et, convaincue que ce qu'elle allait dire devait achever sa victoire, elle le retint et continua :

— Si, au lieu d'un vil intérêt, on vous offrait un intérêt pur et honorable ; si l'on payait votre démission, cette démission que vous pouvez donner sans blâme ; car les hostilités n'étant point commencées, cette démission n'est ni une défection ni une perfidie, mais un choix pur et simple. Si, dis-je, on payait cette démission d'une alliance ; si une femme, à laquelle vous avez dit que vous l'aimiez, à laquelle vous avez juré de l'aimer toujours, et qui, malgré ces serments, n'a jamais ouvertement répondu à votre passion, si cette femme venait vous dire : Monsieur de Canolles, je suis libre, je suis riche, je vous aime, devenez mon mari, partons ensemble... allons où vous voudrez, loin de toutes les dissensions civiles, hors de France... Eh bien! dites, Monsieur, cette fois n'accepteriez-vous pas?

Canolles, malgré la rougeur, malgré la charmante hésitation de Claire, malgré le souvenir du joli petit château de Cambes qu'il eût pu voir de sa fenêtre si, pendant toute la scène que nous venons de raconter, la nuit n'était pas descendue du ciel, demeura immobile et ferme dans sa résolution; car il voyait de loin, pâle dans l'ombre, sortir des rideaux gothiques la tête échevelée de Nanon, tremblante d'angoisses.

— Mais répondez-moi donc, au nom du ciel! continua la vicomtesse; car je ne comprends plus rien à votre silence. Me suis-je trompée? n'êtes-vous pas monsieur le baron de Canolles? n'êtes-vous pas le même homme qui m'avez dit à Chantilly que vous m'aimiez, qui me l'avez répété à Jaulnay? qui m'avez juré que vous n'aimiez que moi au monde, et que vous étiez prêt à me sacrifier tout autre amour? Dites! dites! au nom du ciel, répondez! Mais répondez donc!

Un gémissement se fit entendre, si intelligible, si distinct cette fois, que madame de Cambes ne put douter qu'une troisième personne n'assistât à l'entretien; ses yeux effarés suivirent la direction des yeux de Canolles, et celui-ci ne put détourner si rapidement ses regards que, guidée par eux, la vicomtesse n'aperçût point cette tête pâle et immobile, cette forme pareille à celle d'un fantôme, qui suivait haletante toutes les phases de la conversation.

Les deux femmes, à travers l'obscurité, échangèrent un regard de flamme et poussèrent toutes deux un cri.

Nanon disparut.

Quant à madame de Cambes, elle saisit vivement son feutre et son manteau, et se retournant vers Canolles:

— Monsieur, dit-elle, je comprends maintenant ce que vous appelez le devoir et la reconnaissance; je comprends quel est le devoir que vous refusez d'abandonner ou de trahir ; je comprends enfin qu'il y a des affections inaccessibles à toutes les séductions, et je vous laisse tout entier à ces affections, à ce pouvoir, à cette reconnaissance. Adieu, Monsieur, adieu !

Elle fit un mouvement pour se retirer sans que Canolles essayât de la retenir; mais un douloureux souvenir l'arrêta.

— Encore une fois, Monsieur, dit-elle, au nom d'une amitié que je vous dois pour le service que vous avez bien voulu me rendre, au nom de l'amitié que vous me devez pour le service que je vous ai rendu aussi, au nom de tous ceux qui vous aiment et que vous aimez, je n'excepte personne, n'engagez point la lutte : demain, après-demain peut-être, on vous attaquera à Saint-Georges; ne me faites pas cette douleur de vous savoir vaincu ou mort.

A ces paroles, le jeune homme tressaillit et se réveilla.

— Madame, dit-il, je vous remercie à genoux pour l'assurance que vous venez de me donner de cette amitié qui m'est plus précieuse que je ne puis vous le dire. Oh! qu'on vienne m'attaquer ! que l'on vienne, mon Dieu ! J'appelle l'ennemi avec plus d'ardeur qu'il n'en mettra jamais à me venir joindre. J'ai besoin du combat, j'ai besoin du danger pour me relever à mes propres yeux : vienne le combat, vienne le danger, vienne la mort même, la mort sera la bienvenue, puisque je sais que je mourrai riche de votre amitié, fort de votre compassion et honoré de votre estime.

— Adieu, Monsieur, dit Claire en se dirigeant vers la porte.

Canolles la suivit. Parvenu au milieu du corridor sombre, il lui saisit la main, et, d'une voix si basse que lui-même avait peine à entendre les paroles qu'il prononçait :

— Claire, lui dit-il, je vous aime plus que je ne vous ai

jamais aimée ; mais le malheur veut que je ne puisse vous prouver cet amour qu'en mourant loin de vous.

Un petit rire ironique fut pour le moment la seule réponse de madame de Cambes ; mais à peine fut-elle hors du château, qu'un sanglot douloureux lui déchira la gorge, et qu'elle se tordit les bras en s'écriant :

— Ah ! il ne m'aime pas, mon Dieu ! il ne m'aime pas ! Et moi, et moi, malheureuse que je suis, moi, je l'aime !...

———

IV

En quittant madame de Cambes, Canolles rentra dans sa chambre. Nanon était debout, pâle et immobile, au milieu de l'appartement. Canolles marcha vers elle avec un sourire triste : à mesure qu'il s'avançait, Nanon fléchissait le genou ; il lui tendit la main, elle tomba à ses pieds.

— Pardonnez-moi, dit-elle, pardonnez-moi, Canolles ! C'est moi qui vous ai amené ici, c'est moi qui vous ai fait donner ce poste difficile et dangereux ; si vous êtes tué, c'est moi qui serai cause de votre mort. Je suis une égoïste qui n'ai songé qu'à mon bonheur. Abandonnez-moi, partez !

Canolles la souleva doucement.

— Vous abandonner ! moi, dit-il ; jamais, Nanon, jamais, vous m'êtes sacrée : j'ai juré de vous protéger, de vous défendre, de vous sauver, et je vous sauverai ou que je meure !

— Dis-tu cela du fond du cœur, Canolles, sans hésitation, sans regret ?

— Oui, dit Canolles en souriant.

— Merci, mon digne, mon noble ami, merci. Vois-tu, cette

vie à laquelle je tenais, je te la sacrifierais aujourd'hui sans une plainte; car d'aujourd'hui seulement je sais ce que tu as fait pour moi. On t'offrait de l'argent, est-ce que mes trésors ne sont pas à toi? On t'offrait de l'amour, est-ce qu'il y aurait jamais au monde une femme qui t'aimerait comme je t'aime? On t'offrait un grade? Écoute, on va t'attaquer: eh bien! achetons des soldats, amassons des munitions et des armes ; doublons nos forces, défendons-nous. Moi, je combattrai pour mon amour, toi pour ton honneur. Tu les battras, mon brave Canolles; tu feras dire à la reine qu'elle n'a pas de plus brave capitaine que toi; puis, ton grade, je m'en chargerai, va; et quand tu seras riche, chargé de gloire et d'honneur, tu m'abandonneras si tu veux; j'aurai mes souvenirs pour me consoler.

Et Nanon regardait Canolles en disant cela, et elle attendait la réponse que les femmes demandent toujours aux paroles exagérées, c'est-à-dire folle et exaltée comme les paroles. Mais Canolles baissa tristement la tête.

— Nanon, dit-il, jamais vous ne souffrirez un dommage, jamais vous n'endurerez un affront tant que je vivrai à l'île Saint-Georges. Rassurez-vous donc, car vous n'avez rien à craindre.

— Merci, dit-elle, quoique ce ne soit point là tout ce que je demande.

Puis tout bas :

— Hélas! je suis perdue, murmura-t-elle, il ne m'aime plus.

Canolles surprit ce regard de flamme qui brille comme un éclair, cette affreuse pâleur d'une seconde qui révèle tant de douleur.

— Soyons généreux jusqu'au bout, se dit-il, sans quoi nous serions infâme.

— Viens, Nanon, lui dit-il, viens, mon amie; jette ton

manteau sur tes épaules, prends ton chapeau d'homme, l'air de la nuit te fera du bien. Je dois être attaqué d'un moment à l'autre ; je vais faire ma ronde de nuit.

— Nanon, palpitante de joie, s'habilla comme son amant le lui disait et le suivit.

Canolles était un véritable capitaine. Entré presque enfant au service, il avait fait une étude réelle de son métier. Aussi visita-t-il non-seulement en commandant, mais en ingénieur. Les officiers qui l'avaient vu arriver en favori, et qui croyaient avoir affaire à un gouverneur de parade, furent interrogés les uns après les autres par leur chef sur tous les moyens d'attaque et de défense. Force leur fut alors de reconnaitre dans le jeune et frivole jeune homme un capitaine expérimenté; les plus vieux lui parlèrent alors avec respect. La seule chose qu'ils pouvaient lui reprocher, c'était la douceur de sa voix en donnant des ordres et sa politesse extrême en interrogeant : ils craignaient que cette courtoisie ne fût le masque de la faiblesse. Cependant, comme chacun sentait le danger imminent, les commandements du gouverneur furent exécutés avec une ponctuelle célérité qui donna au chef une idée de ses soldats égale à celle qu'ils avaient prise de lui. Une compagnie de pionniers était arrivée dans la journée. Canolles ordonna des travaux qui furent commencés à l'instant même. Nanon vainement voulut le ramener au fort pour lui épargner la fatigue d'une nuit passée ainsi; mais Canolles continua sa ronde, et ce fut lui qui congédia doucement Nanon en exigeant qu'elle rentrât chez elle. Puis, ayant expédié trois ou quatre batteurs d'estrades que le lieutenant lui avait recommandés comme les plus intelligents parmi ceux qui étaient à son service, il revint se coucher sur un bloc de pierre d'où il inspecta les travaux.

Mais tandis que ses yeux suivaient machinalement le mouvement des hoyaux et des pioches, l'esprit de Canolles, enlevé aux choses matérielles qui s'exécutaient, s'arrêtait tout entier non-seulement sur les événements de la journée, mais encore sur toutes les aventures étranges dont il avait été le héros depuis le jour où il avait vu madame de Cambes. Mais, chose singulière, son esprit n'allait point au delà; il lui semblait que de cette heure seulement il avait commencé de vivre; que, jusque-là, il avait vécu dans un autre monde aux instincts inférieurs, aux sensations incomplètes. A partir de cette heure, il y avait dans sa vie une lumière qui donnait un autre aspect à toute chose, et dans ce nouveau jour, Nanon, la pauvre Nanon, était impitoyablement sacrifiée à un autre amour, violent dès sa naissance, comme ces amours qui s'emparent de toute la vie dans laquelle ils sont entrés.

Aussi, après de douloureuses méditations, mêlées de ravissements célestes à l'idée qu'il était aimé de madame de Cambes, Canolles s'avoua-t-il que c'était le devoir seul qui lui prescrivait d'être homme d'honneur, et que l'amitié qu'il avait pour Nanon n'était pour rien dans sa détermination.

Pauvre Nanon! Canolles appelait le sentiment qu'il avait pour elle de l'amitié. Or, l'amitié en amour est bien près d'être de l'indifférence.

Nanon veillait aussi, car elle n'avait pu se résoudre à se mettre au lit; debout à une fenêtre, enveloppée d'une mante noire pour n'être pas vue, elle suivait, non pas la lune triste et voilée glissant à travers les nuages, non pas les hauts peupliers balancés gracieusement par le vent de la nuit, non pas la majestueuse Garonne, qui semble une vassale rebelle se dressant pour faire la guerre à son maître, bien plutôt qu'une esclave fidèle portant son tribut à l'Océan, mais ce lent et pénible travail qui se faisait contre elle dans la pensée de son amant: elle voyait dans cette forme brune se dessinant sur la pierre, dans cette ombre immobile accroupie devant un fallot, le fantôme vivant de son bonheur passé : elle si énergique, si fière, si adroite autrefois, elle avait perdu maintenant toute adresse, toute fierté, toute énergie ; on eût dit que ses sens exaltés par le sentiment de son malheur redoublaient d'intelligence et de subtilité; elle sentait germer l'amour au fond du cœur de son amant, comme Dieu, en se penchant sur l'immense coupole du ciel, sent germer le brin d'herbe dans les entrailles de la terre.

Le jour vint, seulement alors Canolles rentra dans sa chambre; Nanon avait regagné la sienne; il ignora donc qu'elle avait veillé toute la nuit; il s'habilla alors avec soin, rassembla de nouveau la garnison, visita au jour les différentes batteries, et surtout celles qui dominaient la rive gauche de la Garonne, fit fermer le petit port par des chaînes, établit des espèces de chaloupes chargées de fauconneaux et d'espingoles, passa en revue ses hommes, les anima encore sous sa parole si colorée et si généreuse, et put ainsi ne rentrer que sur les dix heures.

Nanon l'attendait le sourire sur les lèvres : ce n'était plus cette fière et impérieuse Nanon dont les caprices faisaient trembler monsieur d'Épernon lui-même; c'était une maîtresse timide, une esclave craintive qui n'exigeait même plus qu'on l'aimât, mais qui demandait seulement qu'on lui permît d'aimer.

La journée se passa sans événement autre que les différentes péripéties de ce drame intérieur qui se jouait dans l'âme de chacun des deux jeunes gens. Les coureurs expédiés par Canolles revinrent les uns après les autres. Aucun d'eux ne rapportait une nouvelle positive; seulement il y avait grande agitation dans Bordeaux, et il était évident qu'il s'y préparait quelque chose.

En effet, madame de Cambes, de retour dans la ville, tout en cachant les détails de l'entrevue dans les plis les plus secrets de son cœur, en avait transmis le résultat à Lenet. Les Bordelais demandaient à grands cris que l'île Saint-Georges fût prise. Le peuple s'offrait en foule pour faire partie de l'expédition. Les chefs ne les retenaient qu'en prétextant l'absence d'un homme de guerre qui pût conduire l'expédition, et de soldats réguliers qui pussent la soutenir. Lenet profita de ce moment pour glisser le nom des deux ducs et pour offrir leur armée : l'ouverture fut reçue avec enthousiasme, et ceux-là même qui, la veille, avaient voté pour qu'on fermât les portes, les appelèrent à grands cris.

Lenet courut porter cette bonne nouvelle à la princesse, qui assembla aussitôt son conseil.

Claire prétexta la fatigue pour ne prendre part à aucune décision contre Canolles, et se retira dans sa chambre pour pleurer tout à son aise.

De cette chambre elle entendait les cris et les menaces du peuple. Tous ces cris, toutes ces menaces étaient dirigées contre Canolles.

Bientôt le tambour retentit : les compagnies s'assemblèrent, les jurats firent armer le peuple, qui demandait des piques et des arquebuses ; on tira le canon de l'arsenal, on distribua la poudre, et deux cents bateaux se tinrent prêts à remonter la Garonne à l'aide de la marée de la nuit, tandis que trois mille hommes, marchant par la rive gauche, attaqueraient par terre.

L'armée de mer devait être commandée par Espagnet, conseiller au parlement, homme brave et de bon conseil, et l'armée de terre par monsieur de La Rochefoucault, qui venait d'entrer à son tour dans la ville avec deux mille gentilshommes à peu près. Monsieur le duc de Bouillon ne devait arriver que le surlendemain avec mille autres. Aussi monsieur le duc de La Rochefoucault pressa-t-il l'attaque autant qu'il put pour que son collègue ne s'y trouvât point.

V

Le surlendemain du jour où madame de Cambes s'était présentée sous l'habit d'un parlementaire à l'île Saint-Georges, comme vers deux heures de l'après-midi Canolles faisait sa ronde sur les remparts, on lui annonça qu'un messager chargé d'une lettre pour lui demandait à lui parler.

Le messager fut introduit aussitôt, et remit sa dépêche à Canolles.

Cette dépêche n'avait visiblement rien d'officiel; c'était une petite lettre plus longue que large, écrite d'une écriture fine et légèrement tremblée, sur un papier de teinte bleuâtre, glacé et parfumé.

Canolles, rien qu'à la vue de ce papier, sentit battre son cœur malgré lui.

— Qui t'a remis cette lettre? demanda-t-il.
— Un homme de cinquante-cinq à soixante ans.
— Moustache et royale grisonnantes?
— Oui.
— Taille cambrée?
— Oui.
— Tournure militaire?
— C'est cela.

Canolles donna un louis à l'homme, et lui fit signe de se retirer à l'instant même.

Puis il s'éloigna, et le cœur tout palpitant se cacha dans l'angle d'un bastion pour lire à son aise la lettre qu'il venait de recevoir.

Elle ne renfermait que ces deux lignes :

« Vous allez être attaqué. Si vous n'êtes plus digne de
« moi, montrez-vous du moins digne de vous. »

La lettre n'était point signée; mais Canolles reconnut
madame de Cambes, comme il avait reconnu Pompée; il regarda si personne ne le voyait, et rougissant comme un enfant à son premier amour, il porta le papier à ses lèvres, le
baisa ardemment et le mit sur son cœur.

Puis il monta sur le couronnement du bastion, d'où il
pouvait distinguer le cours de la Garonne pendant près d'une
lieue, et la plaine environnante dans toute son étendue.

Rien n'apparaissait ni sur le fleuve ni dans la campagne.

— La matinée se passera ainsi, murmura-t-il, ce n'est
point en plein jour qu'ils viendront; ils se seront reposés en
route et commenceront l'attaque ce soir.

Canolles entendit un léger bruit derrière lui et se retourna:
c'était son lieutenant.

— Eh bien! monsieur de Vibrac, dit Canolles, que dit-on?

— On dit, mon commandant, que le drapeau des princes
flottera demain sur l'île Saint-Georges.

— Et qui dit cela?

— Deux de nos coureurs qui viennent de rentrer, et qui
ont vu les préparatifs que font contre nous les bourgeois de
la ville.

— Et qu'avez-vous répondu à ceux qui ont dit que le
drapeau de messieurs les princes flotterait demain sur le
fort Saint-Georges?

— J'ai répondu, mon commandant, que cela m'était bien
égal, attendu que je ne le verrais pas.

— En ce cas, vous m'avez volé ma réponse, Monsieur, dit
Canolles.

— Bravo, commandant! nous ne demandions pas autre

chose, et les soldats vont se battre comme des lions quand ils connaîtront votre réponse.

— Qu'ils se battent comme des hommes, c'est tout ce que je leur demande... Et que dit-on du genre d'attaque?

— Général, c'est une surprise que l'on nous prépare, dit de Vibrac en riant.

— Peste! quelle surprise! dit Canolles; voilà déjà le second avis que j'en reçois. Et qui conduit les assaillants?

— Monsieur de La Rochefoucault, les troupes de terre d'Espagnet, le conseiller au parlement, les troupes de mer

— Eh bien! dit Canolles, je lui donnerai un conseil, moi.

— A qui?

— A monsieur le conseiller au parlement.

— Lequel?

— C'est de renforcer les milices urbaines de quelque bon régiment, bien discipliné, qui apprenne à ces bourgeois comment on reçoit un feu bien nourri.

— Il n'a pas attendu votre conseil, commandant, car, avant d'avoir été homme de justice, il a été, je crois, quelque peu homme de guerre, et il s'est associé pour cette expédition le régiment de Navailles.

— Comment! le régiment de Navailles?

— Oui.

— Mon ancien régiment?

— Lui-même. Il est passé, à ce qu'il paraît, avec armes et bagages, à messieurs les princes.

— Et qui le commande?

— Le baron de Ravailly.

— Vraiment?

— Le connaissez-vous?

— Oui... un charmant garçon, brave comme son épée!... Dans ce cas, alors, ce sera plus chaud que je ne croyais, et nous allons avoir de l'agrément.

— Qu'ordonnez-vous, commandant?

— Que ce soir les postes soient doublés; que les soldats se couchent tout habillés, avec leurs armes chargées à portée de la main... Une moitié veillera, tandis que l'autre prendra du repos... La moitié qui veillera se tiendra cachée derrière les talus... Attendez encore.

— J'attends.

— Avez-vous fait part à quelqu'un du rapport du messager?

— A personne au monde.

— C'est bien; tenez la chose secrète pendant quelque temps encore. Choisissez une dizaine de vos plus mauvais soldats: vous devez avoir ici des braconniers, des pêcheurs?

— Nous n'en avons que trop, commandant.

— Eh bien! comme je vous dis, choisissez-en dix, donnez-leur congé pour jusqu'à demain matin. Ils iront jeter leurs lignes de fond dans la Garonne; ils iront tendre leurs lacets dans la plaine... Cette nuit, Espagnet et monsieur de La Rochefoucault les prendront et les interrogeront.

— Je ne comprends pas...

— Vous ne comprenez pas qu'il faut que les assaillants nous croient dans la plus parfaite sécurité? Eh bien! ces hommes qui ne sauront rien, leur jureront avec un air de vérité auquel ils se laisseront prendre, attendu qu'il ne sera pas joué, que nous dormons sur les deux oreilles.

— Ah! très-bien.

— Laissez approcher l'ennemi, laissez-le débarquer, laissez-le planter ses échelles.

— Mais alors, quand tirera-t-on?

— Quand je l'ordonnerai.. Si un seul coup part de nos rangs avant mon commandement, foi de gouverneur, je fais fusiller celui qui l'a tiré.

— Ah! diable!

— La guerre civile est deux fois la guerre. Il importe donc que la guerre civile ne se fasse pas comme une partie de chasse... Laissez rire messieurs les Bordelais, riez vous-mêmes, si cela vous amuse; mais que ce ne soit que lorsque je dirai qu'on rie.

Le lieutenant partit et alla transmettre les ordres de Canolles aux autres officiers, qui s'entre-regardèrent étonnés. Il y avait deux hommes dans le gouverneur : le gentilhomme courtois, le commandant implacable.

Canolles revint souper avec Nanon; seulement le souper était avancé de deux heures. Canolles avait décidé qu'il ne quitterait pas le rempart du crépuscule à l'aube. Il trouva Nanon feuilletant une volumineuse correspondance.

— Vous pouvez vous défendre hardiment, cher Canolles, lui dit-elle; car vous ne serez pas longtemps à être secouru : le roi vient, monsieur de La Meilleraie amène une armée, et monsieur d'Épernon arrive avec quinze mille hommes.

— Mais, en attendant, ils ont huit jours, dix jours peut-être. Nanon, ajouta Canolles en souriant, l'île Saint-Georges n'est pas imprenable.

— Oh! tant que vous y commanderez, je réponds de tout.

— Oui; mais, justement parce que j'y commande, je puis être tué... Nanon, que feriez-vous dans ce cas? l'avez-vous prévu au moins?

— Oui, répondit Nanon en souriant à son tour.

— Eh bien! tenez donc vos coffres prêts. Un batelier sera à un poste désigné; s'il faut sauter à l'eau, vous aurez quatre de mes gens bons nageurs qui ont ordre de ne pas vous quitter, et qui vous transporteront à l'autre bord.

— Toutes ces précautions sont inutiles, Canolles; si vous êtes tué je n'aurai plus besoin de rien.

On annonça qu'on était servi. Dix fois, pendant le souper, Canolles se leva et alla à la fenêtre qui donnait sur la rivière : avant la fin du dîner, Canolles quitta la table... la nuit commençait à tomber.

Nanon voulut le suivre.

— Nanon, dit Canolles, rentrez chez vous et jurez-moi de n'en pas sortir. Si je vous savais dehors, exposée, courant un danger quelconque, je ne répondrais plus de moi. Nanon, il y va de mon honneur, ne jouez pas avec mon honneur.

Nanon tendit à Canolles ses lèvres de carmin, plus rouges encore de la pâleur de ses joues, puis elle rentra chez elle en disant :

— Je vous obéis, Canolles : je veux qu'amis et ennemis connaissent l'homme que j'aime ; allez !

Canolles s'éloigna ; il ne pouvait s'empêcher d'admirer cette nature pliée à tous ses désirs, obéissante à toutes ses volontés. A peine était-il à son poste que la nuit vint, terrible et menaçante, comme elle paraît toujours quand elle cache dans ses plis noirs un secret sanglant.

Conolles s'était placé au bout de l'esplanade. Il dominait le cours du fleuve et ses deux rives. Pas de lune : un voile de nuages sombres glissant lourdement au ciel. Impossible d'être vu, mais aussi presque impossible de voir.

A minuit cependant il lui sembla distinguer des masses sombres se mouvant sur la rive gauche, et des formes gigantesques glissant sur le fleuve. Du reste, pas d'autre bruit que le vent de la nuit se lamentant dans les feuilles des arbres.

Ces masses s'arrêtèrent, ces formes se fixèrent à distance. Canolles crut qu'il s'était trompé ; cependant il redoubla de vigilance ; ses yeux ardents perçaient les ténèbres, son oreille incessamment tendue percevait le moindre bruit.

Trois heures sonnèrent à l'horloge de la forteresse, et le tintement prolongé se perdit lent et lugubre dans la nuit : Canolles commençait à croire qu'il avait reçu un faux avis, et il allait se retirer, quand tout à coup le lieutenant de Vibrac, qui était près de lui, lui posa vivement une main sur l'épaule en étendant l'autre vers le fleuve.

— Oui, oui, dit Canolles, ce sont eux : allons, nous n'aurons rien perdu pour attendre. Réveillez les hommes qui ont dormi, et qu'ils viennent prendre leur poste derrière la muraille. Vous leur avez dit, n'est-ce pas, que je tuerais le premier qui ferait feu ?

— Oui.

— Eh bien ! redites-le-leur pour la seconde fois.

En effet, aux premières lueurs du jour on voyait approcher de longues barques chargées d'hommes qui riaient et causaient à voix basse, tandis qu'on pouvait remarquer dans la plaine une espèce d'éminence qui n'existait point la veille. C'était une batterie de six pièces de canon que monsieur de La Rochefoucault venait d'établir pendant la nuit : les hommes des barques n'avaient tant tardé que parce que jusque-là la batterie n'était point en état de commencer.

Canolles demanda si les armes étaient chargées, et sur la réponse affirmative fit un signe que l'on attendît.

Les barques s'approchaient de plus en plus, et aux premières clartés du jour Canolles distingua bientôt les buffleteries et le chapeau particulier de la compagnie de Navailles, qui, comme on le sait, avait été la sienne : à la proue d'une des premières barques était le baron de Ravailly, qui l'avait remplacé dans le commandement de la compagnie, et à la poupe le lieutenant, qui était son frère de lait, fort aimé parmi ses camarades pour sa joyeuse humeur et ses intarissables plaisanteries.

— Vous verrez, disait-il, qu'ils ne bougeront pas et qu'il faudra que monsieur de La Rochefoucault les réveille avec le canon. Peste ! comme on dort à Saint-Georges ; quand je serai malade, j'y viendrai.

— Ce bon Canolles, répondait Ravailly, il fait son rôle de

gouverneur en père de famille; il craint d'enrhumer ses soldats en leur faisant monter des gardes de nuit.

— En effet, dit un autre, on ne voit pas même une sentinelle.

— Ohé ! cria le lieutenant en prenant terre, réveillez-vous donc là-haut et donnez-nous la main pour monter.

A cette dernière plaisanterie les éclats de rire coururent sur toute la ligne des assiégeants, et tandis que trois ou quatre barques s'avançaient du côté du port; le reste de l'armée de terre débarquait.

— Allons, allons, dit Ravailly, je comprends; Caholles veut avoir l'air de se laisser surprendre afin de ne pas se brouiller avec la cour. Çà, Messieurs, rendons-lui sa politesse et ne tuons personne. Une fois dans la place, miséricorde pour tous, excepté pour les femmes, qui d'ailleurs ne la demanderont peut-être pas, sarpejeu ! Mes enfants, n'oublions pas que c'est une guerre d'amis ; aussi le premier qui dégaine, je le passe au fil de l'épée.

A cette recommandation faite avec une gaîté toute française, les rires recommencèrent et les soldats partagèrent l'hilarité des officiers.

— Ah çà ! mes amis, dit le lieutenant, il fait bon rire, mais il ne faut pas que cela empêche la besogne. Aux échelles et grimpons.

Les soldats tirèrent alors des barques de longues échelles et s'avancèrent vers la muraille.

Alors Caholles se leva, et, la canne à la main, le chapeau sur la tête, pareil à un homme qui prend le matin le frais pour son plaisir, il s'approcha du parapet qu'il dépassa de toute la ceinture.

Il faisait assez clair pour qu'on le reconnût

— Eh ! bonjour, Navailles, dit-il à tout le régiment; bonjour, Ravailly ; bonjour, Remonenq.

— Tiens, c'est Canolles ! s'écrièrent les jeunes gens ; tu es donc enfin réveillé, baron ?

— Eh oui ! que voulez-vous, on mène ici une vie de roi d'Ivetot, on se couche tôt et on se lève tard ; mais vous, que diable venez-vous faire de si bonne heure ?

— Pardieu ! dit Ravailly, tu le vois bien, ce me semble : nous venons t'assiéger, rien que cela.

— Et pour quoi faire venez-vous m'assiéger ?

— Pour prendre ton fort.

Canolles se mit à rire.

— Voyons, dit Ravailly, tu capitules, n'est-ce pas ?

— Mais, auparavant, il faut que je sache à qui je me rends. Comment se fait-il que Navailles serve contre le roi ?

— Ma foi, mon cher, parce que nous nous sommes faits rebelles. En y songeant, nous avons avisé que le Mazarin était décidément un pleutre, indigne d'être servi par de braves gentilshommes ; en conséquence, nous sommes passés aux princes. Et toi ?

— Mais, mon cher, je suis épernoniste enragé.

— Bah ! laisse là tes gens, et viens avec nous.

— Impossible. Hé ! dites donc là-bas, laissez donc les chaînes du pont. Vous savez bien qu'on regarde ces choses-là, mais de loin, et que lorsqu'on y touche cela porte malheur. Ravailly, dis-leur donc de ne pas toucher aux chaînes, continua Canolles en fronçant le sourcil, ou je fais tirer sur eux... et je t'en préviens, Ravailly, j'ai d'excellents tireurs.

— Bah ! tu plaisantes ! répondit l'officier. Laisse-les te prendre ; tu n'es pas en force.

— Je ne plaisante pas... A bas les échelles ! Ravailly, je t'en prie, c'est la maison du roi que tu assiéges, prends-y garde !

— Saint-Georges, maison du roi !

— Pardieu ! regarde plutôt, et tu verras le drapeau à la

corne du bastion... Voyons, fais remettre tes barques à l'eau, et tes échelles dans tes barques, ou je tire. Si tu veux causer, viens seul ou avec Remonenq, et alors nous causerons en déjeunant. J'ai un excellent cuisinier à l'île Saint-Georges.

Ravailly se mit à rire, et encouragea les hommes du regard. Pendant ce temps, une autre compagnie se préparait à débarquer.

Canolles alors s'aperçut que le moment décisif était arrivé; et, reprenant l'attitude ferme et l'air grave qui convenaient à un homme chargé d'une aussi lourde responsabilité que la sienne :

— Halte-là ! Ravailly... Trêve de plaisanterie, Remonenq, cria-t-il; plus un mot, plus un pas, plus un geste, ou je fais tirer, aussi vrai que c'est le drapeau du roi qui est là, et que vous marchez contre les fleurs de lis de France.

Et, joignant l'action à la menace, il renversa d'un bras vigoureux la première échelle qui montrait sa tête au-dessus des pierres du rempart.

Cinq ou six hommes plus pressés que les autres commençaient à monter : le choc les renversa. Ils tombèrent, et leur chute souleva un immense éclat de rire parmi les assaillants et parmi les assiégés : on eût dit des jeux d'écoliers.

En ce moment, un signal indiqua que les assiégeants avaient franchi les chaînes qui fermaient le port.

Aussitôt Ravailly et Remonenq saisirent une échelle, et s'apprêtèrent, à leur tour, à descendre dans les fossés en criant :

— A nous, Navailles! à l'escalade! montons! montons!

— Mon pauvre Ravailly, cria Canolles, je t'en prie, arrête...

Mais au même moment la batterie de terre, qui s'était tue jusque-là, éclata en bruit et en lumière, et un boulet vint soulever la terre tout autour de Canolles.

— Allons, dit Canolles en étendant sa canne, puisqu'ils le veulent absolument : Feu ! mes amis, feu sur toute la ligne !

Alors, sans qu'on aperçût un seul homme, on vit une rangée de mousquets s'abaisser vers le parapet, une ceinture de flamme enveloppa le couronnement de la muraille, tandis que la détonation de deux énormes pièces d'artillerie répondait à la batterie du duc de La Rochefoucault.

Une dizaine d'hommes tomba ; mais leur chute, au lieu de décourager leurs compagnons, leur donna une nouvelle ardeur. De son côté, la batterie de terre répondait à la batterie du rempart ; un boulet abattit le drapeau royal, un second boulet écrasa un lieutenant de Canolles, homme d'Elboin.

Canolles jeta de nouveau les yeux autour de lui, et vit que ses hommes avaient déjà rechargé leurs armes.

— Feu partout ! dit-il.

Ce commandement fut exécuté avec la même ponctualité que la première fois.

Dix minutes après, il ne restait plus une seule vitre dans l'île Saint-Georges. Les pierres tremblaient et volaient en éclats ; le canon trouait les murs, les balles s'aplatissaient sur les larges dalles, et une épaisse fumée obscurcissait l'air, tout plein de cris, de menaces et de gémissements.

Canolles vit que ce qui faisait le plus de tort à son fort était la batterie de monsieur de La Rochefoucault.

— Vibrac, dit-il, chargez-vous de Ravailly, et qu'il ne gagne pas un pouce de terrain en mon absence. Moi, je cours à nos batteries.

En effet, Canolles courut aux deux pièces qui répondaient au feu de monsieur de La Rochefoucault, dirigea lui-même le service, se fit chargeur, pointeur, commandant ; démonta en un instant trois pièces sur six, et coucha dans la plaine une cinquantaine d'hommes. Les autres, qui ne s'attendaient pas à cette rude résistance, commencèrent à se débander et à fuir.

Monsieur de La Rochefoucault, en les ralliant, fut atteint d'un éclat de caillou, qui lui fit sauter son épée des mains.

En voyant ce résultat, Canolles laissa le reste de la besogne à faire au chef de la batterie, et courut à l'assaut que continuait de pousser la compagnie de Navailles, secondée des hommes d'Espagnet.

Vibrac tenait bon, mais il venait de recevoir une balle dans l'épaule.

La présence de Canolles redoubla le courage de ses troupes ; sa présence fut accueillie par des cris de joie.

— Pardon ! cria-t-il à Ravailly ; si j'ai été obligé de te quitter un instant, cher ami, c'était, comme tu peux le voir, pour démonter les pièces de monsieur le duc de La Rochefoucault ; mais sois tranquille, me voici.

Et comme en ce moment le capitaine de Navailles, trop animé pour répondre à la plaisanterie que d'ailleurs, au milieu du fracas épouvantable que menait l'artillerie et la mousqueterie, il n'avait peut-être pas entendue, ramenait pour la troisième fois ses hommes à l'assaut, Canolles tira un pistolet de sa ceinture, et tendant la main vers son ancien camarade devenu son ennemi, lâcha le coup.

La balle était dirigée par une main ferme et par un œil sûr, elle alla casser le bras de Ravailly.

— Merci, Canolles ! cria celui-ci qui avait vu d'où venait le coup. Merci, je te revaudrai celle-là.

Mais malgré sa force sur lui-même, le jeune capitaine fut forcé de s'arrêter, et son épée tomba de ses mains. Remonenq accourut et le soutint dans ses bras.

— Veux-tu venir te faire panser chez moi, Ravailly ? cria Canolles, j'ai un chirurgien qui ne le cède en rien à mon cuisinier.

— Non pas ; je m'en retourne à Bordeaux. Mais attends moi d'un moment à l'autre ; car je reviendrai, je te le promets. Seulement cette fois je choisirai mon heure.

— En retraite! en retraite! cria Remonenq. On se sauve là-bas... A revoir, Canolles : vous avez la première manche...

Remonenq disait vrai : l'artillerie avait fait d'affreux ravages sur l'armée de terre, qui avait perdu une centaine d'hommes au moins. Quant à l'armée de mer, elle en avait perdu presque autant. Cependant, la perte la plus forte avait été soufferte par la compagnie de Navailles, qui, pour soutenir l'honneur de l'uniforme, avait toujours voulu marcher en tête des bourgeois d'Espagnet.

Canolles leva son pistolet déchargé.

— Cessez le feu! dit-il ; laissons-les battre tranquillement en retraite : nous n'avons pas de munitions à perdre...

En effet, les coups tirés n'eussent été que des coups à peu près perdus. Les assaillants se retiraient en hâte, laissant leurs morts et emportant leurs blessés. Canolles compta les siens : il avait seize blessés et quatre morts. Quant à lui personnellement, il n'avait pas reçu une égratignure.

— Peste! dit-il en recevant, dix minutes après les joyeuses caresses de Nanon, on n'a pas tardé, chère amie, à me faire gagner mon brevet de gouverneur... Quelle sotte boucherie! je leur ai tué cent cinquante hommes au moins, et j'ai cassé le bras d'un de mes meilleurs amis pour l'empêcher de se faire tuer tout à fait.

— Oui, dit Nanon ; mais vous êtes sain et sauf, vous?

— Dieu merci! et sans doute vous m'avez porté bonheur, Nanon... Mais gare la seconde manche! Les Bordelais sont entêtés!... et, d'ailleurs, Ravailly et Remonenq m'ont promis de revenir.

— Eh bien! dit Nanon, c'est le même homme qui commande au fort Saint-Georges, et ce sont les mêmes soldats qui le défendent... Qu'ils viennent, et, à la seconde fois, ils seront encore mieux reçus qu'à la première; car d'ici là, n'est-ce pas, vous avez le temps d'augmenter encore vos moyens de défense?

— Ma chère, dit confidentiellement Canolles à Nanon, on ne connait bien une place qu'à l'usage... La mienne n'est point imprenable, je l'ai découvert tantôt... et si je m'appelais le duc de La Rochefoucault, j'aurais l'île Saint-Georges demain matin!.. A propos, d'Elboin ne déjeunera pas avec nous.

— Pourquoi cela?

— Parce qu'il a été coupé en deux par un boulet de canon.

VI

La rentrée des assiégeants dans Bordeaux présentait un triste spectacle. Les bourgeois étaient partis triomphants comptant sur leur nombre et sur l'habileté de leurs généraux, tout à fait tranquilles, enfin, sur l'issue de l'événement, grâce à l'habitude, cette seconde foi de l'homme en danger.

En effet, quel était celui des assiégeants qui n'avait pas dans sa jeunesse couru les bois et les prairies de l'île Saint-Georges, seul ou en douce compagnie? Quel était le Bordelais qui n'avait point manié l'aviron, le mousquet de chasse, ou les filets du pêcheur dans le canton qu'il allait revoir en soldat?

Aussi, pour nos bourgeois, la défaite fut deux fois lourde: les localités leur faisaient honte aussi bien que l'ennemi. On les vit donc revenir la tête basse, et entendre avec résignation le bruit des lamentations et des gémissements des femmes qui, en comptant les guerriers absents, à la manière des sauvages de l'Amérique, s'apercevaient successivement des pertes éprouvées par les vaincus.

Alors un murmure général emplit la grande ville de deuil et de confusion. Les soldats rentrèrent chez eux pour raconter le désastre chacun à sa manière. Les chefs se rendirent chez la princesse, qui logeait, comme nous l'avons dit, chez le président.

Madame de Condé attendait à sa fenêtre le retour de l'expédition. Elle, née dans une famille de guerriers, femme d'un des plus grands vainqueurs du monde, élevée dans le mépris de l'armure rouillée et du plumeau ridicule des bourgeois, elle ne pouvait se défendre d'une vague inquiétude en songeant que les bourgeois, ses partisans, allaient combattre une armée de vieux soldats. Mais trois choses la rassuraient cependant : la première, c'est que monsieur de La Rochefoucault commandait l'expédition ; la seconde, c'est que le régiment de Navailles marchait en tête ; la troisième, c'est que le nom de Condé était inscrit sur les drapeaux.

Mais, par un contraste facile à comprendre, tout ce qui était espoir pour la princesse était douleur pour madame de Cambes ; comme aussi tout ce qui allait être douleur pour l'illustre dame, allait devenir triomphe pour la vicomtesse.

Ce fut le duc de La Rochefoucault qui se présenta chez elle, tout poudreux et tout sanglant ; la manche de son pourpoint noir était ouverte, et sa chemise toute tachée de sang.

— Est-ce vrai, ce qu'on me dit? s'écria la princesse en s'élançant à la rencontre du duc.

— Et que dit-on, Madame? demanda froidement le duc.

— On dit que vous avez été repoussé?

— On ne dit point assez, Madame ; pour dire vrai, nous avons été battus.

— Battus! s'écria la princesse en pâlissant ; battus! ce n'est pas possible!

— Battus, murmura la vicomtesse, battus par monsieur de Canolles !...

— Et comment donc cela s'est-il fait ? demanda madame de Condé, d'un ton hautain qui décelait sa profonde indignation.

— Cela s'est fait, Madame, comme se font tous les mécomptes, en jeu, en amour, en guerre ; nous nous sommes attaqués à plus fin ou à plus fort que nous.

— Mais il est donc brave, ce monsieur de Canolles ? demanda la princesse.

Le cœur de madame de Cambes palpitait de joie.

— Eh ! mon Dieu ! répondit La Rochefoucault en haussant les épaules, brave comme tout le monde !..... Seulement comme il avait des soldats frais, de bonnes murailles, et qu'il se tenait sur ses gardes, ayant probablement été prévenu, il a eu bon marché de nos Bordelais. Ah ! Madame, par parenthèse, les tristes soldats ! Ils ont fui au second feu.

— Et Navailles ? s'écria Claire sans s'apercevoir de l'imprudence de cette exclamation.

— Madame, dit La Rochefoucault, toute la différence qu'il y a eu entre Navailles et les bourgeois, c'est que les bourgeois ont fui et que Navailles s'est replié.

— Il ne nous manquerait plus maintenant que de perdre Vayres !

— Je ne dis pas non, répondit froidement La Rochefoucault.

— Battus ! répéta la princesse en frappant du pied, battus par des gens de rien, commandés par un monsieur de Canolles ! le nom est ridicule.

Claire rougit jusqu'au blanc des yeux.

— Vous trouvez ce nom ridicule, Madame, répliqua le duc ; mais monsieur de Mazarin le trouve sublime. Et j'oserais presque dire, ajouta-t-il en jetant un regard rapide et perçant vers Claire, qu'il n'est pas seul de son avis. Les noms sont comme les couleurs, Madame, continua-t-il en souriant de son sourire bilieux, il n'en faut pas disputer.

— Croyez-vous donc que Richon soit homme à se laisser battre?

— Pourquoi pas? je me suis bien laissé battre, moi! Il faut nous attendre à épuiser la mauvaise veine; la guerre est un jeu; un jour ou l'autre, nous prendrons notre revanche.

— Cela ne serait pas arrivé, dit madame de Tourville, si l'on avait suivi mon plan.

— C'est vrai, dit la princesse, on ne veut jamais faire ce que nous proposons, sous prétexte que nous sommes des femmes et que nous n'entendons rien à la guerre... Les hommes font à leur tête et se font battre.

— Eh! mon Dieu, oui, Madame; mais cela arrive aux meilleurs généraux. Paul-Émile s'est fait battre à Cannes, Pompée à Pharsale, et Attila à Châlons. Il n'y a qu'Alexandre et vous, madame de Tourville, qui n'ayez jamais été battus. Voyons votre plan.

— Mon plan, monsieur le duc, dit madame de Tourville de son ton le plus sec, était que l'on fît un siége en règle. On n'a pas voulu m'écouter, et l'on a préféré un coup de main; vous voyez le résultat.

— Répondez à Madame, monsieur Lenet, dit le duc; quant à moi, je ne me sens pas assez fort en stratégie pour soutenir la lutte.

— Madame, dit Lenet, dont les lèvres ne s'étaient encore ouvertes que pour un sourire, il y avait ceci contre le siége que vous proposiez, c'est que les Bordelais ne sont point des soldats, mais des bourgeois; il leur faut le souper au logis et le coucher dans le lit conjugal. Or, un siége en règle exclut une foule de commodités auxquelles sont habitués nos braves citadins. Ils ont donc été assiéger l'île Saint-Gerges en amateurs; ne les blâmez pas d'avoir échoué aujourd'hui;

ils referont les quatre lieues et recommenceront la même guerre autant de fois qu'il le faudra.

— Vous croyez qu'ils recommenceront? demanda la princesse.

— Oh! quant à cela, Madame, dit Lenet, j'en suis sûr; ils aiment trop leur île pour la laisser au roi.

— Et ils la prendront?

— Sans doute, un jour ou l'autre...

— Eh bien! le jour où ils l'auront prise, s'écria madame la Princesse, je veux qu'on fusille cet insolent monsieur de Canolles, s'il ne se rend pas à condition.

Claire sentit un frisson mortel qui courait dans ses veines.

— Le fusiller! dit le duc de La Rochefoucault; peste! si c'est comme cela que Votre Altesse entend la guerre, je me félicite bien sincèrement d'être au nombre de ses amis.

— Mais alors qu'il se rende.

— Je voudrais bien savoir ce que dirait Votre Altesse si Richon se rendait?

— Richon n'est pas en jeu, monsieur le duc; il n'est pas question de Richon. Voyons, qu'on m'amène un bourgeois, un jurat, un conseiller, quelque chose enfin, à qui je puisse parler, et qui m'assure que cette honte ne sera pas sans amertume pour ceux qui me l'ont fait boire.

— Cela tombe à merveille, dit Lenet, voici monsieur d'Espagnet qui sollicite l'honneur d'être introduit près de Votre Altesse.

— Faites entrer, dit la princesse.

Le cœur de Claire, pendant toute cette conversation, tantôt avait battu à brisser sa poitrine, tantôt avait été resserré comme dans un étau; en effet, elle se disait aussi que les Bordelais feraient payer cher à Canolles son premier triomphe.

Mais ce fut bien pis quand Espagnet vint encore, par

ses protestations, renchérir sur les assurances de Lenet.

— Madame, disait-il à la princesse, que Votre Altesse se rassure ; au lieu de quatre mille hommes, nous en enverrons huit mille ; au lieu de six pièces de canon, nous en dresserons douze ; au lieu de cent hommes, nous en perdrons deux cents, trois cents, quatre cents s'il le faut, mais nous reprendrons Saint-Georges.

— Bravo ! Monsieur, s'écria le duc, voilà qui est parlé ; vous savez que je suis votre homme, soit comme chef, soit comme volontaire, toutes et quantes fois que vous tenterez cette entreprise. Seulement, remarquez qu'à cinq cents hommes par fois, en supposant quatre expéditions seulement comme celle-ci, notre armée sera fort diminuée à la cinquième.

— Monsieur le duc, reprit Espagnet, nous sommes trente mille hommes en état de porter les armes, à Bordeaux ; nous traînerons, s'il le faut, tous les canons de l'arsenal devant la forteresse ; nous ferons un feu à réduire en poudre une montagne de granit ; je passerai moi-même la rivière à la tête des sapeurs, et nous reprendrons Saint-Georges ; nous en avons fait tout à l'heure le serment solennel.

— Je doute que vous preniez Saint Georges tant que monsieur de Canolles sera vivant, dit Claire d'une voix presque inintelligible.

— Eh bien ! répondit Espagnet, nous le tuerons ou nous le ferons tuer, et nous reprendrons Saint-Georges après.

Madame de Cambes étouffa un cri d'effroi prêt à sortir de sa poitrine.

— Veut-on prendre Saint-Georges ?

— Comment ! si on le veut ! s'écria la princesse. Je le crois bien, on ne veut que cela.

— Eh bien ! alors, dit madame de Cambes, qu'on me laisse faire, et je livrerai la place.

— Bah! répondit la princesse, tu m'avais déjà promis pareille chose, et tu as échoué.

— J'avais promis à Votre Altesse de faire une tentative près de monsieur de Canolles. Cette tentative a échoué, j'ai trouvé monsieur de Canolles inflexible.

— Crois-tu le trouver plus facile après son triomphe?

— Non. Aussi cette fois ne vous ai-je pas dit que je vous livrerais le gouverneur, je vous dis que je vous livrerai la place.

— Comment cela?

— En introduisant vos soldats jusque dans la cour de la forteresse.

— Êtes-vous fée, Madame, pour vous charger d'une pareille besogne? demanda La Rochefoucault.

— Non, Monsieur, je suis propriétaire, dit la vicomtesse.

— Madame plaisante, reprit le duc.

— Non pas, non pas, dit Lenet; j'entrevois beaucoup de choses dans les trois mots que vient de prononcer madame de Cambes.

— Alors cela me suffit, dit la vicomtesse, et l'avis de monsieur Lenet est tout pour moi. Je répète donc que Saint-Georges est pris si l'on veut me laisser dire quatre mots en particulier à monsieur Lenet.

— Madame, interrompit madame de Tourville, moi aussi je prends Saint-Georges, si l'on veut me laisser faire.

— Laissez d'abord madame de Tourville exposer tout haut son plan, dit Lenet en arrêtant madame de Cambes qui voulait l'entraîner dans un coin, ensuite vous me direz le vôtre tout bas.

— Dites, Madame, fit la princesse.

— Je pars de nuit avec vingt barques portant deux cents mousquetaires; une autre troupe, de même nombre, se glisse le long de la rive droite; quatre ou cinq cents autres remontent la rive gauche ; pendant ce temps, mille ou douze cents Bordelais....

— Faites-y attention, Madame, dit La Rochefoucault, voici déjà mille ou douze cents hommes engagés.

— Moi, dit Claire, avec une seule compagnie je prends Saint-Georges ; qu'on me donne Navailles, et je réponds de tout.

— Ceci est à considérer, reprit la princesse, tandis que monsieur de La Rochefoucault, souriant de son plus méprisant sourire, regardait en pitié toutes ces femmes raisonnant sur des choses de guerre qui embarrassaient les hommes les plus hardis et les plus entreprenants.

— J'écoute, dit Lenet. Venez, Madame.

Et Lenet emmena la vicomtesse dans l'embrasure d'une fenêtre.

Claire lui conta son secret à l'oreille, et Lenet laissa échapper un cri de joie.

— En effet, dit-il en se retournant vers la princesse, pour cette fois, si vous voulez bien donner carte blanche à madame de Cambes, Saint-Georges est pris.

— Et quand cela? demanda la princesse.

— Quand on voudra.

— Madame est un grand capitaine, dit La Rochefoucault avec ironie.

— Vous en jugerez, monsieur le duc, répondit Lenet, quand vous entrerez triomphant à Saint-Georges sans avoir tiré un seul coup de fusil.

— J'approuverai alors.

— Alors, dit la princesse, si la chose est aussi sûre que vous le dites, que tout se prépare donc pour demain.

— Ce sera pour le jour et l'heure qu'il plaira à Son Altesse, répondit madame de Cambes, et j'attendrai ses ordres dans mon appartement.

Et en disant ces mots, elle salua et se retira chez elle : la princesse, qui venait de passer en un instant de la colère à l'espérance, en fit autant. Madame de Tourville la suivit. Espagnet, après avoir renouvelé ses protestations, tira de son côté, et le duc se trouva seul avec Lenet.

VII

— Mon cher monsieur Lenet, dit le duc, puisque les femmes se sont emparées de la guerre, je crois qu'il serait bon aux hommes de faire un peu d'intrigue. J'ai entendu parler d'un certain Cauvignac, chargé par vous de recruter une compagnie, et que l'on m'a présenté comme un habile compagnon. Je l'avais demandé, y aurait-il moyen de le voir?

— Monseigneur, il attend, dit Lenet.

— Qu'il vienne alors.

Lenet tira le cordon d'une sonnette, un domestique entra.

— Introduisez le capitaine Cauvignac, dit Lenet.

Un instant après, notre ancienne connaissance apparut sur le seuil de la porte. Mais, toujours prudent, il s'arrêta là.

— Approchez, capitaine, dit le duc, je suis monsieur le duc de La Rochefoucault.

— Monseigneur, répondit Cauvignac, je vous connais parfaitement.

— Ah! tant mieux alors. Vous avez reçu commission de lever une compagnie?

— Elle est levée.

— Combien d'hommes avez-vous à votre disposition?

— Cent cinquante.

— Bien équipés, bien armés?

— Bien armés, mal équipés. Je me suis occupé des armes avant tout, comme de la chose la plus essentielle. Quant à l'équipement, comme je suis un garçon fort désintéressé, et que j'étais mû surtout par mon amour pour messieurs les princes, n'ayant reçu que dix mille livres de monsieur Lenet, l'argent a manqué.

— Et avec dix mille livres vous avez enrôlé cent cinquante soldats?

— Oui, Monseigneur.

— C'est merveilleux.

— Monseigneur, j'ai des moyens connus de moi seul, à l'aide desquels je procède.

— Et où sont ces hommes?

— Ils sont là; vous allez voir la belle compagnie, Monseigneur, sous le rapport moral surtout; tous gens de condition; pas un seul croquant de la race croquante.

Le duc de La Rochefoucault s'approcha de la fenêtre, et vit effectivement dans la rue cent cinquante individus de tout âge, de toute taille et de tout état, maintenus sur deux rangs par Ferguzon, Barrabas, Carrotel et leurs deux autres compagnons revêtus de leurs plus magnifiques habits. Ces individus avaient infiniment plus l'air d'une troupe de bandits que d'une compagnie de soldats.

Comme l'avait dit Cauvignac, ils étaient fort déguenillés, mais admirablement armés.

— Avez-vous reçu quelque ordre à l'endroit de vos hommes? demanda le duc.

— J'ai reçu l'ordre de les conduire à Vayres, et je n'attends que la confirmation de cet ordre par monsieur le duc pour consigner toute ma compagnie entre les mains de monsieur Richon qui l'attend.

— Mais vous, ne restez-vous point à Vayres avec eux?

— Moi, Monseigneur, j'ai pour principe de ne jamais faire

la sottise de m'enfermer entre quatre murailles quand je puis battre la campagne. J'étais né pour mener la vie des patriarches.

— Eh bien! demeurez où vous voudrez; mais expédiez vos hommes à Vayres.

— Alors ils font décidément partie de la garnison de cette place?

— Oui.

— Sous les ordres de monsieur Richon?

— Oui.

— Mais, Monseigneur, dit Cauvignac, que vont faire là mes hommes, puisqu'il y a déjà trois cents hommes à peu près dans la place.

— Vous êtes bien curieux?

— Oh! ce n'est point par curiosité, Monseigneur, c'est par crainte.

— Et que craignez-vous?

— Je crains qu'on les condamne à l'inaction, et ce serait fâcheux; quiconque laisse rouiller une bonne arme a tort.

— Soyez tranquille, capitaine, ils ne se rouilleront pas; dans huit jours ils se battront.

— Mais on me les tuera, alors?

— C'est probable; à moins qu'ayant un moyen pour recruter des soldats, vous n'ayez aussi un secret pour les rendre invulnérables.

— Oh! ce n'est pas cela; c'est qu'avant qu'on ne me les tue, je voudrais qu'ils fussent payés.

— Ne m'avez-vous pas dit que vous aviez reçu dix mille livres?

— Oui, à compte. Demandez à monsieur Lenet, qui est un homme d'ordre, et qui, j'en suis sûr, se rappelle nos conventions.

Le duc se tourna du côté de Lenet.

— C'est la vérité, monsieur le duc, dit l'irréprochable conseiller ; nous avons donné à monsieur Cauvignac dix mille livres comptant pour les premiers frais ; mais nous lui avons promis cent écus par homme au delà de l'application de ces dix mille livres.

— Alors, dit le duc, c'est trente-cinq mille francs que nous devons au capitaine?

— Juste, Monseigneur.

— On vous les donnera.

— Ne pourrions-nous point parler au présent, monsieur le duc?

— Non, impossible.

— Pourquoi cela?

— Parce que vous êtes de nos amis, et que les étrangers doivent passer avant tout. Vous comprenez que ce n'est que lorsqu'on a peur des gens qu'on a besoin de les amadouer.

— Excellente maxime! dit Cauvignac; cependant dans tous les marchés il est d'habitude de fixer un délai.

— Eh bien! mettons huit jours, dit le duc.

— Mettons huit jours, reprit Cauvignac.

— Mais si, dans huit jours, nous n'avons pas payé? dit Lenet.

— Alors, dit Cauvignac, je redeviens maître de ma compagnie.

— C'est trop juste, dit le duc.

— J'en fais ce que je veux?

— Puisqu'elle vous appartient.

— Cependant... fit Lenet.

— Bah! dit le duc, puisque nous la tiendrons enfermée dans Vayres.

— Je n'aime pas ces sortes de marchés, répondit Lenet en secouant la tête.

— Ils sont cependant fort en usage dans la coutume de

Normandie, dit Cauvignac : cela s'appelle une vente à réméré.

— C'est donc convenu? demanda le duc.

— Parfaitement convenu, répondit Cauvignac.

— Et quand partirons vos hommes?

— Tout de suite, si vous l'ordonnez.

— J'ordonne alors.

— Dans ce cas, ils sont partis, Monseigneur.

Le capitaine descendit, dit deux mots à l'oreille de Ferguzon, et la compagnie Cauvignac, accompagnée de tous les curieux que son aspect étrange avait amassés autour d'elle, s'avança vers le port, où l'attendaient les trois bateaux dans lesquels elle devait remonter la Dordogne jusqu'à Vayres, tandis que son chef, fidèle aux principes de liberté exprimés un instant auparavant au duc de La Rochefoucault, la regardait s'éloigner amoureusement.

Cependant la vicomtesse, retirée chez elle, sanglotait et priait.

— Hélas! disait-elle, je n'ai pu lui sauver l'honneur tout entier, mais au moins j'en sauverai les apparences. Il ne faut pas qu'il soit vaincu par la force; car, je le connais, vaincu par la force, il mourra en se défendant ; il faut qu'il paraisse vaincu par la trahison. Alors, lorsqu'il saura ce que j'ai fait pour lui, et surtout dans quel but je l'ai fait, tout vaincu qu'il sera, il me bénira encore.

Et, rassurée par cette espérance, elle se leva, écrivit quelques mots qu'elle cacha dans sa poitrine, et passa chez madame la Princesse, qui venait de la faire demander pour porter avec elle des secours aux blessés et des consolations et de l'argent aux veuves et aux orphelins.

Madame la Princesse réunit tous ceux qui avaient pris part à l'expédition; elle exalta en son nom et en celui de monsieur le duc d'Enghien les faits et gestes de ceux qui s'étaient distingués, causa longtemps avec Ravailly, qui, le bras en écharpe, lui jura qu'il était prêt à recommencer le lendemain; posa sa main sur l'épaule d'Espagnet, en lui disant qu'elle le considérait, lui et ses braves Bordelais, comme les plus fermes soutiens de son parti; enfin, échauffa si bien toutes les imaginations, que les plus découragés juraient de prendre leur revanche et voulaient retourner à l'île Saint-Georges à l'instant même.

— Non pas à l'instant même, dit la duchesse; prenez ce jour et cette nuit de repos, et, après-demain, vous y serez installés pour jamais.

Cette assurance, faite d'une voix ferme, fut accueillie par des vociférations d'ardeur guerrière. Chacun de ces cris plongeait profondément dans le cœur de la vicomtesse, car c'étaient comme autant de poignards menaçant la vie de son amant.

— Vois à quoi je me suis engagée, Claire, dit la princesse : c'est à toi de m'acquitter envers ces braves gens.

— Soyez tranquille, Madame, répondit la vicomtesse, je tiendrai ce que j'ai promis.

Le soir même, un messager partit en toute hâte pour Saint-Georges.

VIII

LE SOUTERRAIN.

Le lendemain, tandis que Canolles faisait sa ronde du matin, Vibrac s'approcha de lui et lui remit un billet et une clef qu'un homme inconnu avait apportés pendant la nuit, et qu'il avait laissés au lieutenant de garde en disant qu'il n'y avait pas de réponse.

Canolles tressaillit en reconnaissant l'écriture de madame de Cambes, et il n'ouvrit le billet qu'en tremblant.

Voici ce qu'il contenait :

« Dans mon dernier billet, je vous prévenais que, dans la nuit, le fort Saint-Georges serait attaqué ; dans celui-ci, je vous préviens que demain le fort Saint-Georges sera pris ; comme homme, comme soldat du roi, vous ne courez d'autre risque que d'être prisonnier ; mais mademoiselle de Lartigues est dans tout autre situation, et la haine qu'on lui porte est si grande, que je ne répondrais pas de sa vie si elle tombait aux mains des Bordelais. Déterminez-la donc à fuir ; je vais vous en donner les moyens.

« Au chevet de votre lit, derrière une tapisserie aux armes des seigneurs de Cambes, auxquels appartenait autrefois l'île Saint-Georges, qui faisait partie de leur domaine, et dont feu monsieur le vicomte de Cambes, mon mari, a fait don au roi, vous trouverez une porte dont voici la clef. C'est l'une des ouvertures d'un grand passage souterrain qui passe sous la rivière et qui aboutit au manoir de Cambes. Faites fuir par ce passage mademoiselle Nanon de Lartigues... et, si vous l'aimez... fuyez avec elle.

« Je réponds de sa vie sur mon honneur.

« Adieu. Nous sommes quittes.

« Vicomtesse DE CAMBES. »

Canolles lut et relut la lettre, frissonnant de terreur à chaque ligne, pâlissant à chaque lecture : il sentait, sans pouvoir approfondir ce mystère, qu'un pouvoir étrange l'enveloppait et disposait de lui. Ce souterrain, qui correspondait du chevet de son lit au château de Cambes, et qui devait lui servir à sauver Nanon, n'aurait-il pas pu servir, si le secret de ce passage eût été connu, à livrer Saint-Georges à l'ennemi ?

Vibrac suivait sur le visage du gouverneur les dernières émotions qui s'y reflétaient.

— Mauvaises nouvelles, commandant? demanda-t-il.

— Oui; il paraît que nous serons encore attaqués la nuit prochaine.

— Les entêtés! dit Vibrac; j'aurais cru qu'ils se tenaient pour suffisamment étrillés, et que nous n'entendrions plus parler d'eux avant huit jours au moins.

— Je n'ai pas besoin, dit Canolles, de vous recommander la plus exacte surveillance.

— Soyez tranquille, commandant. Sans doute ils essayeront de nous surprendre comme la dernière fois?

— Je ne sais; mais tenons-nous prêts à tout, et prenons les mêmes précautions que nous prîmes alors. Achevez la ronde en mon lieu et place; je rentre chez moi, où j'ai quelques ordres à expédier.

De Vibrac fit un signe d'adhésion et s'éloigna avec cette insouciance militaire qu'éprouvent pour le danger les hommes qui sont exposés à rencontrer le danger à chaque pas.

Quant à Canolles, il se retira chez lui en prenant toutes les précautions possibles pour n'être pas vu de Nanon; et après s'être bien assuré qu'il était seul dans sa chambre, il s'enferma à la clef.

Au chevet de son lit étaient les armes des seigneurs de Cambes sur une pièce de tapisserie entourée d'une espèce de ruban d'or.

Canolles souleva le ruban qui, en se détachant de la tapisserie, montra la suture d'une porte.

Cette porte s'ouvrit à l'aide de la clef que la vicomtesse avait fait remettre au jeune homme en même temps que sa lettre, et l'ouverture d'un souterrain se présenta béante aux yeux de Canolles, s'enfonçant visiblement dans la direction du château de Cambes.

Canolles demeura un instant muet et la sueur au front. Ce passage mystérieux, qui pouvait ne pas être le seul, l'épouvantait malgré lui.

Il alluma une bougie et s'apprêta à le visiter.

Il descendit d'abord vingt marches rapides, puis, par une pente plus douce, continua de s'enfoncer dans les profondeurs de la terre.

Bientôt il entendit un bruit sourd qui l'effraya d'abord, ignorant à quelle cause il était dû; mais, en s'avançant davantage, il reconnut au-dessus de sa tête l'immense murmure du fleuve roulant ses eaux vers la mer.

Plusieurs crevasses s'étaient faites à la voûte, par lesquelles, à différentes époques, les eaux avaient dû filtrer; mais les crevasses, aperçues à temps sans doute, avaient été bouchées avec une espèce de ciment qui était devenu plus dur lui-même que la pierre qu'il consolidait.

Pendant près de dix minutes, Canolles entendit rouler les eaux au-dessus de sa tête; puis le bruit diminua peu à peu; bientôt ce ne fut plus qu'un murmure. Enfin, ce murmure s'éteignit à son tour, le silence le remplaça, et après cinquante pas faits au milieu de ce silence, Canolles arriva à un escalier pareil à celui par lequel il était descendu, et que fermait à sa dernière marche une porte massive que dix hommes réunis n'auraient pu ébranler, et qu'une épaisse plaque de fer rendait à l'épreuve du feu.

— Maintenant je comprends, dit Canolles; on attendra Nanon à cette porte et on la sauvera.

Canolles revint, repassa sous la rivière, retrouva son escalier, rentra dans sa chambre, recloua le ruban et se rendit tout pensif chez Nanon.

IX

Nanon était, comme d'habitude, entourée de cartes, de lettres et de livres. La pauvre femme faisait à sa manière la guerre civile pour le roi. Dès qu'elle aperçut Canolles, elle lui tendit la main avec transport.

— Le roi vient, dit-elle, et dans huit jours nous serons hors de péril.

— Il vient toujours, dit Canolles en souriant avec tristesse, malheureusement il n'arrive jamais.

— Oh ! cette fois je suis bien renseignée, cher baron, et avant huit jours il sera ici.

— Si fort qu'il se presse, Nanon, il arrivera encore trop tard pour nous.

— Que dites-vous ?

— Je dis qu'au lieu de vous brûler le sang sur ces cartes et sur ces papiers, vous feriez bien mieux de songer aux moyens de fuir.

— Fuir, et pourquoi ?

— Parce que j'ai de mauvaises nouvelles, Nanon. Une nouvelle expédition se prépare : cette fois je puis succomber.

— Eh bien ! ami, n'est-il pas convenu que votre sort est mon sort, que votre fortune est la mienne ?

— Non, cela ne peut pas être ainsi ; je serai trop faible si j'ai à craindre pour vous. N'ont-ils pas voulu, à Agen, vous faire périr par le feu ? N'ont-ils pas voulu vous précipiter à la rivière ? Tenez, Nanon, par pitié pour moi, ne vous obstinez pas à rester, votre présence me ferait faire quelque lâcheté.

— Mon Dieu, Canolles, vous m'épouvantez.

— Nanon, je vous en supplie, jurez-moi, si je suis attaqué, de faire ce que j'ordonnerai.

— Oh! mon Dieu, à quoi bon ce serment?

— A me donner la force de vivre. Nanon, si vous ne me promettez pas de m'obéir aveuglément, je vous jure qu'à la première occasion je me fais tuer.

— Oh! tout ce que vous voudrez, Canolles; tout, je le jure par notre amour.

— Dieu merci! chère Nanon, me voici plus tranquille. Rassemblez vos bijoux les plus précieux. Où est votre or?

— Dans un baril cerclé de fer.

— Préparez tout cela. Que l'on puisse emporter tout cela avec vous.

— Oh! Canolles, vous savez bien que le véritable trésor de mon cœur ce n'est ni mon or ni mes bijoux. Canolles! tout cela n'est-il point pour m'éloigner de vous?

— Nanon, vous me croyez homme d'honneur, n'est-ce pas? Eh bien! sur l'honneur, ce que je fais là m'est inspiré par la seule crainte du danger que vous courez.

— Et vous croyez sérieusement à ce danger?

— Je crois que demain l'île Saint-Georges sera prise.

— Mais comment?

— Je n'en sais rien, mais je le crois.

— Et si je consens à fuir?

— Je ferai tout pour vivre, Nanon, je vous le jure.

— Vous ordonnerez, ami, et j'obéirai, dit Nanon tendant la main à Canolles, et oubliant, dans son ardeur à le regarder, deux grosses larmes qui coulaient le long de ses joues.

Canolles serra la main de Nanon et sortit. S'il était resté un instant de plus, il eût recueilli ces deux perles avec ses lèvres; mais il mit la main sur la lettre de la vicomtesse, et, pareille à un talisman, cette lettre lui donna la force de s'éloigner.

La journée fut cruelle. Cette menace si positive : Demain l'île Saint-Georges sera prise, bruissait sans cesse aux oreilles de Canolles. Comment? par quel moyen? quelle certitude avait donc la vicomtesse pour lui parler ainsi? Serait-il attaqué par eau? serait-il attaqué par terre? De quel point inconnu fondrait ce malheur invisible et pourtant certain? C'était à en devenir fou.

Tant que le jour dura, Canolles brûla ses yeux au soleil, cherchant partout des ennemis. Le soir, Canolles usa ses yeux à sonder les profondeurs du bois, les horizons de la plaine, les sinuosités de la rivière : tout fut inutile, il ne vit rien.

Et lorsque la nuit fut tout à fait venue, une aile du château de Cambes s'illumina; c'était la première fois que Canolles y apercevait de la lumière depuis qu'il était à l'île Saint-Georges.

— Ah! dit-il, voici les sauveurs de Nanon qui sont à leur poste.

Et il soupira profondément.

Quelle étrange et mystérieuse énigme que celle que renferme le cœur humain! Canolles n'aimait plus Nanon, Canolles adorait madame de Cambes, et cependant, au moment de se séparer de celle qu'il n'aimait plus, Canolles sentait son âme se briser; ce n'était que loin d'elle ou lorsqu'il allait la quitter que Canolles ressentait la véritable force du sentiment singulier qu'il portait à cette charmante personne.

Toute la garnison était debout et veillait sur les remparts. Canolles, las de regarder, interrogeait le silence nocturne. Jamais obscurité n'avait été plus muette et n'avait paru plus solitaire. Aucun bruit ne troublait ce calme qui semblait celui du désert.

Tout à coup l'idée vint à Canolles que c'était peut-être par le souterrain qu'il avait visité que l'ennemi allait pénétrer dans le fort. C'était peu probable, car dans ce cas on ne l'eût point prévenu ; il n'en résolut pas moins de garder ce passage. Il fit préparer un baril de poudre avec une mèche, choisit le plus brave parmi les sergents, roula le baril sur la dernière marche du souterrain, alluma une torche, et la mit à la main du sergent. Deux autres hommes se tenaient près de lui.

— S'il se présente plus de six hommes par ce souterrain, dit-il au sergent, somme-les de se retirer, puis, s'ils refusent, mets le feu à la mèche et roule le baril ; comme le passage va en pente, il ira éclater au milieu d'eux.

Le sergent prit la torche ; les deux soldats se tinrent debout et immobiles derrière lui, éclairés par son reflet rougeâtre, tandis qu'à leurs pieds était le baril qui contenait la poudre.

Canolles remonta tranquille, de ce côté, du moins ; mais en rentrant dans sa chambre il aperçut Nanon qui, l'ayant vu descendre du rempart et rentrer chez lui, l'avait suivi pour avoir quelques nouvelles. Elle regardait, effrayée, cette ouverture béante qu'elle ne connaissait pas.

— Oh ! mon Dieu ! demanda-t-elle, qu'est-ce que cette porte ?

— Celle du passage par lequel tu vas fuir, chère Nanon.

— Tu m'as promis que tu n'exigerais que je te quittasse qu'en cas d'attaque.

— Et je te le promets encore.

— Tout paraît bien calme autour de l'île, mon ami.

— Tout paraît bien calme au dedans aussi, n'est-ce pas ? Eh bien ! cependant, il y a à vingt pas de nous un baril de poudre, un homme et une torche. Si l'homme approchait la torche du baril de poudre, en une seconde il ne resterait pas pierre sur pierre dans tout le château. Voilà comme tout est tranquille, Nanon !

La jeune femme pâlit.

— Oh! vous me faites frémir! s'écria-t-elle.

— Nanon, dit Canolles, appelez vos femmes, qu'elles viennent ici avec vos écrins ; votre valet de chambre, qu'il vienne ici avec votre argent. Peut-être me suis-je trompé, peut-être ne se passera-t-il rien cette nuit ; mais n'importe, tenons-nous prêts.

— Qui vive? cria la voix du sergent dans le souterrain.

Une autre voix répondit, mais sans accent hostile.

— Tenez, dit Canolles, voici qu'on vient vous chercher.

— On n'attaque pas encore, mon ami : tout est calme ; laissez-moi près de vous, ils ne viendront pas.

Comme Nanon achevait ces paroles, le cri de : Qui vive? retentit trois fois dans la cour intérieure, et la troisième fois fut suivie de la détonation d'un mousquet.

Canolles s'élança vers la fenêtre, qu'il ouvrit.

— Aux armes! cria la sentinelle, aux armes!

Canolles vit dans un angle une masse noire et mouvante : c'était l'ennemi qui sortait à flots d'une porte basse et cintrée, ouvrant sur une cave qui servait de bûcher ; sans doute dans cette cave, comme au chevet de Canolles, il y avait quelque issue ignorée.

— Les voilà! cria Canolles ; hâtez-vous, les voilà!

Au même moment, la décharge d'une vingtaine de mousquets répondit au coup de fusil de la sentinelle. Deux ou trois balles vinrent briser les carreaux de la fenêtre que refermait Canolles.

Il se retourna, Nanon était à genoux.

Par la porte intérieure accouraient les femmes et son laquais.

— Pas un instant à perdre, Nanon! s'écria Canolles ; venez! venez!

Et il enleva la jeune femme entre ses bras, comme il eût

fait d'une plume, et s'enfonça dans le souterrain en criant aux gens de Nanon de le suivre.

Le sergent était à son poste, la torche à la main : les deux soldats, la mèche allumée, se tenaient prêts à faire feu sur un groupe au milieu duquel apparaissait, pâle et faisant force assurances d'amitié, notre ancienne connaissance, maître Pompée.

— Ah! monsieur de Canolles, s'écria-t-il, dites-leur donc que nous sommes les gens que vous attendiez; que diable! on ne fait pas de ces plaisanteries-là avec des amis.

— Pompée, dit Canolles, je vous recommande Madame; quelqu'un que vous connaissez m'a répondu d'elle sur son honneur; vous m'en répondez, vous, sur votre tête.

— Oui, oui, je réponds de tout, dit Pompée.

— Canolles, Canolles, je ne vous quitte pas! s'écria Nanon se cramponnant au cou du jeune homme; Canolles, vous avez promis de me suivre.

— J'ai promis de défendre le fort Saint-Georges tant qu'il y resterait une pierre debout, et je vais tenir ma promesse.

Et malgré les cris, les pleurs, les supplications de Nanon, Canolles la remit aux mains de Pompée, qui, secondé de deux ou trois laquais de madame de Cambes et de la propre suite de la fugitive, l'entraîna dans les profondeurs du souterrain.

Canolles suivit un instant des yeux ce doux et blanc fantôme qui s'éloignait les bras tendus vers lui. Mais tout à coup il se rappela qu'il était attendu ailleurs et s'élança vers l'escalier en criant au sergent et aux deux soldats de le suivre.

De Vibrac était dans la chambre, sans chapeau, pâle et l'épée à la main.

— Commandant, cria-t-il en apercevant Canolles, l'ennemi!... l'ennemi!...

— Je le sais.

— Que faut-il faire?

— Parbleu! la belle demande, nous faire tuer.

Canolles s'élança vers la cour. Chemin faisant, il aperçut une hache de mineur et s'en empara.

La cour était pleine d'ennemis; soixante soldats de la garnison, réunis en groupe, essayaient de défendre la porte des appartements de Canolles. On entendait du côté des remparts des cris et des coups de feu annonçant que partout on en était aux mains.

— Le commandant! le commandant! crièrent les soldats en apercevant Canolles.

— Oui! oui! répondit celui-ci, le commandant, qui vient mourir avec vous. Courage, amis, courage! on vous a pris par trahison ne pouvant vous vaincre.

— Tout est bon en guerre, dit la voix railleuse de Ravailly, qui, le bras en écharpe, animait ses hommes à saisir Canolles. Rends-toi, Canolles, rends-toi, et il te sera fait bonne composition.

— Ah! c'est toi, Ravailly! cria Canolles. Je croyais cependant t'avoir payé ma dette d'amitié. Tu n'es pas content, attends...

Et Canolles, bondissant de cinq ou six pas en avant, lança à Ravailly la hache qu'il tenait à la main avec tant de force, qu'elle alla fendre, auprès du capitaine de Navailles, le casque et le hausse-col d'un officier des bourgeois qui tomba mort.

— Peste! dit Ravailly, comme tu réponds aux politesses qu'on te fait! Je devrais cependant être habitué à tes façons. Mes amis, il est enragé, feu sur lui! feu!

A cet ordre, une vigoureuse fusillade partit des rangs ennemis, et cinq ou six hommes tombèrent auprès de Canolles.

— Feu! cria-t-il à son tour, feu!

Mais trois ou quatre coups de mousquet répondirent à

peine. Surpris au moment où ils s'y attendaient le moins, troublés par la nuit, les soldats de Canolles avaient perdu courage.

Canolles vit qu'il n'y avait rien à faire.

— Rentrez, dit-il à Vibrac, rentrez, et faites rentrer vos hommes ; nous nous barricaderons, et nous ne nous rendrons au moins que lorsqu'ils nous auront pris d'assaut.

— Feu ! répétèrent deux autres voix qui étaient celles d'Espagnet et de La Rochefoucault. Souvenez-vous de vos camarades morts, et qui demandent vengeance. Feu !

Et l'ouragan de fer siffla de nouveau autour de Canolles sans l'atteindre, mais en décimant une seconde fois sa petite troupe.

— En retraite ! dit de Vibrac, en retraite !

— Sus ! sus ! cria Ravailly ; en avant, amis ! en avant !

Les ennemis s'élancèrent ; Canolles, avec une dizaine d'hommes tout au plus, soutint le choc ; il avait ramassé le fusil d'un soldat mort et s'en servait comme d'une massue.

Ses compagnons rentrèrent et il rentra le dernier avec Vibrac.

Alors tous deux se raidirent contre la porte, qu'ils parvinrent à repousser, malgré les efforts des assaillants, et qu'ils assujettirent avec une énorme barre de fer.

Les fenêtres étaient grillées.

— Des haches, des leviers, du canon s'il le faut ! cria la voix du duc de La Rochefoucault ; il faut que nous les prenions tous, morts ou vivants.

Un feu effroyable suivit ces mots ; deux ou trois balles trouèrent la porte, l'une d'elles cassa la cuisse à Vibrac.

— Ma foi, mon commandant, dit-il, j'ai mon compte ; voyez maintenant à régler le vôtre : cela ne me regarde plus.

Et il se laissa aller couché le long de la muraille, ne pouvant plus se tenir debout.

Canolles regarda tout autour de lui ; une douzaine d'hommes étaient encore en état de défense ; le sergent qu'il avait mis de planton dans le souterrain était parmi eux.

— La torche, lui dit-il, qu'as-tu fait de la torche ?

— Ma foi, commandant, je l'ai jetée près du baril.

— Brûle-t-elle encore ?

— C'est probable.

— Bien. Fais sortir tous ces hommes par les portes, par les fenêtres de derrière. Obtiens pour eux et pour toi la meilleure composition que tu pourras trouver ; le reste me regarde.

— Mais, mon commandant...

— Obéis.

Le sergent courba la tête et fit signe à ses soldats de le suivre. Aussitôt tous disparurent par les appartements intérieurs ; ils avaient compris l'intention de Canolles et ne se souciaient pas de sauter avec lui.

Canolles prêta l'oreille un instant : on broyait la porte à coups de hache, ce qui n'empêchait pas la fusillade d'aller toujours ; on tirait au hasard et sur les fenêtres, derrière lesquelles on supposait que pouvaient être embusqués les assiégés.

Tout à coup un grand tumulte annonça que la porte avait cédé, et Canolles entendit la foule qui se ruait dans le château avec des cris de joie.

— Bien, bien ! murmura-t-il, dans cinq minutes ces cris de joie seront des hurlements de désespoir.

Et il s'élança dans la galerie souterraine.

Mais, sur le baril, un jeune homme était assis, ayant la torche à ses pieds, la tête appuyée dans ses deux mains.

Le jeune homme, au bruit, releva la tête, et Canolles reconnut madame de Cambes.

— Ah ! s'écria-t-elle en se levant, le voilà enfin !

— Claire, murmura Canolles, que venez-vous faire ici?

— Mourir avec vous, si vous voulez mourir.

— Je suis déshonoré, perdu, il faut bien que je meure.

— Vous êtes sauvé et glorieux, sauvé par moi!

— Perdu par vous! Les entendez-vous? ils viennent, les voilà ; fuyez, Claire, fuyez par ce souterrain ; vous avez cinq minutes, c'est plus qu'il ne vous en faut.

— Je ne fuis pas, je reste.

— Mais savez-vous pourquoi je suis descendu ici? savez-vous ce que je vais faire?

Madame de Cambes ramassa la torche et l'approcha du baril de poudre.

— Je m'en doute, dit-elle.

— Claire, s'écria Canolles épouvanté, Claire!

— Répétez encore que vous voulez mourir, et nous mourrons ensemble.

La figure pâle de la vicomtesse indiquait une telle résolution, que Canolles comprit qu'elle allait faire ce qu'elle disait : il s'arrêta.

— Mais enfin, que voulez-vous? dit-il.

— Je veux que vous vous rendiez.

— Jamais! dit Canolles.

— Le temps est précieux, continua la vicomtesse, rendez-vous. Je vous offre la vie, je vous offre l'honneur, puisque je vous donne l'excuse de la trahison.

— Laissez-moi fuir alors, j'irai mettre mon épée aux pieds du roi et lui demander l'occasion de prendre ma revanche.

— Vous ne fuirez pas.

— Pourquoi cela?

— Parce que je ne puis vivre ainsi ; parce que je ne puis vivre séparée de vous ; parce que je vous aime.

— Je me rends, je me rends! s'écria Canolles en se précipitant aux genoux de madame de Cambes, et en jetant loin d'elle la torche qu'elle tenait à la main.

— Oh! murmura la vicomtesse, cette fois je le tiens, et on ne me le reprendra plus.

Il y avait une chose étrange, et qui cependant peut s'expliquer : c'était que l'amour agit d'une façon si opposée sur ces deux femmes.

Madame de Cambes, retenue, douce, timide, était devenue décidée, hardie et forte.

Nanon, capricieuse, volontaire, était devenue timide, douce et retenue.

C'est que madame de Cambes se sentait de plus en plus aimée par Canolles.

C'est que Nanon sentait que chaque jour l'amour de Canolles diminuait.

X

Cette seconde rentrée de l'armée des princes à Bordeaux fut bien différente de la première. Cette fois il y avait des lauriers pour tout le monde, même pour les vaincus.

La délicatesse de madame de Cambes en avait réservé une bonne part à Canolles, qui, aussitôt qu'il eut franchi la barrière côte à côte avec son ami Ravailly, qu'il avait failli tuer deux fois, fut entouré comme un grand capitaine et félicité comme un vaillant soldat.

Les vaincus de l'avant-veille, et surtout ceux qui avaient attrapé quelque horion dans le combat, avaient bien conservé une certaine rancune contre leur vainqueur. Mais Canolles était si bon, si beau, si simple ; il supportait si gaiement et si dignement à la fois sa nouvelle position ; il avait été entouré d'un cortége d'amis si empressés ; les officiers et les soldats du régiment de Navailles en faisaient un si grand éloge, comme leur capitaine et comme gouverneur de l'île Saint-Georges, que les Bordelais oublièrent vite. Ils avaient d'ailleurs bien autre chose à penser.

Monsieur de Bouillon arrivait le lendemain ou le surlendemain, et les nouvelles les plus précises annonçaient que, dans huit jours au plus tard, le roi serait à Libourne.

Madame de Condé se mourait d'envie de voir Canolles ; elle le regarda passer cachée derrière le rideau de sa fenêtre, et lui trouva une mine tout à fait conquérante, et qui répondait à merveille à la réputation qu'amis et ennemis lui avaient faite.

Madame de Tourville, contrairement à l'avis de madame la Princesse, prétendit qu'il manquait de distinction. Lenet affirma qu'il le tenait pour un galant homme, et monsieur de La Rochefoucault se contenta de dire :

— Ah ! ah ! voici donc le héros.

On assigna un logement à Canolles, c'était dans la grande forteresse de la ville, au château Trompette. Le jour, il avait entière liberté de se promener par la ville, d'y faire ses affaires, ou d'y suivre ses plaisirs. A la retraite, il rentrait, le tout sur parole d'honneur de ne point chercher à s'échapper, et de ne point correspondre avec ceux du dehors.

Avant de faire ce dernier serment, Canolles avait demandé la permission d'écrire quatre lignes ; cette permission lui avait été accordée, et il avait fait parvenir à Nanon la lettre suivante :

« Prisonnier, mais libre dans Bordeaux, sur ma parole de n'avoir pas de correspondance extérieure, je vous écris ces quelques mots, chère Nanon, pour vous assurer de mon amitié, dont pourrait vous faire douter mon silence. Je m'en rapporte à vous pour défendre mon honneur près du roi et de la reine.

« Baron de CANOLLES. »

Dans ces conditions-là, fort douces, comme on le voit, on pouvait reconnaître l'influence de madame de Cambes.

Canolles en eut pour cinq ou six jours avant d'en avoir fini avec tous les repas, avec toutes les fêtes que lui donnaient ses amis; on le rencontrait sans cesse avec Ravailly, qui se promenait le bras gauche passé au bras de Canolles et le bras droit en écharpe. Quand le tambour battait et que les Bordelais partaient pour quelque expédition ou couraient à quelque émeute, on était sûr de voir sur le chemin Canolles, ayant Ravailly au bras, ou seul et les mains derrière le dos, curieux, souriant et inoffensif.

Depuis son arrivée, au reste, il n'avait aperçu madame de Cambes que rarement, et il lui avait parlé à peine; il semblait suffire à la vicomtesse que Canolles ne fût plus près de Nanon, et elle était heureuse de le tenir, comme elle l'avait dit, près d'elle. Alors Canolles lui avait écrit pour se plaindre doucement, et alors elle l'avait fait recevoir dans une ou deux maisons de la ville, par cette protection invisible aux yeux, mais palpable au cœur, pour ainsi dire, de la femme qui aime sans vouloir être devinée.

Il y avait même plus. Canolles, par l'intermédiaire de Lenet, avait reçu la permission de faire sa cour à madame de Condé, et le beau prisonnier paraissait là quelquefois, bourdonnant et coquetant autour des femmes de madame la Princesse.

Au reste, il n'y avait pas d'homme qui parût plus désintéressé dans les affaires politiques que l'était Canolles : voir madame de Cambes, échanger quelques mots avec elle ; s'il ne pouvait parvenir à lui parler, recueillir son geste affectueux, lui serrer la main quand elle montait en voiture ; tout huguenot qu'il était, lui offrir de l'eau bénite à l'église, c'était la grande affaire des journées du prisonnier.

La nuit, il pensait à la grande affaire du jour.

Cependant, au bout de quelque temps, cette distraction ne suffit plus au prisonnier. Or, comme il comprenait l'exquise délicatesse de madame de Cambes, qui craignait encore plus pour l'honneur de Canolles que pour le sien, il chercha à augmenter le cercle de ses distractions. D'abord il se battit avec un officier de la garnison et avec deux bourgeois, ce qui lui fit toujours passer quelques heures. Mais comme il désarma l'un de ses adversaires et blessa les deux autres, cette distraction lui manqua bientôt, faute de gens disposés à le distraire.

Puis il eut une ou deux bonnes fortunes ; ce n'était point étonnant : outre que Canolles, comme nous l'avons dit, était fort beau garçon, depuis qu'il était prisonnier il était devenu on ne peut plus intéressant. Pendant trois jours entiers et pendant toute la matinée du quatrième, on avait parlé de sa captivité ; c'était presque autant que celle de monsieur le Prince.

Un jour que Canolles espérait voir madame de Cambes à l'église, et que madame de Cambes, de peur de l'y rencontrer peut-être, n'y était point venue, Canolles, fidèle à son poste près de la colonne, offrit de l'eau bénite à une charmante dame qu'il n'avait pas encore vue ; ce n'était point la faute de Canolles, mais celle de madame de Cambes ; si la vicomtesse fût venue il n'aurait songé qu'à elle, il n'aurait vu qu'elle, il n'aurait offert d'eau bénite qu'à elle.

Le jour même, comme Canolles s'enquérait auprès de lui-même quelle pouvait être cette charmante brune, il reçut une lettre d'invitation pour passer la soirée chez l'avocat général Lavie, le même qui avait voulu s'opposer à l'entrée de madame la Princesse, et qui, en sa qualité de soutien de l'autorité royale, était détesté presque à l'égal de monsieur d'Épernon. Canolles, qui éprouvait de plus en plus le besoin de se distraire, accueillit l'invitation avec reconnaissance, et, à six heures, se rendit chez l'avocat général.

L'heure peut paraître étrange à nos modernes lions; mais il y avait deux raisons pour que Canolles se rendît de si bonne heure à l'invitation de monsieur l'avocat général : la première c'est qu'à cette époque, comme on dînait à midi, les soirées commençaient infiniment moins tard; la seconde c'est que, comme Canolles rentrait régulièrement au château Trompette à neuf heures et demie au plus tard, il lui fallait, s'il voulait faire autre chose qu'une simple apparition, arriver des premiers.

En entrant au salon, Canolles poussa un cri de joie; madame Lavie n'était autre que cette charmante brune à laquelle il avait si galamment offert de l'eau bénite le matin même.

Canolles fut accueilli dans les salons de l'avocat général en royaliste qui a fait ses preuves. A peine la présentation eut-elle eu lieu, qu'il fut entouré d'hommages capables d'étourdir un des sept sages de la Grèce. On compara sa défense, lors de sa première attaque, à celle d'Horatius Coclès, et sa défaite à la prise de Troie, ruinée par les artifices d'Ulysse.

— Mon cher monsieur de Canolles, lui dit l'avocat général, je sais de bonne part qu'il a été fort question de vous à la cour, et que votre belle défense vous y a couvert de gloire; aussi la reine a-t-elle juré qu'elle vous échangerait aussitôt qu'elle le pourrait, et que le jour où vous rentreriez à son service, ce serait avec le grade de mestre-de-camp ou de brigadier; maintenant, voulez-vous être changé?

— Ma foi, Monsieur, répondit Canolles en lançant un coup

d'œil meurtrier à madame Lavie, je vous jure que mon plus grand désir est que la reine ne se presse pas; elle aurait à m'échanger contre de l'argent ou contre un bon militaire. Je ne vaux pas cette dépense et je ne mérite pas cet honneur. J'attendrai que Sa Majesté ait pris Bordeaux, où je me trouve à merveille; alors elle m'aura pour rien.

Madame Lavie sourit avec grâce.

— Diable! dit son mari, vous parlez tièdement de votre liberté, baron.

— Eh! pourquoi m'y échaufferais-je? dit Canolles; croyez-vous qu'il me soit bien agréable de reprendre du service actif, pour me retrouver exposé à tuer quotidiennement quelqu'un de mes amis?

— Mais, quelle vie menez-vous ici? reprit l'avocat général, une vie indigne d'un homme de votre portée, étranger à tout conseil, à toute entreprise, forcé de voir les autres servir la cause à laquelle ils appartiennent, tandis que vous vous croisez les bras, inutile, froissé, voilà ce que vous êtes; la situation doit vous peser.

Canolles regarda madame Lavie, qui le regardait de son côté.

— Mais non, dit-il, vous vous trompez, et je ne m'ennuie pas le moins du monde. Vous vous occupez de politique, ce qui est fort ennuyeux, moi je fais l'amour, ce qui est fort amusant. Vous êtes les uns les serviteurs de la reine, les autres les serviteurs de la princesse. Moi, je ne m'attache pas exclusivement à une souveraine, je suis l'esclave de toutes les femmes.

Cette réponse fut goûtée, et la maîtresse de la maison en exprima son opinion par un sourire.

Bientôt les parties s'organisèrent, Canolles se mit à jouer. Madame Lavie entra de moitié dans son jeu contre son mari, qui perdit cinq cents pistoles.

Le lendemain le peuple, je ne sais à quel propos, s'avisa

de faire une émeute. Un partisan des princes, plus fanatique que les autres, proposa d'aller casser à coups de pierres les carreaux de monsieur Lavie. Lorsque les carreaux furent cassés, un autre proposa de mettre le feu à sa maison. On courait déjà aux tisons lorsque Canolles arriva avec un détachement du régiment de Navailles, conduisit madame Lavie en sûreté, et arracha son mari des mains d'une douzaine de furieux qui, ne pouvant point le brûler, voulaient au moins le pendre.

— Eh bien! monsieur l'homme d'action, dit Canolles à l'avocat général tout blémissant de terreur, que pensez-vous maintenant de mon oisiveté? fais-je pas mieux de ne rien faire?

Sur quoi il rentra au château Trompette, attendu que la retraite sonnait. En rentrant il trouva sur son guéridon une lettre dont la forme lui fit battre le cœur, et dont l'écriture le fit tressaillir.

C'était l'écriture de madame de Cambes.

Canolles ouvrit vivement la lettre et lut :

« Demain, soyez seul à l'église des Carmes vers six heures
« de l'après-midi, et vous mettez dans le premier confes-
« sionnal, à gauche en entrant. Vous en trouverez la porte
« ouverte. »

— Tiens! pensa Canolles, voilà une idée originale.

Il y avait un post-scriptum.

« Ne vous vantez pas, disait-il, d'aller où vous avez été
« hier et aujourd'hui; Bordeaux n'est pas une ville royaliste,
« songez-y, et que le sort que sans vous allait subir mon-
« sieur l'avocat général vous fasse réfléchir. »

— Bon! dit Canolles, elle est jalouse. J'ai donc eu raison, quoi qu'elle en dise, d'aller hier et aujourd'hui chez monsieur Lavie.

XI

Il faut dire que, depuis son arrivée à Bordeaux, Canolles avait passé par tous les tourments de l'amour malheureux. Il avait vu la vicomtesse choyée, entourée, adulée, sans avoir pu se montrer assidu près d'elle, et il lui avait fallu, pour toute consolation, saisir au passage quelque coup d'œil dérobé par Claire à l'investigation des médisants. Après la scène du souterrain, après les paroles ardentes échangées entre la vicomtesse et lui dans ce moment suprême, cet état de choses lui semblait non plus même de la tiédeur, mais de la glace. Cependant, comme au fond de cette froideur Canolles sentait qu'il était aimé réellement et profondément, il avait pris son parti d'être le plus infortuné des amants heureux. Après tout, la chose était facile. Grâce à la parole qu'on lui avait fait donner de ne point entretenir de correspondance avec l'extérieur, il avait relégué Nanon dans ce petit coin de la conscience destiné aux remords amoureux. Or, comme il n'avait aucune nouvelle de la jeune femme, et que, par conséquent, il s'épargnait l'ennui que cause toujours la lutte, c'est-à-dire le souvenir palpable de la femme à qui l'on est infidèle, ses remords à lui n'étaient point par trop insupportables.

Cependant, parfois, au moment où le plus joyeux sourire épanouissait le visage du jeune homme, au moment où sa voix éclatait en mots spirituels et joyeux, tout à coup un nuage passait sur son front et un soupir s'échappait, sinon de son cœur, du moins de ses lèvres. Ce soupir était pour Nanon : ce nuage, c'était le souvenir des temps passés qui projetait son ombre dans le présent.

Madame de Cambes avait remarqué ces secondes de tristesse; son œil avait sondé toutes les profondeurs du cœur de Canolles, et elle avait réfléchi qu'elle ne pouvait laisser Canolles ainsi abandonné à lui-même. Entre un ancien amour qui n'était pas éteint tout à fait, et une nouvelle passion qui pouvait naître, le surplus de cette séve ardente, consumée autrefois par les occupations militaires et par la représentation d'un poste élevé, pouvait tourner en élément contraire à cet amour si pur qu'elle cherchait à lui inspirer. Elle ne cherchait d'ailleurs qu'à gagner du temps afin que le souvenir de tant d'aventures romanesques s'effaçât ou à peu près, après avoir tenu éveillée la curiosité de tous les courtisans de la princesse. Peut-être madame de Cambes se trompait-elle; peut-être, en avouant tout haut son amour, eût-elle obtenu qu'on s'en fût moins occupé, ou qu'on s'en fût occupé moins longtemps.

Mais celui de tous qui suivait avec le plus d'attention et de succès les progrès de cette mystérieuse passion, c'était Lenet. Quelque temps son œil observateur avait reconnu l'existence de l'amour sans en connaître l'objet; il n'avait point deviné, il est vrai, la situation précise de cet amour, il ignorait s'il était solitaire ou partagé : seulement, madame de Cambes, quelquefois tremblante et indécise, quelquefois forte et arrêtée, presque toujours indifférente aux plaisirs qu'on goûtait autour d'elle, lui avait paru véritablement frappée au cœur; tout à coup cette ardeur qu'elle avait montrée pour la guerre s'était éteinte, elle n'était plus tremblante, ni forte, ni indécise, ni arrêtée; elle était pensive, souriant sans motif, pleurant sans cause, comme si ses lèvres et ses yeux répondaient aux variations de la pensée, aux élans opposés de son esprit; c'était depuis six ou sept jours que ce changement s'était opéré; c'était depuis six ou sept jours que Canolles était pris. Canolles, à n'en pas douter, était donc l'objet de cet amour.

Lenet, au reste, était tout prêt à favoriser un amour qui pouvait donner un jour un si brave défenseur à madame la Princesse.

Monsieur de La Rochefoucault était peut-être encore plus avancé que Lenet dans l'exploration du cœur de madame de Cambes. Mais ses gestes, ses yeux, sa bouche, disaient si juste ce qu'il leur permettait de dire seulement, que personne n'aurait pu affirmer s'il avait de l'amour ou de la haine pour madame de Cambes. Quant à Canolles, il n'en parlait pas, ne le regardait pas, et n'en tenait point plus de compte que s'il n'eût pas existé. Du reste, guerroyant plus que jamais, se posant en héros, prétention dans laquelle il était secondé par un courage à toute épreuve et une véritable habileté militaire ; donnant chaque jour plus d'importance à sa position de lieutenant du généralissime. Monsieur de Bouillon, au contraire, froid, mystérieux, calculateur, servi admirablement dans sa politique par des accès de goutte qui venaient parfois tellement à point qu'on était tenté d'en nier la réalité, négociait toujours, se dissimulait le plus possible, ne pouvant s'habituer à mesurer l'abime qui séparait Mazarin de Richelieu, et craignant toujours pour sa tête, qu'il avait failli perdre sur le même échafaud que Cinq-Mars, et qu'il n'avait rachetée qu'en donnant Sedan, sa ville, et en renonçant, sinon de droit, du moins de fait, à sa qualité de prince souverain.

Quant à la ville elle-même, elle était emportée par le torrent de mœurs galantes qui débordait de tous côtés sur elle. Entre deux feux, entre deux morts, entre deux ruines, les Bordelais étaient si peu sûrs du lendemain, qu'il fallait bien adoucir cette existence précaire qui pouvait ne compter l'avenir que par secondes.

On se rappelait La Rochelle, dévastée déjà par Louis XIII, et la profonde admiration d'Anne d'Autriche pour ce fait d'armes ; pourquoi Bordeaux n'offrirait-il pas à la haine et à l'ambition de cette princesse une seconde édition de La Rochelle ?

On oubliait toujours que celui qui passait son niveau sur les têtes et sur les murailles trop hautes était mort, et que le cardinal de Mazarin était à peine l'ombre du cardinal de Richelieu.

Donc chacun se laissait aller, et ce vertige prenait Canolles comme les autres; il est vrai aussi que parfois il se mettait à douter de tout, et dans ses accès de scepticisme il doutait de l'amour de madame de Cambes comme des autres choses de ce monde. Dans ces moments-là, Nanon grandissait dans son cœur, plus tendre et plus dévouée de son absence même. Dans ces moments-là, si Nanon eût apparu à ses yeux, l'inconstant esprit qu'il était, il fût tombé aux pieds de Nanon.

Ce fut au milieu de toutes ces incohérences de pensée, que peuvent seuls comprendre les cœurs qui se sont trouvés entre deux amours, que Canolles reçut la lettre de la vicomtesse. Il va sans dire que toute autre idée disparut à l'instant même. Après avoir lu la lettre, il ne comprenait pas qu'il eût jamais pu aimer une autre que madame de Cambes, après l'avoir relue il crut n'avoir jamais aimé qu'elle.

Canolles passa une de ces nuits fiévreuses qui brûlent et reposent à la fois, le bonheur faisant le contre-poids de l'insomnie. Quoique de toute la nuit il eût à peine fermé l'œil, dès le matin il était levé.

On sait comment les amoureux passent les heures qui précèdent un rendez-vous : à regarder leur montre, à courir çà et là, et à aller donner de la tête dans leurs plus chers amis qu'ils ne reconnaissent pas. Canolles fit toutes les folies qu'exigeait son état.

A l'heure précise (il entrait pour la vingtième fois dans l'église), il alla au confessionnal, qui était ouvert. A travers les vitraux sombres, filtraient les rayons du soleil couchant;

tout l'intérieur du monument religieux était éclairé de cette mystérieuse lumière si douce à ceux qui prient et à ceux qui aiment. Canolles eût donné un an de sa vie pour ne pas perdre une espérance en ce moment.

Canolles regarda autour de lui pour bien s'assurer que l'église était déserte, fouilla des yeux chaque chapelle ; puis, lorsqu'il fut convaincu que personne ne pouvait le voir, il entra dans le confessionnal, qu'il ferma après lui.

XII

Un instant après, Claire, enveloppée d'une mante épaisse, apparut elle-même à la porte, au dehors de laquelle elle laissa Pompée en sentinelle ; puis, après s'être assurée à son tour qu'elle ne courait pas le danger d'être vue, elle vint s'agenouiller sur un des prie-Dieu du confessionnal.

— Enfin, dit Canolles, c'est donc vous, Madame, vous avez eu enfin pitié de moi !

— Il le fallait bien, puisque vous vous perdiez, répondit Claire toute troublée de dire, au tribunal de la vérité, un mensonge bien innocent, mais qui n'en était pas moins un mensonge.

— Ainsi, Madame, dit Canolles, c'est à un simple sentiment de commisération que je dois le bienfait de votre présence. Oh ! vous en conviendrez, j'avais droit d'attendre mieux que cela de vous.

— Parlons sérieusement, dit Claire essayant vainement de raffermir sa voix émue, et comme il convient de le faire dans un lieu saint : vous vous perdiez, je le répète, en allant chez

M. Lavie, l'ennemi juré de la princesse. Hier, madame de Condé l'apprit de M. de La Rochefoucault, qui sait tout, et elle dit ces mots qui m'ont effrayée :

« Si nous avons à craindre aussi les complots de nos prisonniers, il faudra mettre la sévérité où nous avions mis l'indulgence; dans les situations précaires, il faut des décisions vigoureuses; non-seulement nous sommes prêts à en prendre, mais décidés à les exécuter. »

La vicomtesse prononça ces paroles d'une voix plus ferme; il lui semblait qu'en faveur du prétexte, Dieu excuserait l'action. C'était une espèce de sourdine qu'elle mettait à sa conscience.

— Je ne suis pas le chevalier de Son Altesse, Madame, répondit Canolles, je suis le vôtre, et voilà tout : c'est à vous que je me suis rendu, à vous seule; vous savez en quelle circonstance et à quelle condition.

— Je ne croyais pas, dit Claire, qu'il y eût eu des conditions faites.

— Pas de bouche, peut-être, mais de cœur. Ah! Madame, après ce que vous m'aviez dit, après le bonheur que vous m'aviez laissé entrevoir, après les espérances que vous m'aviez données!... Ah! Madame, convenez franchement que vous avez été bien cruelle.

— Ami, dit Claire, est-ce à vous à me faire un reproche de ce que j'ai soigné votre honneur à l'égal du mien? et ne comprenez-vous point, il faut que je vous l'avoue, car vous le devineriez certainement, ne devinez-vous pas que j'ai souffert autant que vous, plus que vous-même, puisque je n'ai pas eu la force de supporter cette souffrance? Écoutez-moi donc, et que mes paroles, qui sortent du plus profond de mon cœur, entrent au plus profond du vôtre. Ami, je vous l'ai dit, j'ai souffert plus que vous, car une crainte m'obsédait, crainte que vous ne pouviez pas avoir, vous, car vous savez bien que je n'aime que vous. En demeurant ici, avez-vous quelque regret de celle qui n'y est pas, et dans les rêves de votre avenir, avez-vous quelque espérance qui ne soit pas de moi.

— Madame, dit Canolles, vous faites un appel à ma franchise, et je vais vous parler franchement : oui, quand vous m'abandonnez à mes réflexions douloureuses, quand vous me laissez seul en face du passé, quand par votre absence vous me condamnez à errer parmi les tripots avec ces niais plumés qui courtisent leurs petites bourgeoises ; quand vous m'évitez du regard, ou que vous me faites acheter si cher un mot, un geste, un coup d'œil dont je suis indigne peut-être, oui, je m'en veux de ne pas être mort en combattant, je me reproche de m'être rendu, j'ai des regrets, j'ai du remords.

— Du remords?

— Oui, Madame, du remords; car, aussi vrai que Dieu est sur ce saint autel devant lequel je vous dis que je vous aime, il y a à cette heure une femme qui pleure, qui gémit, qui donnerait sa vie pour moi, et cependant elle se dit ou que je suis un lâche ou que je suis un traître.

— Oh ! Monsieur.

— Sans doute, Madame : ne m'avait-elle pas fait tout ce que je suis? n'avait-elle pas mon serment de la sauver?

— Mais, vous l'avez sauvée aussi, ce me semble?

— Oui, des ennemis qui eussent pu torturer sa vie, mais non du désespoir qui déchire son cœur, si cette femme sait que c'est à vous que je me suis rendu.

Claire baissa la tête et soupira.

— Ah! vous ne m'aimez pas! dit-elle.

Canolles soupira à son tour.

— Je ne veux pas vous tenter, Monsieur, continua-t-elle, je ne veux pas vous faire perdre une amie que je ne vaux pas; pourtant, vous le savez, moi aussi je vous aime; je venais vous demander votre amour bien dévoué, bien exclusif; je venais vous dire : Je suis libre, voici ma main. Je vous l'offre, car je n'ai personne à vous opposer, moi, car je ne connais personne qui vous soit supérieur.

— Ah! Madame, s'écria Canolles, vous me transportez, vous me faites le plus heureux des hommes!

— Oh! dit-elle tristement, vous, Monsieur, vous ne m'aimez pas.

— Je vous aime, je vous adore; seulement ce que j'ai souffert de votre silence et de votre réserve ne se peut exprimer.

— Mon Dieu! vous ne devinez donc rien, vous autres hommes? répondit Claire en levant ses beaux yeux au ciel. N'avez-vous donc pas compris que je ne voulais pas vous faire jouer un rôle ridicule, que je ne voulais pas qu'il fût possible de croire que la reddition de Saint-Georges était une chose arrangée entre nous. Non, je voulais qu'échangé par la reine ou racheté pour moi, vous m'appartinssiez sans réserve. Hélas! vous n'avez pas voulu attendre.

— Oh! maintenant, Madame, j'attendrai. Une heure comme celle-ci, une promesse de votre douce voix qui me dira que vous m'aimez, et j'attendrai des heures, des jours, des années...

— Vous aimez encore mademoiselle de Lartigues! reprit madame de Cambes en secouant la tête.

— Madame, répondit Canolles, si je vous disais que je n'ai point pour elle une amitié reconnaissante, je mentirais; croyez-moi, prenez-moi avec ce sentiment. Je vous donne tout ce que je puis donner d'amour, et c'est beaucoup.

— Hélas! dit Claire, je ne sais si je dois accepter, car vous faites preuve d'un cœur bien généreux, mais aussi bien aimant.

— Ecoutez, reprit Canolles, je mourrais pour vous épargner une larme, et je fais pleurer sans être ému celle que vous dites ; pauvre femme, elle a des ennemis, elle, et ceux qui ne la connaissent pas la maudissent. Vous n'avez que des amis, vous ; ceux qui ne vous connaissent pas vous respectent, ceux qui vous connaissent vous aiment ; jugez donc de la différence de ces deux sentiments, dont l'un est commandé par ma conscience, l'autre par mon cœur.

— Merci, mon ami. Mais peut-être cédez-vous à un mouvement d'entraînement produit par ma présence et dont vous pourriez vous repentir. Pesez donc mes paroles. Je vous donne jusqu'à demain pour y répondre. Si vous voulez faire dire quelque chose à mademoiselle de Lartigues, si vous voulez la rejoindre, vous êtes libre, Canolles, je vous prendrai par la main et je vous conduirai moi-même hors des portes de Bordeaux.

— Madame, répondit Canolles, il est inutile d'attendre à demain, je vous le dis avec un cœur ardent, mais avec une tête froide. Je vous aime, je n'aime que vous, je n'aimerai jamais que vous.

— Ah ! merci, merci, ami ! s'écria Claire en faisant glisser la grille et en passant sa main par l'ouverture. A vous ma main, à vous mon cœur.

Canolles saisit cette main qu'il couvrit de baisers.

— Pompée me fait signe qu'il est temps de sortir, dit Claire. Sans doute on va fermer l'église. Adieu, mon ami, ou plutôt au revoir. Demain vous saurez ce que je veux faire pour vous, c'est-à-dire pour nous. Demain vous serez heureux, car je serai heureuse.

Et ne pouvant maîtriser le sentiment qui l'entraînait vers le jeune homme, elle attira à son tour sa main vers elle, baisa le bout de ses doigts, et s'enfuit légèrement laissant Canolles joyeux comme les anges, dont les célestes concerts semblaient avoir un écho dans son cœur.

XIII

Cependant, comme l'avait dit Nanon, le roi, la reine, le cardinal et monsieur de La Meilleraie s'étaient mis en route pour châtier la ville rebelle qui avait osé prendre ouvertement le parti des princes : ils approchaient lentement, mais ils approchaient.

En arrivant à Libourne, le roi reçut une députation des Bordelais qui venaient l'assurer de leur respect et de leur dévouement; dans l'état où étaient les choses, l'assurance était étrange.

Aussi la reine reçut-elle les ambassadeurs du haut de sa hauteur autrichienne.

— Messieurs, dit-elle, nous allons poursuivre notre chemin par Vayres; nous pourrons donc bientôt juger par nous-mêmes si votre respect et votre dévouement sont aussi sincères que vous le dites.

A ce mot de Vayres, les députés, informés sans doute de quelque circonstance ignorée de la reine, se regardèrent avec une sorte d'inquiétude. Anne d'Autriche, à qui rien n'échappait, ne faillit point à remarquer ce regard.

— Allons sur-le-champ à Vayres, dit-elle, la place est bonne, à ce que nous a assuré monsieur le duc d'Épernon; nous y logerons le roi.

Puis se retournant vers son capitaine et vers les personnes de sa suite.

— Qui commande donc à Vayres? demanda-t-elle.

— On dit, Madame, répondit Guitaut, que c'est un nouveau gouverneur.

— Un homme sûr, j'espère ? dit la reine en fronçant le sourcil.

— Un homme à monsieur le duc d'Épernon.

Le front de la reine s'éclaircit.

— S'il en est ainsi, marchons vite, dit-elle.

— Madame, dit le duc de La Meilleraie, Votre Majesté fera comme elle l'entendra, mais je crois qu'il ne faudrait pas marcher plus vite que l'armée. Une entrée belliqueuse dans la citadelle de Vayres ferait à merveille ; il est bon que les sujets du roi connaissent les forces de Sa Majesté : cela encourage les fidèles et désespère les perfides.

— Je crois que monsieur de La Meilleraie a raison, dit le cardinal de Mazarin.

— Et moi je dis qu'il a tort, répondit la reine. Nous n'avons rien à craindre avant Bordeaux ; le roi est fort par lui-même et non par ses troupes : sa maison suffira.

Monsieur de La Meilleraie baissa la tête en signe d'obéissance.

— Que Votre Majesté ordonne, dit-il, elle est la reine.

La reine appela Guitaut, lui ordonna de rassembler les gardes, les mousquetaires et les chevau-légers. Le roi monta à cheval, et se mit à leur tête. La nièce de Mazarin, et les dames d'honneur montèrent dans un carrosse.

On se mit aussitôt en marche pour Vayres. L'armée suivait ; et comme il y avait dix lieues seulement à faire, elle devait arriver trois ou quatre heures après le roi et camper sur la rive gauche de la Dordogne.

Le roi avait douze ans à peine, et cependant, c'était déjà un charmant cavalier, maniant sa monture avec grâce et ayant dans toute sa personne cet orgueil de race qui en fit par la suite le roi d'Europe le plus exigeant en matière d'étiquette. Élevé sous les yeux de la reine, mais persécuté par les éternelles lésineries du cardinal, qui le laissait manquer des choses les plus nécessaires, il attendait avec une impatience furieuse l'heure de sa majorité, qui devait sonner au 5 septembre suivant, et, par anticipation, laissait parfois échapper au milieu de ses caprices d'enfant des boutades royales qui indiquaient ce qu'il serait un jour. Cette campagne lui avait donc souri très-fort : c'était en quelque sorte une mise hors de page, un apprentissage du capitanat, un essai de la royauté. Il marchait donc fièrement, tantôt à la portière du carrosse, saluant la reine et faisant les doux yeux à madame de Frontenac dont on le disait amoureux, et tantôt en tête de sa maison, causant avec monsieur de La Meilleraie et le vieux Guitaut des campagnes du roi Louis XIII, et des prouesses de feu monsieur le cardinal.

Tout en causant et en marchant ainsi, l'on gagnait du chemin et l'on commençait à apercevoir les tours et les galeries du fort de Vayres. Le temps était magnifique, le paysage pittoresque, le soleil dardait ses rayons obliques sur la rivière; on se fût cru en promenade tant la neige affectait de joie et de belle humeur. Le roi marchait entre monsieur de La Meilleraie et Guitaut, lorgnant la place, dans laquelle pas un mouvement ne se faisait sentir, quoiqu'il fût plus que probable que les sentinelles qu'on apercevait avaient de leur côté découvert et signalé cette brillante avant-garde de l'armée du roi.

Le carrosse de la reine doubla le pas et vint se placer au premier rang.

— Mais, dit Mazarin, une chose m'étonne, monsieur le maréchal.

— Laquelle, Monseigneur?

— Il me semble qu'habituellement les bons gouverneurs savent ce qui se passe autour de leurs forteresses, et que lorsqu'un roi prend la peine de marcher vers cette forteresse, ils lui doivent au moins une députation.

— Oh bah! dit la reine en éclatant d'un rire bruyant e forcé, des cérémonies! allons donc, c'est inutile, j'aime mieux la fidélité.

Monsieur de La Meilleraie se couvrit le visage de son mouchoir pour cacher, sinon une grimace, du moins l'envie qu'il avait de la faire.

— Mais c'est qu'en vérité personne ne bouge, dit le jeune roi assez mécontent d'un pareil oubli de ces règles de l'étiquette dont il devait plus tard faire les bases de sa grandeur.

— Sire, répondit Anne d'Autriche, voici monsieur de La Meilleraie et Guitaut qui vous diront que le premier devoir d'un gouverneur, en pays ennemi surtout, est, de peur de surprise, de se tenir coi et couvert derrière ses murailles. Voyez-vous pas votre drapeau, le drapeau de Henri IV et de François Ier qui flotte sur la citadelle?

Et elle montrait avec orgueil cet emblème significatif qui prouvait combien elle avait raison dans son espoir.

Le cortége continua sa route, et en s'avançant découvrit un ouvrage avancé qui paraissait élevé depuis quelques jours seulement.

— Ah! ah! dit le maréchal, il paraît que le gouverneur est véritablement un homme du métier. Cet avant-poste est bien choisi et ce retranchement habilement dessiné.

La reine sortit la tête par la portière et le roi se haussa sur ses étriers.

Une seule sentinelle se promenait sur la demi-lune; mais, du reste, le retranchement paraissait aussi solitaire et aussi muet que la citadelle.

— N'importe, dit Mazarin, quoique je ne sois pas soldat, quoique je ne connaisse pas les devoirs militaires d'un gouverneur, je trouve étrange cette façon d'agir à l'égard d'une majesté.

— Avançons toujours, dit le maréchal, nous verrons bien.

Lorsque la petite troupe ne fut plus qu'à cent pas du retranchement, la sentinelle, qui jusque-là avait marché de long en large, s'arrêta. Puis, après un instant d'examen :

— Qui vive ? cria-t-elle.

— Le roi ! répondit monsieur de La Meilleraie.

A ce seul mot, Anne d'Autriche s'attendait à voir courir les soldats, s'empresser les officiers, s'abaisser les ponts, s'ouvrir les portes, flamboyer les épées hautes.

Rien de tout cela n'eut lieu.

Le factionnaire ramena sa jambe droite contre sa jambe gauche, croisa le mousquet sur les arrivants, et se contenta de dire d'une voix haute et ferme :

— Halte-là !

Le roi pâlit de colère ; Anne d'Autriche se mordit les lèvres jusqu'au sang ; Mazarin murmura un juron italien qui était peu de mise en France, mais dont il n'avait jamais pu se déshabituer ; monsieur le maréchal de La Meilleraie n'eut qu'un regard pour Leurs Majestés, mais il fut éloquent.

— J'aime les mesures de précaution pour mon service, dit la reine essayant de se mentir à elle-même, car malgré l'assurance factice de son visage elle commençait à être inquiète au fond du cœur.

— J'aime le respect pour ma personne, murmura le jeune roi fixant son regard morne sur cette sentinelle impassible.

XIV

Cependant le cri : Le roi ! le roi ! prononcé par la sentinelle plutôt comme un avis que comme marque de respect, fut répété par deux ou trois voix et parvint jusqu'au corps de la place. On vit alors un homme apparaître sur le couronnement des remparts et toute la garnison se ranger autour de lui.

Cet homme leva en l'air son bâton de commandement; aussitôt les tambours battirent aux champs, les soldats du fort présentèrent les armes, et un coup de canon retentit grave et solennel.

— Voyez-vous, dit la reine, les voici qui se rendent à leur devoir : vaut mieux tard que jamais. Passons.

— Pardon, Madame, dit le maréchal de La Meilleraie; mais je ne vois pas le moins du monde qu'ils ouvrent les portes, et nous ne pouvons passer que si les portes sont ouvertes.

— Ils oublient de le faire dans l'étonnement et dans l'enthousiasme où les a sans doute jetés cette auguste visite qu'ils ne s'attendaient pas à recevoir, se hasarda de dire un courtisan.

— On n'oublie pas ces choses-là, Monsieur, répondit le maréchal.

Puis, se retournant vers le roi et la reine :

— Leurs Majestés me permettent-elles de leur donner un conseil? ajouta-t-il.

— Lequel, maréchal?

— Leurs Majestés devraient se retirer à cinq cents pas d'ici avec Guitaut et ses gardes, tandis qu'avec les mousquetaires et les chevau-légers j'irais reconnaître la place.

La reine ne répondit que par un mot :

— En avant! dit-elle, et nous verrons si l'on ose nous refuser le passage.

Le jeune roi, enchanté, piqua son cheval et se trouva de vingt pas en avant.

Le maréchal et Guitaut s'élancèrent et le rejoignirent.

— On ne passe pas! dit la sentinelle qui n'avait pas quitté sa position hostile.

— C'est le roi ! crièrent les pages.

— Arrière ! cria la sentinelle avec un geste menaçant.

En même temps on vit poindre au-dessus du parapet les chapeaux et les mousquets des soldats qui gardaient le premier retranchement.

Un long murmure accueillit ces paroles et cette apparition. Monsieur de La Meilleraie saisit le mors du cheval du roi et lui fit tourner bride, ordonnant en même temps au cocher de la reine de s'éloigner. Les deux majestés insultées se retirèrent donc à la distance de mille pas à peu près des premiers retranchements, tandis que leur suite s'éparpillait comme une bande d'oiseaux après le coup de fusil du chasseur.

Alors le maréchal de La Meilleraie, maître de la position, laissa une cinquantaine d'hommes pour garder le roi et la reine, et, rassemblant le reste de sa troupe, revint avec elle vers les retranchements.

Lorsqu'il fut à cent pas environ des fossés, la sentinelle, qui avait repris sa marche calme et mesurée, s'arrêta de nouveau.

— Prenez un trompette, mettez un mouchoir au bout de votre épée, Guitaut, dit le maréchal, et allez sommer cet impertinent gouverneur de se rendre.

Guitaut obéit, arbora les signes pacifiques qui, dans tous les pays du monde, protégent les hérauts, et s'avança vers le retranchement.

— Qui vive? cria la sentinelle.

— Parlementaire, répondit Guitaut en agitant son épée et le chiffon qui la décorait.

— Laissez venir, dit le même homme qu'on avait déjà vu apparaître sur le rempart de la place, et qui sans doute s'était rendu à ce poste avancé par un chemin couvert.

La porte s'ouvrit, un pont s'abaissa.

— Que voulez-vous? demanda un officier qui l'attendait sur la porte.

— Parler au gouverneur, répondit Guitaut.

— Me voici, dit l'homme qui avait déjà apparu deux fois, une fois sur les remparts de la place, une fois sur le parapet des retranchements.

Guitaut remarqua que cet homme était fort pâle, mais calme et poli.

— Vous êtes le gouverneur de Vayres? demanda Guitaut.

— Oui, Monsieur.

— Et vous refusez d'ouvrir la porte de votre forteresse à Sa Majesté le roi et à la reine régente?

— J'ai cette douleur.

— Et que prétendez-vous?

— La liberté de messieurs les princes, dont la captivité ruine et désole le royaume.

— Sa Majesté ne parlemente pas avec ses sujets.

— Hélas! nous le savons, Monsieur; aussi sommes-nous prêts à mourir, sachant que nous mourrons pour le service de Sa Majesté, bien qu'en apparence nous ayons l'air de lui faire la guerre.

— C'est bien, dit Guitaut, voilà tout ce que nous voulions savoir.

Et après avoir salué assez cavalièrement le gouverneur, qui lui répondit par un salut plein de courtoisie, il se retira.

Rien ne bougea sur le bastion.

Guitaut rejoignit le maréchal et lui rendit compte de sa mission.

— Que cinquante hommes, dit le maréchal en étendant la main vers le village d'Isson, se rendent au galop dans ce bourg et rapportent à l'instant même toutes les échelles qu'ils pourront trouver.

Cinquante hommes partirent à fond de train, et comme le

village n'était pas très-éloigné, ils y furent en un instant.

— Maintenant, Messieurs, dit le maréchal, mettez pied à terre ; la moitié de vous, armée de mousquets, protégera l'assaut ; le reste montera à l'escalade.

La proposition fut accueillie par de grands cris de joie. Les gardes, les mousquetaires et les chevau-légers descendirent vivement et chargèrent les armes.

Pendant ce temps, les cinquante fourrageurs revenaient avec une vingtaine d'échelles.

Tout était toujours calme dans le bastion ; la sentinelle se promenait de long en large, et l'on voyait toujours, dépassant la galerie, le bout des mousquets et les cornes des chapeaux.

La maison du roi se mit en marche, commandée par le maréchal en personne ; elle se composait de quatre cents hommes en tout à peu près, dont moitié, comme l'avait ordonné le maréchal, s'apprêtait à monter à l'assaut, et l'autre moitié à soutenir l'escalade.

Le roi, la reine et sa cour suivaient de loin avec anxiété les mouvements de la petite troupe. La reine elle-même semblait avoir perdu toute son assurance ; pour mieux voir, elle avait fait tourner sa voiture, qui présentait un de ses côtés aux fortifications.

A peine les assaillants eurent-ils fait vingt pas, que la sentinelle s'approcha du bord du rempart, et d'une voix éclatante :

— Qui vive ? cria-t-elle.

— Ne répondez pas, dit monsieur de La Meilleraie, et allons toujours.

— Qui vive ? cria une seconde fois la sentinelle en apprêtant son arme.

— Qui vive ? répéta-t-elle une troisième fois.

Et elle mit en joue.

— Feu sur ce drôle ! dit monsieur de La Meilleraie.

Au même instant, une volée de coups de mousquet partit des rangs royalistes : la sentinelle, frappée, chancela, laissa échapper son mousquet, qui alla rouler dans le fossé et tomba en criant :

— Aux armes !

Un seul coup de canon répondit au commencement des hostilités. Le boulet passa en sifflant sur le premier rang, plongea dans le deuxième et le troisième, renversa quatre soldats, et s'en alla, en ricochant, éventrer un des chevaux de la voiture de la reine.

Un long cri d'effroi partit du groupe qui gardait Leurs Majestés ; le roi, entraîné, recula ; Anne d'Autriche faillit s'évanouir de rage et Mazarin de peur. On coupa les traits du cheval mort et des chevaux vivants, qui, en se cabrant de terreur, menaçaient de briser la voiture. Huit ou dix gardes s'y attelèrent et traînèrent la reine hors de la portée des boulets.

Pendant ce temps, le gouverneur démasquait une batterie de six pièces.

Quand monsieur de La Meilleraie vit cette batterie, qui en quelques secondes menaçait d'écharper ses trois compagnies, il pensa qu'il serait inutile de pousser plus loin l'attaque, et ordonna la retraite.

Du moment où la maison du roi fit son premier pas en arrière, les dispositions hostiles de la forteresse disparurent.

Le maréchal revint près de la reine, l'invitant à choisir un point quelconque des environs pour son quartier général. La reine avisa alors, de l'autre côté de la Dordogne, la petite maison isolée perdue dans les arbres, et qui ressemblait à un petit château.

— Voyez, dit-elle à Guitaut, à qui appartient cette maison, et demandez-y l'hospitalité pour moi.

Guitaut partit à l'instant même, traversa la rivière dans le bac du passeur d'Isson, et revint disant que la maison était inhabitée, excepté par une espèce d'intendant, lequel avait répondu que la maison appartenait à monsieur d'Épernon : elle était bien au service de Sa Majesté.

— Partons alors, dit la reine ; mais où est le roi ?

On appela alors le petit Louis XIV qui s'était retiré un peu à l'écart ; il se retourna, et quoiqu'il essayât de cacher ses larmes, on vit qu'il avait pleuré.

— Qu'avez-vous donc, sire ? demanda la reine.

— Oh ! rien, Madame, répondit l'enfant : si ce n'est qu'un jour je serai roi, j'espère, et alors..... malheur à ceux qui m'auront offensé !

— Comment se nomme le gouverneur ? demanda la reine.

Personne ne put lui répondre. Tout le monde l'ignorait.

On s'informa alors près du passeur du bac, qui répondit qu'il s'appelait Richon.

— C'est bien, dit la reine, je me rappellerai ce nom

— Et moi aussi, dit le jeune roi.

XV

Cent hommes de la maison du roi à peu près passèrent la Dordogne avec Leurs Majestés, le reste demeura autour de monsieur de La Meilleraie qui, décidé à assiéger Vayres, attendait l'armée.

A peine la reine était-elle installée dans la petite maison, que, grâce au faste de Nanon, elle trouva infiniment plus habitable qu'elle ne l'espérait, que Guitaut se présenta chez elle pour lui dire qu'un capitaine, qui prétendait avoir une affaire importante à traiter, lui demandait l'honneur d'une audience.

— Et quel est ce capitaine? demanda la reine.

— Le capitaine Cauvignac, Madame.

— Est-il de mon armée?

— Je ne le crois pas.

— Informez-vous-en, et s'il n'est pas de mon armée, dites-lui que je ne puis le recevoir.

— Je demande pardon à Votre Majesté de n'être pas de son avis sur ce point, dit Mazarin, mais il me semble que ce serait justement s'il n'était pas de son armée qu'elle devrait le recevoir.

— Et pourquoi cela?

— Parce que s'il est de l'armée de Votre Majesté et qu'il demande une audience à la reine, ce ne peut être qu'un sujet fidèle; tandis qu'au contraire, s'il appartient à l'armée ennemie, ce peut être un traître. Or, en ce moment, Madame, les traîtres ne sont point à mépriser, attendu qu'ils peuvent être fort utiles.

— Faites entrer alors, dit la reine, puisque tel est l'avis de monsieur le cardinal.

Le capitaine fut introduit aussitôt, et se présenta avec une aisance et une facilité qui étonnèrent la reine, habituée qu'elle était à produire sur ceux qui l'entouraient une impression contraire.

Elle toisa Cauvignac des pieds à la tête, mais celui-ci supporta à merveille le regard royal.

— Qui êtes-vous, Monsieur? demanda la reine.

— Le capitaine Cauvignac, répondit le nouveau venu.

— Au service de qui êtes-vous?

— Au service de Votre Majesté, si elle le veut bien.

— Si je le veux bien? sans doute. D'ailleurs y a-t-il donc un autre service dans le royaume? Sommes-nous deux reines en France?

— Assurément non, Madame, il n'y a qu'une reine en France, et c'est celle aux pieds de laquelle j'ai le bonheur de déposer en ce moment mon très-humble respect ; mais il y a deux opinions, du moins à ce qu'il m'a paru tout à l'heure.

— Que voulez-vous dire ? demanda la reine en fronçant le sourcil.

— Je veux dire, Madame, que je me promenais aux environs et que j'étais justement sur un petit tertre qui domine tout le pays, admirant le paysage qui, comme l'a pu remarquer Votre Majesté, est ravissant, lorsque j'ai cru voir que monsieur Richon ne la recevait pas avec tout le respect qui lui était dû ; cela m'a confirmé une chose dont je me doutais déjà d'ailleurs ; c'est qu'il y avait en France deux opinions : l'opinion royaliste, et une autre, et que monsieur Richon appartenait à cette autre opinion.

Le visage d'Anne d'Autriche se rembrunit de plus en plus.

— Ah ! vous avez cru voir cela ? dit-elle.

— Oui, Madame, répondit Cauvignac avec un ton de parfaite naïveté. J'ai même cru voir encore qu'un coup de canon chargé à boulet était parti de la place, et que ce boulet avait offensé le carrosse de Votre Majesté.

— Assez... Ne m'avez-vous demandé audience, Monsieur, que pour me faire part de vos sottes observations ?

— Ah ! tu es impolie, se dit en lui-même Cauvignac, en ce cas tu payeras plus cher.

— Non, Madame, je vous ai demandé audience pour vous dire que vous êtes une bien grande reine et que mon admiration pour vous est sans égale.

— Ah vraiment ! dit la reine d'un ton sec.

— En conséquence de cette grandeur et de cette admiration qui en est la suite naturelle, j'ai donc résolu de me consacrer entièrement au service de Votre Majesté.

— Merci, dit la reine avec ironie ; puis se retournant vers son capitaine des gardes :

— Çà, Guitaut, dit-elle, que l'on me chasse ce bavard.

— Pardon, Madame, dit Cauvignac, je m'en irai bien sans qu'on me chasse ; mais si je m'en vais, vous n'aurez pas Vayres.

Et Cauvignac, saluant Sa Majesté avec une grâce charmante, pirouetta sur ses talons.

— Madame, dit tout bas Mazarin, je crois que vous avez tort de renvoyer cet homme.

— Çà, revenez, dit la reine, et parlez : après tout, vous êtes bizarre et me paraissez divertissant.

— Votre Majesté est bien bonne, répondit Cauvignac en s'inclinant.

— Que parliez-vous donc d'entrer à Vayres?

— Je disais, Madame, que si Votre Majesté était toujours dans l'intention que j'ai cru lui voir manifester ce matin d'entrer à Vayres, je me ferai un devoir de l'y introduire.

— Et comment cela?

— J'ai cent cinquante hommes à moi dans Vayres.

— A vous?

— Oui, à moi.

— Eh bien?

— Je cède ces cent cinquante hommes à Votre Majesté.

— Après?

— Après?

— Oui?

— Après, il me semble que c'est bien le diable si avec cent cinquante portiers Votre Majesté ne peut pas se faire ouvrir une porte.

La reine sourit.

— Le drôle a de l'esprit, dit-elle.

Cauvignac devina sans doute le compliment, car il s'inclina une seconde fois.

— Combien vous faut-il, Monsieur? demanda-t-elle.

— Oh! mon Dieu, Madame, cinq cents livres par portier; ce sont les gages que je donne aux miens.

— Vous les aurez.

— Et pour moi?

— Ah! vous demandez aussi quelque chose pour vous?

— Je serais fier de tenir un grade de la munificence de Votre Majesté.

— Et quel grade demandez-vous?

— J'aimerais à être gouverneur de Braune. J'ai toujours désiré être gouverneur.

— Accordé.

— En ce cas, sauf une petite formalité, l'affaire est faite.

— Et quelle est cette formalité?

— Votre Majesté veut-elle signer ce petit papier, que j'avais préparé d'avance dans l'espoir que mes services seraient accueillis de ma magnanime souveraine?

— Et quel est ce papier?

— Lisez, Madame.

Et en arrondissant gracieusement le bras, et en fléchissant le genou de l'air le plus respectueux, Cauvignac présenta un papier à la reine.

La reine lut :

« Le jour où j'entrerai sans coup férir dans Vayres, je payerai à monsieur le capitaine Cauvignac la somme de soixante-quinze mille livres, et je le ferai gouverneur de Braune. »

— Ainsi, dit la reine avec une colère contenue, le capitaine Cauvignac n'a point une confiance suffisante dans notre parole royale, et il veut un écrit.

— Un écrit me paraît ce qu'il y a de mieux, Madame, dans les affaires importantes, reprit Cauvignac en s'inclinant:

verba volant, dit un vieux proverbe ; les paroles volent, et, que Votre Majesté m'excuse, je viens d'être volé.

— Insolent! s'écria la reine, pour cette fois sortez!...

— Je sors, Votre Majesté, répondit Cauvignac ; mais vous n'aurez pas Vayres.

Cette fois encore, le capitaine, répétant la même manœuvre qui lui avait déjà réussi, pirouetta sur ses talons, et s'avança vers la porte. Mais, plus irritée cette fois que la première, Anne d'Autriche ne le rappela point.

Cauvignac sortit.

— Qu'on s'assure de cet homme, dit la reine.

Guitaut fit un mouvement pour obéir.

— Pardon, Madame, dit Mazarin ; mais je crois que Votre Majesté aurait tort de se laisser aller à un premier mouvement de colère.

— Et pourquoi cela? demanda la reine.

— Parce que je crains que vous n'ayez besoin de cet homme plus tard, et qu'alors, si Votre Majesté le moleste d'une façon quelconque, elle ne soit forcée de le payer le double.

— C'est bien, dit la reine, on le payera ce qu'il faudra, mais qu'en attendant on ne le perde pas de vue.

— Ah! pour ceci, c'est autre chose, et je suis le premier à applaudir à cette précaution.

— Guitaut, voyez ce qu'il devient, dit la reine.

Guitaut sortit et rentra au bout d'une demi-heure.

— Eh bien! demanda Anne d'Autriche, qu'est-il devenu?

— Oh! Votre Majesté peut être parfaitement tranquille, répondit Guitaut, et votre homme ne cherche pas le moins du monde à s'éloigner. Je me suis informé ; il a son domicile à trois cents pas d'ici, chez un aubergiste nommé Biscarros.

— Et c'est là qu'il s'est retiré?

— Non pas, Madame : il a gagné une hauteur et regarde de

là les préparatifs que fait monsieur de La Meilleraie pour forcer les retranchements. Ce spectacle paraît l'intéresser beaucoup.

— Et le reste de l'armée ?

— Elle arrive, Madame, et se met en bataille à mesure qu'elle arrive.

— Ainsi, le maréchal va attaquer à l'instant même ?

— Je crois, Madame, qu'il vaut mieux, avant de risquer une attaque, laisser une nuit de repos aux troupes.

— Une nuit de repos ! s'écria Anne d'Autriche ; l'armée royale aura été arrêtée un jour et une nuit devant une pareille bicoque ? Impossible. Guitaut, allez dire au maréchal qu'il ait à attaquer à l'instant même. Le roi veut coucher cette nuit à Vayres.

— Mais, Madame, murmura Mazarin, il me semble que cette précaution du maréchal...

— Il me semble, à moi, dit Anne d'Autriche, que lorsque l'autorité royale a été insultée, on ne peut la venger trop vite. Allez, Guitaut, et dites à monsieur de La Meilleraie que la reine le regarde.

Et congédiant Guitaut d'un geste majestueux, la reine prit son fils par la main, sortit à son tour, et, sans s'inquiéter si elle était suivie, monta un escalier qui conduisait à une terrasse.

Cette terrasse, pour laquelle des échappées de vue avaient été ménagées avec le plus grand art, dominait tous les environs.

La reine jeta un coup d'œil rapide sur le paysage. A deux cents pas derrière elle passait la route de Libourne, sur laquelle blanchissait la maison de notre ami Biscarros. A ses pieds coulait la Gironde, calme, rapide et majestueuse ; à sa droite s'élevait le fort de Vayres, silencieux comme une ruine ; tout autour du fort s'étendaient circulairement les retranchements nouvellement élevés. Quelques sentinelles se promenaient sur la galerie, cinq pièces de canon passaient par les embrasures leur cou de bronze et leur gueule béante : à sa gauche, monsieur de La Meilleraie faisait ses dispositions pour camper. Toute l'armée, comme l'avait dit Guitaut, était arrivée et se pressait autour de lui.

Sur un tertre, un homme debout et attentif suivait des yeux tous les mouvements des assiégeants et des assiégés ; cet homme, c'était Cauvignac.

Guitaut traversait le fleuve sur le bac du pêcheur d'Isson.

La reine était debout sur la terrasse, immobile, le sourcil froncé, et tenant par la main le petit Louis XIV, qui regardait ce spectacle avec une certaine curiosité, et qui de temps en temps disait à sa mère :

— Madame, permettez donc que je monte sur mon beau cheval de bataille, et me laissez aller, je vous prie, avec monsieur de La Meilleraie, qui va châtier ces insolents.

Près de la reine était Mazarin, dont le visage fin et railleur avait pris pour le moment un caractère de pensée sérieuse qu'il n'avait que dans les grandes occasions, et derrière la reine et le ministre se tenaient les dames d'honneur, qui, imitant le silence d'Anne d'Autriche, osaient à peine échanger entre elles quelques mots pressés et à voix basse.

Tout cela avait au premier abord l'apparence du calme et de la tranquillité ; mais on comprenait que c'était la tranquillité de la mine, qu'une étincelle va changer en tempête et en destruction.

C'était surtout Guitaut que suivaient tous les regards ; car de lui allait venir l'explosion que l'on attendait avec tant de sentiments divers.

Du côté de l'armée aussi l'attente était grande ; car à peine le messager eut-il touché la rive gauche de la Dordogne et l'eut-on reconnu, que tous les regards se tournèrent sur lui.

Monsieur de La Meilleraie, en l'apercevant, quitta le groupe d'officiers au centre duquel il se trouvait, et vint à sa rencontre.

Guitaut et le maréchal causèrent quelques instants. Quoique la rivière fût assez large en cet endroit, et quoique la distance qui séparait le groupe royal des deux officiers fût grande, elle ne l'était cependant point assez pour qu'on ne pût voir l'étonnement se peindre sur le visage du maréchal. Il était évident que l'ordre qu'il recevait lui paraissait intempestif; aussi leva-t-il un regard de doute vers le groupe au milieu duquel se distinguait la reine. Mais Anne d'Autriche, qui comprit la pensée du maréchal, fit à la fois de la tête et de la main un geste si impératif, que le maréchal, qui connaissait de longue date son impérieuse souveraine, baissa la tête en signe, sinon d'assentiment, du moins d'obéissance.

Au même instant, et sur un ordre du maréchal, trois ou quatre capitaines qui faisaient près de lui le service que font aujourd'hui nos aides de camp, sautèrent en selle, et s'élancèrent au grand galop dans trois ou quatre directions différentes.

Partout où ils passaient, le travail du campement, qu'on venait de commencer, était interrompu à l'instant même, et au roulement des tambours et au cri des trompettes, l'on voyait les soldats laisser tomber, les uns la paille qu'ils portaient, les autres le marteau avec lequel ils enfonçaient les piquets des tentes; tous couraient aux armes déposées en faisceaux, les grenadiers saisissant leurs fusils, les simples soldats leurs piques, les artilleurs leurs instruments; un mouvement de confusion inouïe eut lieu, causé par le croisement de tous ces hommes courant en sens opposé, puis, peu à peu, les cases de l'immense échiquier s'éclaircirent, l'ordre succéda au tumulte, chacun se trouva rangé sous son drapeau: les grenadiers au centre, la maison du roi à l'aile droite, l'artillerie à gauche ; les trompettes et les tambours se turent.

Un seul tambour répondit de derrière les retranchements, puis il cessa à son tour, et un silence funèbre plana sur la plaine.

Alors un commandement clair, précis et ferme retentit. De la distance où elle se trouvait, la reine ne pouvait entendre les paroles, mais elle vit à l'instant même les troupes se former en colonnes ; elle tira son mouchoir et l'agita en l'air, tandis que le jeune roi criait d'une voix fiévreuse et en frappant du pied : En avant ! en avant !

L'armée répondit par un seul cri : Vive le roi ! Puis l'artillerie partit au galop, alla se placer sur un petit tertre, et au son des tambours qui battaient la charge, les colonnes s'ébranlèrent.

Ce n'était point un siége en règle, c'était une simple escalade. Les retranchements élevés à la hâte par Richon étaient des remparts de terre ; il n'y avait donc point de tranchée à ouvrir, mais un assaut à donner. Cependant toutes les précautions avaient été prises par l'habile commandant de Vayres, et l'on voyait qu'il avait profité avec une habileté peu commune de toutes les ressources du terrain.

Sans doute Richon s'était imposé à lui-même cette loi de ne point tirer le premier, car cette fois encore il attendit la provocation des troupes royales ; seulement on vit, comme à la première attaque, s'abaisser ce terrible rang de mousquets dont le feu avait fait un si grand ravage dans la maison du roi.

En même temps, les six pièces en batterie tonnèrent, et l'on vit voler la terre des parapets et les palissades dont ils étaient couronnés.

La réponse ne se fit pas attendre ; l'artillerie des retranchements tonna à son tour, creusant des vides profonds dans les rangs de l'armée royale ; mais, à la voix des chefs, ces sillons sanglants disparurent ; les lèvres de la blessure un instant ouvertes se refermèrent ; la colonne principale, un moment ébranlée, se remit en marche.

Alors ce fut au tour de la mousquetade de pétiller pendant que les canons se rechargeaient.

Cinq minutes après, les deux volées opposées se répondaient d'un seul et même coup, pareilles à deux orages qui lutteraient ensemble, pareilles à deux tonnerres qui gronderaient en même temps.

Puis, comme le temps était calme, qu'aucun souffle n'agitait l'air, que la fumée s'amassait au-dessus du champ de bataille, bientôt assiégés et assiégeants disparurent dans un nuage que, par intervalles, déchirait d'un bruyant éclair de flamme la foudre de l'artillerie.

De temps en temps, de ce nuage on voyait, sur les derrières de l'armée royale, sortir des hommes se traînant avec peine et qui allaient tomber à des distances différentes en laissant derrière eux une trace de sang.

Bientôt le nombre des blessés s'augmenta, le bruit des canons et de la mousquetade continuait : cependant l'artillerie royale ne tirait plus qu'au hasard et en hésitant ; car, au milieu de cette épaisse fumée, elle ne pouvait distinguer les amis des ennemis.

Quant à l'artillerie de la place, comme elle n'avait devant elle que des ennemis, ses coups retentissaient plus terribles et plus pressés que jamais.

Enfin l'artillerie royale cessa tout à fait son feu : il était évident qu'on montait à l'assaut et qu'on se battait corps à corps.

Il y eut de la part des spectateurs un instant d'angoisse, pendant lequel la fumée, cessant d'être entretenue par le feu des canons et des mousquets, monta lentement. On vit alors l'armée royale repoussée en désordre, laissant le pied des remparts jonché de morts. Une espèce de brèche était pratiquée ; quelques palissades arrachées laissaient apparaître une ouverture ; mais cette ouverture était hérissée d'hommes, de piques, de mousquets ; et au milieu de ces hommes, couvert de sang et cependant calme et froid comme s'il assistait en spectateur à la tragédie dans laquelle il venait de jouer un si terrible rôle, se dressait Richon, tenant à la main une hache émoussée par les coups qu'il avait frappés.

Un charme semblait protéger cet homme sans cesse au milieu du feu, toujours au premier rang, incessamment debout et découvert ; aucune balle ne l'avait atteint, aucune pique ne l'avait touché : il était invulnérable comme il était impassible.

Trois fois le maréchal de La Meilleraie ramena en personne les troupes royales à l'assaut ; trois fois les troupes royales furent repoussées sous les yeux du roi et de la reine.

Des larmes silencieuses coulaient sur les joues pâles du jeune roi. Anne d'Autriche tordait ses poings en murmurant :

— Oh ! cet homme, cet homme ! Si jamais il tombe entre mes mains, j'en ferai un terrible exemple.

Heureusement la nuit descendait rapide et sombre ; c'était une espèce de voile étendu sur la rougeur royale. Le maréchal de La Meilleraie fit sonner la retraite.

Cauvignac quitta son poste, descendit du tertre où il était monté, et, les mains dans les poches de son haut-de-chausses, il s'achemina à travers la prairie vers la maison de maître Biscarros.

— Madame, dit Mazarin en montrant Cauvignac du doigt, voici un homme qui vous eût épargné pour un peu d'or tout le sang que nous venons de répandre.

— Bah! dit la reine; monsieur le cardinal, est-ce donc là un conseil d'homme économe comme vous?

— Madame, dit le cardinal, c'est vrai; je sais le prix de l'or, mais je sais aussi le prix du sang; et dans ce moment le sang est plus cher pour nous que l'or.

— Soyez tranquille, répondit la reine, le sang répandu sera vengé. Çà, Comminges, ajouta-t-elle en s'adressant au lieutenant de ses gardes, allez chercher monsieur de La Meilleraie et me le ramenez.

— Et vous, Bernouin, dit le cardinal en montrant à son valet de chambre Cauvignac qui n'était plus qu'à quelques pas de l'auberge du Veau-d'Or, vous voyez bien cet homme?

— Oui, Monseigneur.

— Eh bien! allez le chercher de ma part et introduisez-le cette nuit secrètement dans ma chambre.

Le lendemain de son entrevue avec son amant dans l'église des Carmes, madame de Cambes se rendit chez la princesse avec l'intention d'accomplir la promesse qu'elle avait faite à Canolles.

Toute la ville était en rumeur : on venait annoncer l'arrivée du roi devant Vayres, et, en même temps que cette arrivée, l'admirable défense de Richon, qui, avec cinq cents hommes, avait repoussé deux fois l'armée royale, forte de douze mille hommes. Madame la Princesse avait appris la nouvelle une des premières, et, dans le transport de sa joie, elle s'était écriée en battant des mains :

— Oh! que n'ai-je cent capitaines comme mon brave Richon!

Madame de Cambes se joignit à l'admiration générale, doublement heureuse de pouvoir applaudir hautement à la conduite d'un homme qu'elle estimait, et de trouver ainsi l'occasion de placer en temps opportun une demande dont l'annonce d'un revers eût compromis le succès, tandis qu'au contraire ce succès était presque garanti par l'annonce d'une victoire.

Mais, au milieu de sa joie, la princesse avait cependant de trop grandes occupations pour que Claire osât risquer sa requête. Il s'agissait de faire parvenir à Richon un secours d'hommes dont on comprenait facilement qu'il eût besoin, vu la prochaine jonction de l'armée de monsieur d'Épernon à l'armée royale. On organisait le secours dans le conseil. Claire, voyant les affaires politiques prendre pour le moment le pas sur les affaires de cœur, rentra dans son personnage de conseillère d'État, et, pour ce jour, il ne fut point question de Canolles.

Un mot bien concis, mais bien tendre, avertit le cher prisonnier de ce retard. Ce nouveau délai lui fut moins cruel qu'on ne pourrait le croire : il y a dans l'attente d'un heureux événement presque autant de douces sensations que dans l'événement lui-même. Canolles avait trop d'amoureuses délicatesses dans le cœur pour ne pas se complaire dans ce qu'il appelait l'antichambre du bonheur. Claire lui demandait d'attendre avec patience : il attendit presque avec joie.

Le lendemain le secours était organisé : à onze heures du matin il partit en remontant le fleuve ; mais, comme le vent et le courant étaient contraires, on calcula que, quelque diligence qu'il fît, comme il n'avançait qu'à la rame, il ne pourrait arriver que le lendemain. Le capitaine Ravailly, commandant l'expédition, eut ordre de reconnaître en même temps la citadelle de Braune, qui était à la reine et dont on savait que le gouvernement était vacant.

La matinée se passa pour madame la Princesse à surveiller les préparatifs et les détails de l'embarquement. L'après-midi devait être consacrée à un grand conseil, qui avait pour but de s'opposer, si la chose était possible, à la jonction du duc d'Épernon et du maréchal de La Meilleraie, ou tout au moins de retarder cette jonction jusqu'au moment où le secours envoyé à Richon serait entré dans la citadelle.

Force fut donc à Claire d'attendre encore jusqu'au lendemain ; mais, vers quatre heures, elle eut l'occasion de faire à Canolles, qui passait sous ses fenêtres, un si charmant signe, ce signe était si plein de regret et d'amour, que Canolles se trouva presque heureux d'être forcé d'attendre.

Cependant le soir, pour être sûre que le retard ne serait pas prolongé plus longtemps, et pour se forcer elle-même à faire à la princesse une confidence qui n'était pas sans lui causer quelque embarras, Claire demanda, pour le lendemain, une audience particulière à madame de Condé, audience qui, comme on le pense bien, lui fut accordée sans conteste.

A l'heure dite, Claire entra chez la princesse, qui la reçut avec son plus charmant sourire. Elle était seule, comme Claire le lui avait demandé.

— Eh bien ! petite, lui dit la princesse, qu'y a-t-il donc de si grave, que tu me demandes une audience particulière et secrète, lorsque tu sais qu'à toute heure du jour je suis à la disposition de mes amis?

— Il y a, Madame, reprit la vicomtesse, qu'au milieu de la félicité bien due à Votre Altesse, je viens la prier de jeter tout particulièrement les yeux sur sa fidèle servante, qui a besoin aussi d'un peu de bonheur.

— Avec grand plaisir, ma bonne Claire, et jamais le bonheur que Dieu t'enverra n'égalera celui que je te souhaite. Parle donc... Quelle grâce désires-tu? et, si elle est en mon pouvoir, compte d'avance qu'elle t'est accordée.

— Veuve, libre, et trop libre, car cette liberté m'est plus pesante que ne me le serait l'esclavage, je voudrais, répondit Claire, changer mon isolement en une condition meilleure.

— C'est-à-dire que tu veux te marier, n'est-ce pas, petite? demanda en riant madame de Condé.

— Je crois qu'oui, répondit Claire toute rougissante

— Eh bien! soit... Cela nous regarde.

Claire fit un mouvement.

— Sois tranquille, nous aurons soin de ton orgueil; il te faut un duc et pair, vicomtesse. Je te chercherai cela parmi nos fidèles.

— Votre Altesse prend trop de soin, reprit madame de Cambes, et je ne comptais pas lui donner cette peine.

— Oui, mais moi je veux la prendre, car je dois te rendre en bonheur ce que tu m'as donné en dévouement; cependant tu attendras la fin de cette guerre, n'est-ce pas?

— J'attendrai le moins possible, Madame, répondit la vicomtesse en souriant.

— Tu me parles là comme si ton choix était déjà fait, comme si tu avais sous la main le mari que tu me demandes.

— C'est qu'en effet la chose est ainsi que le dit Votre Altesse.

— En vérité! et quel est cet heureux mortel? Parle, ne crains rien.

— Oh! Madame, dit Claire, excusez-moi, je ne sais pourquoi, mais je suis toute tremblante.

La princesse sourit, prit la main de Claire et l'attira à elle.

— Enfant! lui dit-elle. Puis, la regardant avec une expression qui redoubla l'embarras de la vicomtesse : Est-ce que je le connais? dit-elle.

— Je crois que Votre Altesse l'a vu plusieurs fois.

— Il n'y a pas besoin de demander s'il est jeune?

— Vingt-huit ans.

— S'il est noble?

— Il est bon gentilhomme.
— S'il est brave?
— Sa réputation est faite.
— S'il est riche?
— Je le suis.
— Oui, petite, oui, et nous ne l'avons pas oublié. Tu es un des plus opulents seigneurs de notre paroisse, et nous nous souvenons avec bonheur que, dans la guerre que nous faisons, les louis d'or de monsieur de Cambes et les gros écus de tes paysans nous ont tirés plus d'une fois d'embarras.

— Votre Altesse m'honore en me rappelant combien je lui suis dévouée.

— Bien. Nous en ferons un colonel de notre armée, s'il n'est que capitaine, et un mestre-de-camp, s'il n'est que colonel; car il est fidèle, je présume?

— Il était à Lens, Madame, répondit Claire avec toute l'habileté qu'elle avait puisée depuis quelque temps dans les études diplomatiques.

— A merveille! Maintenant, il ne me reste plus qu'une chose à savoir, ajouta la princesse.

— Laquelle? Madame.

— Le nom du bien heureux gentilhomme qui possède déjà le cœur, et qui possédera bientôt la personne qui est la plus belle guerrière de mon armée.

Claire, poussée dans ses derniers retranchements, amassait tout son courage pour prononcer le nom du baron de Canolles, quand tout à coup le galop d'un cheval retentit dans la cour, suivi d'une de ces sourdes rumeurs qui accompagnent les grandes nouvelles.

La princesse entendit le double bruit et courut à la fenêtre. Le messager, couvert de sueur et de poussière, sautait à bas de son cheval, et, entouré de quatre ou cinq personnes que son entrée avait attirées autour de lui, semblait donner des détails qui, à mesure qu'ils sortaient de sa bouche, plongeaient dans la consternation ceux qui l'écoutaient. La princesse ne put maîtriser plus longtemps sa curiosité, et ouvrant la fenêtre :

— Laissez monter! cria-t-elle.

Le messager leva la tête, reconnut la princesse et se lança dans l'escalier. Cinq minutes après, il entrait dans la chambre, tout souillé de boue, comme il était, les cheveux en désordre et la voix étranglée.

— Pardon, Altesse, dit-il, de me présenter devant vous dans l'état où je suis! Mais j'apporte une de ces nouvelles qui brisent les portes rien qu'en les prononçant : Vayres a capitulé!

La princesse fit un bond en arrière; Claire laissa tomber ses bras avec découragement; Lenet, qui était entré derrière le messager, pâlit.

Cinq ou six autres personnes qui, oubliant un instant le respect dû à la princesse, avaient fait invasion dans la chambre, restèrent muettes de stupéfaction.

— Monsieur Ravailly, dit Lenet, car le messager n'était autre que notre capitaine de Navailles, répétez ce que vous venez de dire, car j'ai peine à vous croire.

— Je répète, Monsieur : Vayres a capitulé!

— Capitulé! reprit la princesse; et le secours que vous conduisiez?

— Arrivé trop tard, Madame! Richon se rendait à l'instant même où nous arrivions.

— Richon se rendait! s'écria madame la Princesse; le lâche!

Cette exclamation de la princesse fit courir un frisson dans les veines de tous les assistants; cependant tous restèrent muets, à l'exception de Lenet.

— Madame, dit-il sévèrement et sans aucun ménagement pour l'orgueil de madame de Condé, n'oubliez pas que l'honneur des hommes est dans la parole des princes, comme leur vie est dans la main de Dieu. N'appelez pas lâche le plus brave de vos serviteurs, sans quoi, demain, les plus fidèles vous abandonneront en voyant comment vous traitez leurs pareils, et vous resterez seule, maudite et perdue.

— Monsieur! dit la princesse.

— Madame, reprit Lenet, je répète à Votre Altesse que Richon n'est pas un lâche; que je réponds de lui corps pour corps; et que, s'il a capitulé, certes c'est parce qu'il ne pouvait pas faire autrement.

La princesse, pâle de colère, allait jeter à la face de Lenet quelqu'une de ces extravagances aristocratiques dans lesquelles elle croyait suppléer suffisamment au bon sens par l'orgueil; mais, à la vue de tous ces visages qui se détournaient d'elle, de ces yeux qui fuyaient les siens, de Lenet le front haut, de Ravailly la tête basse, elle comprit qu'en effet elle serait perdue si elle persévérait dans ce système fatal. Elle appela donc à son secours un argument habituel.

— Malheureuse princesse que je suis, dit-elle, tout m'abandonne donc, la fortune et les hommes! Ah! mon enfant, mon pauvre enfant, vous serez perdu comme votre père.

Ce cri de faiblesse de la femme, l'élan de la douleur maternelle, a toujours un écho dans les cœurs. Cette comédie, qui déjà si souvent avait réussi à la princesse, cette fois encore produisit son effet.

Pendant ce temps Lenet se faisait répéter sur la capitulation de Vayres tout ce qu'avait pu en apprendre Ravailly.

— Ah! je le savais bien! s'écria-t-il au bout d'un instant.

— Et que saviez-vous? demanda la princesse.

— Que Richon n'était point un lâche, Madame.

— Et comment savez-vous cela?

— Parce qu'il a tenu deux jours et deux nuits ; parce qu'il se fût enseveli sous les ruines de son fort criblé de boulets, si une compagnie de recrues ne s'était, à ce qu'il paraît, révoltée et ne l'avait forcé de capituler.

— Il devait mourir, Monsieur, plutôt que de se rendre, dit la princesse.

— Eh! Madame, meurt-on quand on veut? dit Lenet ; mais au moins, ajouta-t-il en se tournant vers Ravailly, il est prisonnier avec garantie, j'espère.

— Sans garantie, j'en ai peur, répondit Ravailly. On m'a dit que c'était un lieutenant de la garnison qui avait traité, de sorte qu'il pourrait bien y avoir quelque trahison là-dessous, et qu'au lieu d'avoir fait ses conditions Richon ait été livré !

— Oui, oui! s'écria Lenet : trahi, livré, c'est cela ; je connais Richon, et je le sais incapable, je ne dirai pas d'une lâcheté, mais d'une faiblesse. Oh! Madame, continua Lenet en s'adressant à la princesse, trahi, livré, entendez-vous? Vite, vite, occupons-nous de lui. Un traité fait par un lieutenant, monsieur Ravailly? Il y a quelque grand malheur sur la tête du pauvre Richon. Écrivez vite, Madame, écrivez, je vous en supplie.

— Moi! dit aigrement la princesse, moi, que j'écrive! et pourquoi faire?

— Mais pour le sauver, Madame.

— Bah ! dit la princesse, quand on rend une forteresse on prend ses précautions.

— Mais n'entendez-vous point qu'il ne l'a pas rendue, Madame? n'entendez-vous point ce que dit le capitaine, qu'il a été trahi, vendu peut-être ; que c'est un lieutenant et non pas lui qui a traité?

— Que voulez-vous qu'on lui fasse donc, à votre Richon? demanda la princesse.

— Ce qu'on lui fera? Oubliez-vous, Madame, à l'aide de

quel subterfuge il s'est introduit dans Vayres? que nous avons usé à son égard d'un blanc-seing de monsieur d'Épernon? qu'il a tenu contre une armée royale commandée par la reine et par le roi en personne? que Richon est le premier qui ait levé l'étendard de la rébellion? qu'on va faire un exemple, enfin? Ah! Madame, au nom du ciel, écrivez à monsieur de La Meilleraie ; envoyez un messager, un parlementaire.

— Et quelle mission donnerons-nous à ce messager, à ce parlementaire?

— Celle d'empêcher à tout prix la mort d'un brave capitaine ; car si vous ne vous hâtez... Oh! je connais la reine, Madame, et peut-être votre messager arrivera-t-il trop tard!

— Trop tard, dit la princesse : et n'avons-nous pas des otages? n'avons-nous pas à Chantilly, à Montrond, et ici même des officiers du roi prisonniers?

Claire se leva épouvantée.

— Ah! Madame! Madame! s'écria-t-elle, faites ce que vous dit monsieur Lenet : les représailles ne rendront pas la liberté à monsieur Richon.

— Il ne s'agit pas de la liberté, il s'agit de la vie, dit Lenet avec sa sombre persévérance.

— Eh bien! dit la princesse, ce qu'ils feront, on le fera : la prison pour la prison, l'échafaud pour l'échafaud.

Claire jeta un cri et tomba à genoux.

— Ah! Madame, dit-elle, monsieur Richon est de mes amis. Je venais vous demander une grâce, et vous aviez promis de me l'accorder. Eh bien! je vous demande d'user de tout votre crédit pour sauver monsieur Richon.

Claire était à genoux. La princesse saisit cette occasion d'accorder aux prières de Claire ce qu'elle refusait aux conseils un peu rudes de Lenet. Elle alla à une table, saisit une plume et écrivit à monsieur de La Meilleraie pour lui demander l'échange de Richon contre un des officiers qu'elle tenait prisonniers, au choix de la reine. Cette lettre écrite, elle chercha des yeux le messager qu'elle devait envoyer. Alors, tout souffrant qu'il était encore de son ancienne blessure, tout écrasé qu'il fût de sa nouvelle fatigue, Ravailly s'offrit à la seule condition qu'on lui donnât un cheval frais. La princesse l'autorisa à prendre dans ses écuries celui qui lui conviendrait, et le capitaine partit activé par les cris de la foule, par les exhortations de Lenet et par les supplications de Claire.

Un instant après on entendit les rumeurs du peuple assemblé, à qui Ravailly venait d'expliquer sa mission, et qui, dans sa joie, criait à tue-tête :

— Madame la Princesse ! monsieur le duc d'Enghien !

Fatiguée de ces apparitions journalières qui ressemblaient bien plus à des ordres qu'à des ovations, la princesse voulut un instant essayer de se refuser aux désirs de cette populace ; mais comme il arrive en pareille circonstance, elle s'entêta, et bientôt les cris dégénérèrent en hurlements.

— Allons ! dit madame la Princesse en prenant son fils par la main, allons ! serfs que nous sommes, obéissons !

Et, armant son visage d'un gracieux sourire, elle parut au balcon et salua ce peuple dont elle était à la fois esclave et reine.

XVI

Au moment où la princesse et son fils se montraient sur le balcon, au milieu des acclamations enthousiastes de la multitude, on entendit tout à coup retentir dans le lointain un bruit de fifres et de tambours accompagnés d'une joyeuse rumeur.

Au même instant, cette foule tumultueuse, qui assaillait la maison du président Lalane pour voir madame de Condé, tourna la tête du côté du bruit qui se faisait entendre, et, peu soucieuse des lois de l'étiquette, commença de s'écouler au-devant de ce bruit qui se rapprochait de plus en plus. C'était tout simple. Ils avaient vu déjà dix fois, vingt fois, cent fois peut-être madame la Princesse, tandis que ce bruit leur promettait quelque chose d'inconnu.

— Ils sont francs, au moins, ceux-là, murmura en souriant Lenet derrière la princesse indignée. Mais que signifient cette musique et ces cris? J'avoue à Votre Altesse que je suis presque aussi avide de le savoir que l'ont été ces mauvais courtisans.

— Eh bien! dit la princesse, quittez-moi à votre tour, et courez les rues comme eux.

— Je le ferais à l'instant même, Madame, répondit Lenet, si j'étais sûr de vous rapporter une bonne nouvelle.

— Oh! les bonnes nouvelles, dit la princesse avec un regard d'ironie adressé au ciel magnifique qui resplendissait au-dessus de sa tête, je ne m'y attends plus. Nous ne sommes pas en veine.

— Madame, dit Lenet, vous savez que je ne leurre pas facilement; cependant je me trompe bien si tout ce bruit n'annonce pas quelque événement heureux.

En effet, le murmure toujours plus rapproché, une multitude empressée apparaissant au bout de la rue, des bras levés en l'air, des mouchoirs agités, convainquirent la princesse elle-même que la nouvelle était bonne. Elle prêta donc l'oreille avec une attention qui lui fit momentanément oublier la désertion de sa cour, et elle entendit ces mots:

— Braune! le gouverneur de Braune! prisonnier le gouverneur!

— Ah! ah! dit Lenet, le gouverneur de Braune prisonnier! Il n'y a que moitié mal. Cela nous fait un otage qui répondra de Richon.

— N'avions-nous pas le gouverneur de l'île Saint-Georges? répondit la princesse.

— Je suis heureuse, dit madame de Tourville, que le plan que j'avais proposé pour prendre Braune ait si heureusement réussi.

— Madame, dit Lenet, ne nous flattons pas encore d'une victoire aussi complète; le hasard se joue des plans de l'homme, et quelquefois même des plans de la femme.

— Cependant, Monsieur, dit madame de Tourville en se redressant avec son aigreur accoutumée, si le gouverneur est pris, la place doit être prise!

— Ce que vous dites là, Madame, n'est point d'une logique absolue; mais tranquillisez-vous, si nous vous devons ce double succès, je serai comme toujours le premier à vous en féliciter.

— Ce qui m'étonne dans tout cela, dit la princesse, cherchant déjà à l'heureux événement qu'elle attendait un côté blessant pour cet orgueil aristocratique qui faisait le fond de son caractère, ce qui m'étonne, c'est que je ne sois pas prévenue la première de ce qui se passe : c'est une inconvenance impardonnable, et monsieur le duc de La Rochefoucault n'en fait jamais d'autres.

— Eh! madame, dit Lenet, nous manquons de soldats pour combattre, et vous voudriez que nous les détournassions encore de leurs postes pour en faire des messagers! Hélas! n'exigeons pas trop, et lorsqu'une bonne nouvelle nous arrive, prenons-la telle que Dieu nous l'envoie, et ne demandons pas comment elle nous est venue.

Cependant la foule allait grossissant, car tous les groupes particuliers allaient se joindre au groupe principal, comme des ruisseaux vont se mêler à un fleuve. Au milieu de ce groupe principal, qui se composait peut-être d'un millier d'individus, apparaissait un petit noyau de soldats, trente hommes à peu près, et, au milieu de ces trente hommes, un prisonnier que les soldats semblaient défendre contre la fureur du peuple.

— A mort! à mort! criait la populace ; à mort, le gouverneur de Braune!

— Ah! ah! dit la princesse avec un sourire de triomphe, décidément il paraît qu'il y a un prisonnier, et que ce prisonnier est le gouverneur de Braune.

— Oui, dit Lenet; mais voyez, Madame : il paraît aussi que ce prisonnier court danger de mort. Entendez-vous ces menaces? voyez-vous ces gestes furieux? Eh! Madame, ils vont forcer les soldats, ils vont le mettre en morceaux. Oh! les tigres, ils sentent la chair et ils voudraient boire du sang.

— Qu'ils boivent! dit la princesse avec cette férocité particulière aux femmes quand leurs passions mauvaises sont exaltées, qu'ils boivent! c'est celui d'un ennemi.

— Madame, dit Lenet, cet ennemi est sous la garde de l'honneur de Condé songez-y; et d'ailleurs, qui vous dit qu'en ce moment Richon, notre brave Richon, ne court pas les mêmes risques que ce malheureux? Ah! ils vont forcer les soldats; s'ils le touchent, il est perdu. Çà, vingt hommes, cria Lenet en se retournant, vingt hommes de bonne volonté pour aider à repousser toute cette canaille. Si un cheveu de ce prisonnier tombe de sa tête, vous m'en répondrez sur la vôtre; allez...

A ces mots, vingt mousquetaires de la garde bourgeoise, appartenant aux meilleures familles de la ville, roulèrent comme un torrent dans les escaliers, percèrent la foule à grands coups de crosse et de mousquet et vinrent grossir l'escorte : il était temps, quelques griffes, plus longues et plus acérées que les autres, avaient déjà enlevé des lambeaux d'étoffe à l'habit bleu du prisonnier.

— Ma foi! merci, Messieurs, dit le prisonnier, car vous venez de m'empêcher d'être dévoré par ces cannibales; c'est fort bien fait à vous. Peste! s'ils mangent comme cela les hommes, le jour où l'armée royale donnera l'assaut à votre ville, ils la dévoreront toute crue.

Et il se mit à rire en haussant les épaules.

— Ah! c'est un brave! s'écria la foule en voyant le calme peut-être un peu affecté du prisonnier et en répétant cette plaisanterie qui flattait son amour-propre, c'est un vrai brave! Il n'a pas peur. Vive le gouverneur de Braune!

— Ma foi, oui! cria le prisonnier, vive le gouverneur de Braune! Cela m'irait assez qu'il vécût.

La fureur du peuple se changea dès lors en admiration, et cette admiration s'exprima aussitôt en termes énergiques. Ce fut donc une ovation véritable qui succéda au martyre imminent du gouverneur de Braune, c'est-à-dire de notre ami Cauvignac.

Car, ainsi que l'ont sans doute déjà deviné nos lecteurs, c'était Cauvignac qui, sous le nom pompeux du gouverneur de Braune, faisait cette triste entrée dans la capitale de la Guyenne.

Cependant, ainsi protégé par ses gardes et ensuite par sa présence d'esprit, le prisonnier de guerre fut introduit dans la maison du président Lalanne, et, tandis que la moitié de son escorte gardait la grille, conduit par l'autre moitié devant la princesse.

Cauvignac entra fier et tranquille dans le logis de madame de Condé; mais il faut dire que, sous cette apparence héroïque, le cœur cependant lui battait fort.

Au premier coup d'œil, il fut reconnu, malgré l'état où l'empressement de la foule avait mis son bel habit bleu, ses galons d'or et la plume de son feutre.

— Monsieur Cauvignac! s'écria Lenet.

— Monsieur Cauvignac, gouverneur de Braune! ajouta la princesse; ah! Monsieur, cela sent la belle et bonne trahison.

— Que dit Votre Altesse? demanda Cauvignac comprenant que c'était le cas ou jamais d'appeler à son aide tout son sang-froid et surtout tout son esprit. Je crois qu'elle a prononcé le mot trahison?

— Oui, Monsieur, trahison; car sous quel titre vous présentez-vous devant moi?

— Sous le titre de gouverneur de Braune, Madame.

— Trahison, vous le voyez bien. Par qui sont signées vos provisions?

— Par monsieur de Mazarin.

— Trahison, double trahison! je le disais. Vous êtes gouverneur de Braune, et c'est votre compagnie qui a livré Vayres : le titre a récompensé l'action.

A ces mots, le plus profond étonnement se peignit sur le visage de Cauvignac. Il regarda autour de lui comme pour chercher la personne à qui ces étranges paroles s'adressaient; et convaincu par l'évidence qu'aucun autre que lui-même n'était l'objet de l'accusation de la princesse, il laissa retomber ses mains le long de ses hanches avec un geste plein de découragement.

— Ma compagnie a livré Vayres! dit-il, et c'est Votre Altesse qui me fait un pareil reproche?

— Oui, Monsieur, c'est moi; faites donc semblant d'ignorer cela; feignez l'étonnement; oui, vous êtes bon comédien à ce qu'il paraît; mais je ne serai dupe ni de vos physionomies ni de vos paroles, si bien en harmonie qu'elles soient les unes avec les autres.

— Je ne feins rien, Madame, répondit Cauvignac : comment Votre Altesse veut-elle que je sache ce qui s'est passé à Vayres, n'y ayant jamais été?

— Subterfuge, Monsieur, subterfuge!

— Je n'ai rien à répondre à de pareilles paroles, Madame, sinon que Votre Altesse paraît mécontente de moi... Que Votre Altesse pardonne à la franchise de mon caractère la liberté de ma défense, c'est moi au contraire qui pensais avoir à me plaindre d'elle.

— A vous plaindre de moi, vous, Monsieur! s'écria la princesse étonnée d'une pareille impudence.

— Sans doute, moi, Madame, répondit Cauvignac sans se déconcerter : sur votre parole et sur celle de monsieur Lenet ici présent, je recrute une compagnie de braves, je contracte envers eux des engagements d'autant plus sacrés qu'ils étaient presque tous des engagements sur parole. Et voilà que lorsque je viens demander à Votre Altesse la somme promise... une misère... trente ou quarante mille livres, destinée, non pas à moi, remarquez bien, mais aux nouveaux défenseurs que j'ai faits à messieurs les princes, voilà que Votre Altesse me refuse; oui, me refuse! J'en appelle à monsieur Lenet.

— C'est vrai, dit Lenet; quand Monsieur s'est présenté, nous n'avions pas d'argent.

— Et ne pouviez-vous pas attendre quelques jours, Monsieur? Votre fidélité et celle de vos hommes était-elle à l'heure?

— J'ai attendu le temps que monsieur de La Rochefoucault m'a demandé lui-même, Madame, c'est-à-dire huit jours. Au bout de ces huit jours, je me suis présenté de nouveau : cette fois, refus formel; j'en appelle encore à monsieur Lenet.

La princesse se retourna du côté du conseiller, ses lèvres

étaient serrées, et ses yeux lançaient des éclairs sous ses sourcils froncés.

— Malheureusement, dit Lenet, je suis forcé d'avouer que ce que dit là Monsieur est l'exacte vérité.

Cauvignac se redressa triomphant.

— Eh bien! Madame, continua-t-il, en pareille circonstance qu'eût fait un intrigant? Un intrigant eût été se vendre à la reine lui et ses hommes. Moi, qui ai l'intrigue en horreur, j'ai congédié ma compagnie en rendant à chaque homme sa parole; et seul, isolé, isolé dans une neutralité absolue, j'ai fait ce que le sage commande de faire dans le doute : je me suis abstenu.

— Mais vos soldats, Monsieur, vos soldats! s'écria la princesse furieuse.

— Madame, répondit Cauvignac, comme je ne suis ni roi ni prince, mais seulement capitaine; comme je n'ai ni sujets ni vassaux, je n'appelle mes soldats que les soldats que je paye; or, comme les miens, ainsi que l'a affirmé monsieur Lenet, n'étaient aucunement payés, ils se sont trouvés libres. C'est alors qu'ils auront tourné contre leur nouveau chef. Qu'y faire? J'avoue que je n'en sais rien.

— Mais vous, Monsieur, vous, qui avez pris le parti du roi, qu'avez-vous à dire? que votre neutralité vous pesait?

— Non, Madame, mais ma neutralité, tout innocente qu'elle fût, est devenue suspecte aux partisans de Sa Majesté. Un beau matin j'ai été arrêté à l'auberge du Veau-d'Or, sur la route de Libourne, et conduit devant la reine.

— Et là, vous avez traité avec elle?

— Madame, répondit Cauvignac, un homme de cœur a des endroits bien sensibles par où la délicatesse d'un souverain sait l'attaquer. J'avais l'âme ulcérée; on m'avait repoussé d'un parti dans lequel je m'étais lancé en aveugle, avec tout le feu, toute la bonne foi de la jeunesse. Je parus devant la reine entre deux soldats prêts à me tuer ; je m'attendais à des récriminations, à des outrages, à la mort. Car, enfin, j'avais servi d'intention au moins la cause des princes ; mais, tout au contraire de ce que j'attendais, au lieu de me punir en me ravissant la liberté, en m'envoyant dans une prison, en me faisant monter sur un échafaud, cette grande princesse me dit :

« Brave gentilhomme égaré, je puis d'un mot faire tomber ta tête ; mais, tu le vois, là-bas on a été ingrat envers toi, ici on sera reconnaissant : au nom de sainte Anne, ma patronne, tu compteras désormais parmi les miens. Messieurs, continua-t-elle en s'adressant à mes gardes, respectez cet officier, car j'ai apprécié ses mérites, et je le fais votre chef. Et vous, ajouta-t-elle encore en se retournant vers moi, vous, je vous fais gouverneur de Braune : voilà comme se venge une reine de France. »

— Que pouvais-je répondre? fit Cauvignac en reprenant sa voix et son geste naturels, après avoir imité d'une façon moitié comique, moitié sentimentale, la voix et le geste d'Anne d'Autriche... Rien. J'étais blessé dans mes plus chères espérances ; j'étais blessé dans le dévouement tout gratuit que j'avais mis aux pieds de Votre Altesse, à laquelle, je me le rappelle avec joie, j'avais eu le bonheur de rendre, à Chantilly, un léger service. J'ai fait comme Coriolan, je suis entré sous la tente des Volsques.

Ce discours, prononcé d'une voix dramatique et avec un geste majestueux, fit beaucoup d'effet sur les assistants. Cauvignac s'aperçut de son triomphe en voyant la princesse pâlir de fureur.

— Mais enfin, Monsieur, à qui êtes-vous fidèle alors ? demanda-t-elle.

— A ceux qui apprécient la délicatesse de ma conduite, répondit Cauvignac.

— C'est bien. Vous êtes mon prisonnier.

— J'ai cet honneur, Madame ; mais j'espère que vous me traiterez en gentilhomme. Je suis votre prisonnier, c'est vrai, mais sans avoir combattu contre Votre Altesse : je me rendais à mon gouvernement avec mes bagages, lorsque je suis tombé dans un parti de vos soldats qui m'a arrêté. Je n'ai pas songé un seul instant à cacher mon rang ni mon opinion. Je le répète, je demande donc à être traité, non-seulement en gentilhomme, mais en officier supérieur.

— Vous le serez, Monsieur, répondit la princesse. Vous aurez la ville pour prison ; seulement vous jurerez sur l'honneur de ne point chercher à en sortir.

— Je jurerai, Madame, tout ce que me demandera Votre Altesse.

— C'est bien. Lenet, faites donner à Monsieur la formule : nous allons recevoir son serment.

Lenet dicta les termes du serment qu'il devait faire prêter à Cauvignac.

Cauvignac leva la main et jura solennellement de ne point sortir de la ville que la princesse ne l'eût relevé de son serment.

— Maintenant, retirez-vous, dit la princesse : nous nous en rapportons à votre loyauté de gentilhomme et à votre honneur de soldat.

— Cauvignac ne se le fit pas dire à deux fois, il salua et sortit ; mais, en sortant, il eut le temps de saisir un geste du conseiller qui signifiait :

— Madame, il a raison et nous avons tort : voilà ce que c'est que de lésiner en politique.

Le fait est que Lenet, appréciateur de tous les mérites, avait reconnu toute la finesse du caractère de Cauvignac, et justement parce qu'il n'avait, sur aucun point, été dupe des raisons spécieuses qu'il avait données, admirait comment le prisonnier s'était tiré d'une des plus fausses positions où un transfuge puisse se trouver.

Quant à Cauvignac, il descendait l'escalier tout pensif, tenant son menton dans sa main, et se disant à part lui :

— Voyons, maintenant il s'agirait de leur revendre une centaine de mille livres mes cent cinquante hommes, ce qui est possible, puisque l'honnête et intelligent Ferguzon a obtenu liberté entière pour lui et les siens. J'en trouverai l'occasion un jour ou l'autre, bien certainement. Allons, allons, continua Cauvignac tout consolé, je vois que je n'ai pas encore fait, en me laissant prendre, une si mauvaise affaire que je l'avais cru d'abord.

XVII

Maintenant faisons un pas en arrière, et ramenons l'attention de nos lecteurs sur les événements qui s'étaient passés à Vayres, événements qu'ils ne connaissent encore qu'imparfaitement.

Après plusieurs assauts d'autant plus terribles que le général des troupes royalistes sacrifiait plus d'hommes pour perdre moins de temps, les retranchements avaient été pris ; mais les braves défenseurs de ces retranchements, après avoir disputé le terrain pied à pied, après avoir jonché le champ de bataille de morts, s'étaient retirés par le chemin couvert et s'étaient établis dans Vayres. Or, monsieur de La Meilleraie ne se dissimulait pas que, s'il avait perdu cinq ou six cents hommes pour prendre un mauvais rempart de terre surmonté d'une palissade, il en perdrait six fois autant pour prendre un fort entouré de bonnes murailles et défendu par un homme dont il avait eu l'occasion d'apprécier à ses dépens la science stratégique et le courage militaire.

On était donc décidé à ouvrir une tranchée et à faire un siége en règle, lorsqu'on avait aperçu l'avant-garde de l'armée du duc d'Épernon qui venait de faire sa jonction avec l'armée de monsieur de La Meilleraie, jonction qui doublait les forces royales. Cela changeait entièrement la face des choses. On entreprend avec vingt-quatre mille hommes ce qu'on n'ose pas entreprendre avec douze mille. L'assaut fut donc résolu pour le lendemain.

A l'interruption des travaux de la tranchée, aux nouvelles dispositions qu'on prenait, et surtout à la vue du renfort survenu, Richon comprit que l'intention des assiégeants était de le presser sans relâche; et devinant un assaut pour le lendemain, il assembla ses hommes afin de juger de leurs dispositions, dont au reste il n'avait aucun motif de douter, d'après la manière dont ils l'avaient secondé dans la défense des premiers retranchements.

Aussi son étonnement fut-il extrême lorsqu'il vit l'attitude nouvelle de la garnison. Ses hommes jetaient un regard sombre et inquiet sur l'armée royale, et de sourds murmures sortaient des rangs.

Richon n'entendait pas la plaisanterie sous les armes, et surtout la plaisanterie de ce genre.

— Holà! qui murmure? dit-il en se retournant vers le côté où le bruit improbateur avait été le plus distinct.

— Moi, répondit un soldat plus hardi que les autres.

— Toi!

— Oui, moi.

— Alors, viens ici et réponds.

Le soldat sortit des rangs et s'approcha de son chef.

— Que te faut-il à toi qui te plains? dit Richon en croisant les bras et en regardant fixement le mutin.

— Ce qu'il me faut?
— Oui, que te faut-il? As-tu ta ration de pain?
— Oui, commandant.
— Ta ration de viande?
— Oui, commandant.
— Ta ration de vin?
— Oui, commandant.
— Es-tu mal logé?
— Non.
— T'est-il dû quelque arriéré?
— Non.
— Alors, parle : que désires-tu? que veux-tu? et que signifient ces murmures?
— Ils signifient que nous nous battons contre notre roi, et que c'est dur au soldat français.
— Alors, tu regrettes le service de Sa Majesté?
— Dame! oui.
— Et tu désires rejoindre ton roi?
— Oui, dit le soldat, qui, trompé par le calme de Richon, croyait que la chose se terminerait par sa simple exclusion des rangs condéens.
— C'est bien, dit Richon en saisissant l'homme par son baudrier; mais comme j'ai fermé les portes, il te faudra prendre le seul chemin qui te reste.
— Lequel? demanda le soldat épouvanté.
— Celui-ci, dit Richon en le soulevant de son bras d'Hercule et en le lançant par-dessus le parapet.

Le soldat jeta un cri et alla tomber dans le fossé, qui, heureusement pour lui, était plein d'eau.

Un morne silence accueillit cette action de vigueur. Richon crut avoir apaisé la sédition, et, comme un joueur qui risque le tout pour le tout, il se retourna vers ses hommes :

— Maintenant, dit-il, s'il y a des partisans du roi ici, qu'ils parlent, et ceux-là on les fera sortir comme ils l'entendront.

— Une centaine d'hommes s'écrièrent :

— Oui ! oui ! nous sommes partisans du roi et nous voulons sortir !..

— Ah ! ah ! dit Richon comprenant que ce n'était plus une opinion partielle, mais une révolte générale qui se faisait jour, ah ! c'est autre chose ; je croyais n'avoir affaire qu'à un mutin, et je vois que j'ai affaire à cinq cents lâches.

Richon avait tort d'accuser la généralité : une centaine d'hommes avait parlé seulement, le reste s'était tu ; mais le reste, impliqué dans l'accusation de lâcheté, murmura à son tour.

— Voyons, dit Richon, ne parlons pas tous ensemble, qu'un officier, s'il y a un officier qui consente à trahir son serment, porte la parole pour tous ; celui-là, je le jure, pourra parler impunément.

Ferguzon fit alors un pas hors des rangs, et saluant son commandant avec une politesse exquise :

— Commandant, dit-il, vous entendez le vœu de la garnison : vous combattez Sa Majesté notre roi ; or, la plupart de nous n'étaient pas prévenus que c'était pour faire la guerre à un pareil ennemi qu'on nous enrôlait. Un des braves ici présents, violenté ainsi dans ses opinions, eût pu, au milieu de l'assaut, se tromper dans la direction de son mousquet, et vous loger une balle dans la tête ; mais nous sommes de vrais soldats et non des lâches, comme vous avez eu tort de le dire. Voici donc l'opinion de mes compagnons et la mienne, que nous vous exposons respectueusement : rendez-nous au roi, ou nous nous rendrons nous-mêmes.

Ce discours fut accueilli par un hourra universel qui prouvait que l'opinion exprimée par le lieutenant était, sinon celle de toute la garnison, du moins celle de la majeure partie. Richon comprit qu'il était perdu.

— Je ne puis me défendre seul, dit-il, et je ne veux pas me rendre ; puisque mes soldats m'abandonnent, que quelqu'un traite pour eux comme il l'entendra et comme ils l'entendront, mais ce quelqu'un ce ne sera pas moi. Pourvu que les quelques braves qui me sont restés fidèles, s'il en est toutefois, aient la vie sauve, c'est tout ce que je désire. Voyons, qui sera le négociateur ?

— Ce sera moi, mon commandant, si toutefois vous le voulez bien, et si mes compagnons m'honorent de leur confiance.

— Oui, oui, le lieutenant Ferguzon ! le lieutenant Ferguzon ! crièrent cinq cents voix au milieu desquelles on distinguait les voix de Barrabas et de Carrotel.

— Ce sera donc vous, Monsieur, dit Richon. Vous êtes libre d'entrer et de sortir dans Vayres comme vous voudrez.

— Et vous n'avez pas d'instructions particulières à me donner, mon commandant ? demanda Ferguzon.

— La liberté pour mes hommes.

— Et pour vous ?

— Rien.

Une pareille abnégation eût ramené des hommes égarés ; mais ils n'étaient pas seulement égarés, ils étaient vendus.

— Oui ! oui ! la liberté pour nous ! crièrent-ils.

— Soyez tranquille, commandant, dit Ferguzon, je ne vous oublierai pas dans la capitulation.

Richon sourit tristement, haussa les épaules, rentra chez lui et s'enferma dans sa chambre.

Ferguzon passa aussitôt chez les royalistes. Cependant monsieur de La Meilleraie ne voulut rien faire sans l'autorisation de la reine ; or, la reine avait quitté la petite maison de Nanon pour ne plus assister, comme elle l'avait dit elle-même, à la honte de l'armée, et s'était retirée à l'hôtel de ville de Libourne.

Il donna donc Ferguzon en garde à deux soldats, monta à cheval et courut à Libourne. Il trouva monsieur de Mazarin, auquel il crut annoncer une grande nouvelle ; mais aux premiers mots du maréchal, le ministre l'arrêta avec son sourire habituel.

— Nous savons tout cela, Monsou le maréchal, lui dit-il, et la chose s'est arrangée hier soir. Traitez avec le lieutenant Ferguzon, mais ne vous engagez que sur parole pour monsieur Richon.

— Comment ! que sur parole ? dit le maréchal ; mais lorsque ma parole sera engagée, elle vaudra écrit, je l'espère bien.

— Allez, allez toujours, Monsou le maréchal ; j'ai reçu de Sa Sainteté des indulgences particulières qui me permettent de relever les gens de leur serment.

— C'est possible, dit le maréchal, mais ces indulgences-là ne regardent pas les maréchaux de France.

Mazarin sourit, en faisant signe au maréchal qu'il pouvait retourner au camp.

Le maréchal revint tout en grommelant, donna à Ferguzon une sauvegarde écrite pour lui et ses hommes, et engagea sa parole à l'égard de Richon.

Ferguzon rentra dans le fort, qu'il abandonna avec ses compagnons une heure avant le jour, après avoir fait part à Richon de la promesse verbale du maréchal. Deux heures après, comme Richon apercevait déjà de ses fenêtres le renfort que lui amenait Ravailly, on entra dans sa chambre et on l'arrêta au nom de la reine.

Au premier moment, une vive satisfaction se peignit sur le visage du brave commandant. Libre, madame de Condé pouvait le soupçonner de trahison ; captif, sa captivité répondait pour lui.

C'est dans cette espérance qu'au lieu de sortir avec les autres, il était resté.

Cependant on ne se contenta point de lui prendre son épée, comme il s'y était attendu d'abord ; mais lorsqu'il fut désarmé, quatre hommes, qui l'attendaient à la porte, se jetèrent sur lui et lui lièrent les mains derrière le dos.

Richon n'opposa à cet indigne traitement que le calme et la résignation d'un martyr. C'était une de ces âmes fortement trempées, aïeules des héros populaires du dix-huitième et du dix-neuvième siècle.

Richon fut conduit à Libourne et amené devant la reine, qui le toisa arrogamment ; devant le roi, qui l'écrasa d'un regard féroce ; devant monsieur de Mazarin, qui lui dit :

— Vous avez joué un gros jeu, monsou Richon.

— Et j'ai perdu, n'est-ce pas, Monseigneur? Maintenant, reste à savoir ce que nous jouons.

— J'ai peur que vous n'ayez joué votre tête, dit Mazarin.

— Qu'on prévienne monsieur d'Épernon que le roi veut le voir, dit Anne d'Autriche. Quant à cet homme, qu'il attende ici son jugement.

Et, se retirant avec un superbe dédain, elle sortit de la chambre donnant la main au roi et suivie de monsieur de Mazarin et des courtisans.

Monsieur d'Épernon était en effet arrivé depuis une heure ; mais, en véritable vieillard amoureux, sa première visite avait été pour Nanon. Il avait appris, au fond de la Guyenne, la belle défense qu'avait faite Canolles à l'île Saint-Georges ; et, en homme toujours plein de confiance dans sa maîtresse, il complimentait Nanon sur la conduite de son frère chéri, duquel, disait-il avec naïveté, la physionomie n'annonçait cependant ni tant de noblesse ni tant de valeur.

Nanon avait autre chose à faire qu'à rire intérieurement de la prolongation du quiproquo. Il s'agissait en ce moment, non-seulement de son bonheur à elle, mais encore de la liberté de son amant. Nanon aimait si éperdument Canolles, qu'elle ne pouvait pas croire à l'idée d'une perfidie de sa part, quoique cette idée se fût présentée bien souvent à son esprit. Elle n'avait vu, dans le soin qu'il avait pris de l'éloigner, qu'une tendre sollicitude ; elle le croyait prisonnier par force, elle pleurait et n'aspirait qu'au moment où, grâce à monsieur d'Épernon, elle pourrait le délivrer.

Aussi, par dix lettres écrites au cher duc, avait-elle de tout son pouvoir hâté son retour.

Enfin, il était arrivé, et Nanon lui avait présenté sa supplique à l'endroit de son prétendu frère, qu'elle tenait à tirer le plus tôt possible des mains de ses ennemis, ou plutôt de celles de madame de Cambes, car elle croyait que Canolles, en réalité, ne courait d'autre danger que de devenir de plus en plus amoureux de la vicomtesse.

Mais ce danger était pour Nanon un danger capital. Elle demandait donc à mains jointes, à monsieur d'Épernon, la liberté de son frère.

— Cela tombe à merveille, répondit le duc, je viens d'apprendre à l'instant que le gouverneur de Vayres s'est laissé prendre. Eh bien ! on l'échangera pour ce brave Canolles.

— Oh ! s'écria Nanon, voilà une grâce du ciel, mon cher duc.

— Vous aimez donc bien ce frère, Nanon ?

— Oh ! plus que ma vie.

— Quelle étrange chose que vous ne m'en ayez jamais parlé, avant ce fameux jour où j'eus la sottise...

— Ainsi, monsieur le duc ?... interrompit Nanon

— Ainsi, je renvoie le gouverneur de Vayres à madame de Condé, qui nous renvoie Canolles ; cela se fait tous les jours en guerre, c'est un échange pur et simple.

— Oui, mais madame de Condé n'estimera-t-elle pas monsieur de Canolles plus haut qu'un simple officier ?

— Eh bien ! en ce cas, au lieu d'un officier, on lui en enverra deux, on lui en enverra trois; on s'arrangera de manière enfin à ce que vous soyez contente, entendez-vous, ma toute belle? et quand notre brave commandant de l'île Saint-Georges rentrera à Libourne, eh bien! nous lui ferons un triomphe.

Nanon ne se sentait pas de joie. Rentrer en possession de Canolles, c'était le rêve ardent de toutes ses heures. Quant à ce que dirait monsieur d'Épernon, quand il verrait ce que c'était que ce Canolles-là, elle s'en souciait médiocrement. Une fois Canolles sauvé, elle lui dirait que c'était son amant, elle le dirait tout haut, elle le dirait à tout le monde!

Les choses en étaient là lorsque entra le messager de la reine.

— Voyez, dit le duc, cela tombe à merveille, chère Nanon; je passe chez Sa Majesté et j'en rapporte le cartel d'échange.

— De sorte que mon frère pourra être ici?..

— Demain, peut-être, dit le duc.

— Allons donc! s'écria Nanon, et ne perdez pas un instant. Oh! demain, demain, ajouta-t-elle en levant ses deux bras au ciel avec une admirable expression de prière, demain, Dieu le veuille!

— Oh! quel cœur! murmura en sortant le duc d'Épernon.

Lorsque le duc d'Épernon entra dans la chambre de la reine, Anne d'Autriche, rouge de colère, mordait ses grosses lèvres qui faisaient l'admiration des courtisans, justement parce qu'elles étaient l'endroit défectueux de son visage. Aussi monsieur d'Épernon, homme galant et habitué au sourire des dames, fut-il reçu en Bordelais révolté.

Le duc regarda la reine avec étonnement : elle n'avait pas répondu à son salut, et, les sourcils froncés, le regardait du haut de sa majesté royale.

— Ah! ah! c'est vous monsieur le duc, dit-elle enfin après un moment de silence; venez ici que je vous fasse compliment sur la façon dont vous nommez aux emplois de votre gouvernement?

— Qu'ai-je donc fait, Madame? demanda le duc tout surpris, et qu'est-il arrivé?

— Il est arrivé que vous avez fait gouverneur de Vayres un homme qui a tiré le canon sur le roi : rien que cela.

— Moi, Madame! s'écria le duc; mais certainement Votre Majesté commet quelque erreur; ce n'est pas moi qui ai nommé le gouverneur de Vayres... pas que je sache, du moins.

D'Épernon se reprenait, parce que sa conscience lui reprochait de ne pas toujours nommer seul.

— Ah! voilà du nouveau, répondit la reine; monsieur Richon n'a pas été nommé par vous, *peut-être?*

Et elle appuya avec une profonde méchanceté sur le dernier mot.

Le duc, qui connaissait le talent de Nanon pour assortir les hommes aux emplois, se rassura promptement.

— Je ne me rappelle pas avoir nommé monsieur Richon, dit-il; mais si je l'ai nommé, monsieur Richon doit être un bon serviteur du roi.

— Voire! dit la reine, monsieur Richon, selon vous, est un bon serviteur du roi; peste! quel serviteur, qui, en moins de trois jours, nous tue cinq cents hommes!

— Madame, dit le duc avec inquiétude, s'il en est ainsi, je dois avouer que j'ai tort. Mais avant que je ne passe condamnation, laissez-moi acquérir la preuve que c'est moi qui l'ai nommé. Cette preuve, je vais la chercher.

La reine fit un mouvement pour retenir le duc, mais elle se ravisa.

— Allez, dit-elle, et quand vous m'aurez apporté votre preuve, je vous donnerai la mienne.

Monsieur d'Épernon sortit tout courant, et alla, sans s'arrêter, jusque chez Nanon.

— Eh bien! lui dit-elle, m'apportez-vous le cartel d'échange, mon cher duc?

— Ah! bien oui! il s'agit bien de cela, répondit le duc; la reine est furieuse.

— Et d'où vient la fureur de Sa Majesté?

— De ce que vous ou moi avons nommé monsieur Richon gouverneur de Vayres, et que ce gouverneur, qui s'est défendu comme un lion, à ce qu'il paraît, vient de nous tuer cinq cents hommes.

— Monsieur Richon! répéta Nanon, je ne connais pas cela.

— Ni moi non plus, ou le diable m'emporte!

— En ce cas, dites hardiment à la reine qu'elle se trompe.

— Mais n'est-ce pas vous qui vous trompez, voyons?

— Attendez, je ne veux rien avoir à me reprocher, et je vais vous le dire.

Et Nanon passa dans son cabinet d'affaires, consulta son registre d'affaires, à la lettre R : il était vierge de tout brevet donné à Richon.

— Vous pouvez retourner vers la reine, dit-elle en rentrant, et lui annoncer hardiment qu'elle est dans l'erreur.

Monsieur d'Épernon ne fit qu'un bond de la maison de Nanon à l'hôtel de ville.

— Madame, dit-il en entrant fièrement chez la reine, je suis innocent du crime que l'on m'impute. La nomination de monsieur Richon vient des ministres de Votre Majesté.

— Alors, mes ministres signent d'Épernon, reprit aigrement la reine.

— Comment cela?

— Sans doute, puisque cette signature est au bas du brevet de monsieur Richon.

— Impossible, Madame, répondit le duc avec le ton faiblissant d'un homme qui commence à douter de lui-même.

La reine haussa les épaules.

— Impossible? dit-elle. Eh bien! lisez.

Et elle prit un brevet posé sur la table du côté de l'écriture, et sur lequel elle tenait la main.

Monsieur d'Épernon prit le brevet, le parcourut avidement, examinant chaque pli du papier, chaque mot, chaque lettre, et demeura consterné : un souvenir terrible lui repassait par l'esprit.

— Puis-je voir ce monsieur Richon? demanda-t-il.

— Rien de plus facile, répondit la reine ; je l'ai fait rester dans la chambre à côté pour vous donner cette satisfaction.

Puis se retournant vers les gardes qui attendaient ses ordres à la porte :

— Qu'on amène ce misérable, dit-elle.

Les gardes sortirent, et un instant après Richon fut amené les mains garrottées et la tête couverte. Le duc marcha à lui et attacha sur le prisonnier un regard que celui-ci soutint avec sa dignité habituelle. Comme il avait son chapeau sur la tête, un des gardes le lui jeta à terre d'un revers de sa main.

Cette insulte ne provoqua point le moindre mouvement de la part du gouverneur de Vayres.

— Mettez-lui un manteau sur les épaules, un masque sur le visage, dit le duc, et donnez-moi une bougie allumée.

On obéit d'abord aux deux premières injonctions. La reine regardait avec étonnement ces singuliers préparatifs. Le duc tournait autour de Richon masqué, le regardant avec la plus grande attention, essayant de rappeler tous ses souvenirs et paraissant douter encore.

— Apportez-moi la bougie que j'ai demandée, dit-il, cette épreuve fixera tous mes doutes.

On apporta la bougie. Le duc approcha le brevet de la lumière, et à la chaleur de la flamme une croix double, tracée au-dessous de la signature avec une encre sympathique, apparut sur le papier.

A cette vue, le front du duc s'éclaircit, et il s'écria :

— Madame, ce brevet est signé de moi, c'est vrai ; mais il ne l'a été ni pour monsieur Richon ni pour aucun autre ; il m'a été extorqué par cet homme dans une sorte de guet-apens ; mais avant de livrer ce blanc-seing, j'avais fait au papier l'espèce de remarque que Votre Majesté peut y voir, et elle sert de preuve accablante contre le coupable. Regardez.

La reine saisit avidement le papier et regarda, tandis que le duc lui montrait le signe du bout du doigt.

— Je ne comprends pas un mot de l'accusation que vous venez de porter contre moi, dit simplement Richon.

— Comment ! s'écria le duc, vous n'étiez pas l'homme masqué auquel j'ai remis ce papier sur la Dordogne ?

— Jamais je n'ai parlé à Votre Seigneurie avant ce jour ; jamais je n'ai été masqué sur la Dordogne, répondit froidement Richon.

— Si ce n'est pas vous, c'est un homme envoyé par vous qui est venu à votre place.

— Il ne me servirait à rien de cacher la vérité, dit Richon toujours avec le même calme : le brevet que vous tenez, monsieur le duc, je l'ai reçu de madame la princesse de Condé, des mains mêmes de monsieur le duc de La Rochefoucault ; il a été rempli de mes noms et prénoms par monsieur Lenet, dont vous connaissez peut-être l'écriture. Comment ce brevet est-il tombé aux mains de madame la Princesse ? comment monsieur de La Rochefoucault en était-il possesseur ? En quel lieu mes noms et prénoms ont-ils été écrits par monsieur Lenet sur ce papier ? C'est ce que j'ignore entièrement, c'est ce qui m'importe peu, c'est ce qui ne me regarde pas.

— Ah ! vous croyez cela ? dit le duc d'un ton goguenard.

Et s'approchant de la reine, il lui conta tout bas une assez longue histoire que la reine écouta fort attentivement : c'était la délation de Cauvignac et l'aventure de la Dordogne ; mais comme la reine était femme, elle comprit parfaitement le mouvement de jalousie du duc.

Puis, quand il eut achevé :

— C'est une infamie à ajouter à une haute trahison, dit-elle, voilà tout ; quiconque n'a pas hésité à faire feu sur son roi pouvait bien vendre le secret d'une femme.

— Que diable disent-ils là ! murmura Richon en fronçant le sourcil ; car sans en entendre assez pour comprendre la conversation, il en entendait assez pour deviner que son honneur était compromis ; d'ailleurs les yeux flamboyants du duc et de la reine ne lui promettaient rien de bon, et si brave que fût le commandant de Vayres, cette double menace ne laissait pas que de l'inquiéter, quoiqu'il eût été impossible de deviner sur son visage, armé d'un calme méprisant, ce qui se passait dans son cœur.

— Il faut qu'on le juge, dit la reine. Assemblons un conseil de guerre ; vous le présiderez, monsieur le duc d'Épernon, choisissez donc sans retard vos assesseurs et faisons vite.

— Madame, dit Richon, il n'y a pas de conseil à assembler, pas de jugement à faire. Je suis prisonnier sur la parole de monsieur le maréchal de La Meilleraie ; je suis prisonnier volontaire, et la preuve, c'est que je pouvais sortir de Vayres avec mes soldats ; c'est que je pouvais fuir avant ou après leur sortie, et que je ne l'ai point fait.

— Je ne connais rien aux affaires, dit la reine en se levant pour passer dans une salle voisine ; si vous avez de bonnes raisons, vous les ferez valoir devant vos juges... Ne serez-vous pas très-bien ici pour siéger, Monsieur le duc ?

— Oui, Madame, répondit celui-ci ; et à l'instant même, choisissant douze officiers dans l'antichambre, il constitua le tribunal.

Richon commençait à comprendre : les juges improvisés

prirent leurs places ; puis le rapporteur lui demanda son nom, ses prénoms et sa qualité.

Richon répondit à ces trois questions.

— Vous êtes accusé de haute trahison pour avoir tiré le canon sur les soldats du roi, dit le rapporteur : avouez-vous vous être rendu coupable de ce crime?

— Nier, serait nier l'évidence ; oui, Monsieur, j'ai tiré le canon contre les soldats du roi.

— En vertu de quel droit?

— En vertu du droit de la guerre, en vertu du même droit qu'ont invoqué en circonstance pareille monsieur de Conti, monsieur de Beaufort, monsieur d'Elbeuf et tant d'autres.

— Ce droit n'existe pas, Monsieur, car ce droit n'est rien autre chose que la rébellion.

— C'est cependant en vertu de ce droit que mon lieutenant a fait une capitulation. Cette capitulation, je l'invoque.

— Capitulation ! s'écria d'Épernon avec ironie, car il sentait que la reine écoutait, et son ombre lui dictait cette parole outrageante ; capitulation ! vous, traiter avec un maréchal de France !

— Pourquoi pas? répondit Richon, puisque ce maréchal de France traitait avec moi.

— Alors montrez-la, cette capitulation, et nous jugerons de sa valeur.

— C'est une convention verbale.

— Produisez votre témoin.

— Je n'en ai qu'un seul à produire.

— Lequel?

— Le maréchal lui-même.

— Qu'on appelle le maréchal, dit le duc.

— Inutile, dit la reine en ouvrant la porte derrière laquelle elle écoutait ; depuis deux heures monsieur le maréchal est parti ; il marche sur Bordeaux avec notre avant-garde.

Et elle referma la porte.

Cette apparition glaça tous les cœurs, car elle imposait aux juges l'obligation de condamner Richon.

Le prisonnier sourit amèrement.

— Ah! dit-il, voici l'honneur que monsieur de La Meilleraie fait à sa parole! Vous aviez raison, Monsieur, dit-il en se retournant vers le duc d'Épernon, j'ai eu tort de traiter avec un maréchal de France.

En ce moment, Richon se renferma dans le silence et le dédain, et, quelque question qu'on lui fît, cessa complétement d'y répondre.

Cela simplifiait beaucoup la procédure, aussi le reste des formalités dura-t-il une heure à peine. On écrivit peu et l'on parla encore moins. Le rapporteur conclut à la mort, et sur un signe du duc d'Épernon les juges votèrent la mort à l'unanimité.

Richon écouta ce jugement comme s'il eût été simple spectateur, et, toujours impassible et muet, fut remis séance tenante au prévôt de l'armée.

Quant au duc d'Épernon, il passa chez la reine qu'il trouva d'une humeur charmante, et qui l'invita à dîner. Le duc, qui se croyait en disgrâce, accepta et passa chez Nanon pour lui faire part du bonheur qu'il avait d'être toujours dans les bonnes grâces de sa souveraine.

Il la trouva assise sur une chaise longue, près d'une croisée qui donnait sur la place publique de Libourne.

— Eh bien! lui dit-elle, avez-vous découvert quelque chose?

— J'ai tout découvert, ma chère, dit le duc.

— Bah! dit Nanon avec inquiétude.

— Ah! mon Dieu oui! Vous rappelez-vous cette délation à laquelle j'avais eu la sottise de croire, cette délation touchant vos amours avec votre frère?

— Eh bien?

— Vous rappelez-vous le blanc-seing qu'on me demandait?

— Oui, après?

— Le délateur est en nos mains, ma chère, pris dans les lignes de son blanc-seing comme un renard au piége.

— En vérité! dit Nanon épouvantée, car elle savait, elle, que ce délateur était Cauvignac, et quoiqu'elle n'eût pas une profonde tendresse pour son véritable frère, elle n'eût point voulu qu'il lui arrivât malheur; d'ailleurs ce frère pouvait, pour se tirer d'affaire, dire une foule de choses que Nanon aimait autant voir demeurer secrètes.

— Lui-même, ma chère, continua d'Épernon; que dites-vous de l'aventure? Le drôle, à l'aide de ce blanc-seing, s'était, de son autorité privée, nommé gouverneur de Vayres; mais Vayres est pris, et le coupable est entre nos mains.

Tous ces détails rentraient si bien dans les industrieuses combinaisons de Cauvignac, que Nanon sentit redoubler son effroi.

— Et cet homme, dit-elle d'une voix troublée, cet homme, qu'en avez-vous fait?

— Ah! ma foi, dit le duc, vous allez le voir vous-même, ce que nous en avons fait. Oui, ma foi, ajouta-t-il en se levant, cela tombe à merveille : soulevez le rideau, ou plutôt ouvrez franchement la fenêtre; ma foi, c'est un ennemi du roi et l'on peut le voir pendre.

— Pendre! s'écria Nanon. Que dites-vous, monsieur le duc? pendre l'homme du blanc-seing!

— Oui, ma belle. Voyez-vous sous la halle, à cette poutre, cette corde qui se balance, cette foule qui court? Tenez, tenez, apercevez-vous les fusiliers qui amènent l'homme, là-bas à gauche? Eh! tenez, voici le roi qui se met à sa fenêtre.

Le cœur de Nanon se soulevait dans sa poitrine et semblait remonter jusqu'à sa gorge : elle avait vu cependant d'un coup d'œil rapide que l'homme que l'on amenait n'était point Cauvignac.

— Allons, allons, dit le duc, le sieur Richon va être pendu haut et court; cela lui apprendra à calomnier les femmes.

— Mais, s'écria Nanon en saisissant la main du duc et en rassemblant toutes ses forces, mais il n'est pas coupable, ce malheureux : c'est peut-être un brave soldat; c'est peut-être un honnête homme; vous allez peut-être assassiner un innocent!

— Non pas, non pas, vous vous trompez grandement, ma chère; il est faussaire et calomniateur. D'ailleurs, ne fût-il que gouverneur de Vayres, il serait traître de haute trahison, et il me semble que, ne fût-il coupable que de ce crime, ce serait déjà bien assez.

— Mais n'avait-il pas la parole de monsieur de La Meilleraie?

— Il l'a dit, mais je n'en crois rien.

— Comment le maréchal n'a-t-il pas éclairé le tribunal sur un point si important?

— Il était parti deux heures avant que l'accusé ne comparût devant ses juges.

— Oh! mon Dieu! mon Dieu, Monsieur! quelque chose me dit que cet homme est innocent, s'écria Nanon, et que sa mort nous portera malheur à tous. Ah! Monsieur, au nom du ciel, vous qui êtes puissant, vous qui dites que vous n'avez rien à me refuser, accordez-moi la grâce de cet homme!

— Impossible, ma chère, c'est la reine elle-même qui l'a condamné, et là où elle est il n'y a plus aucun pouvoir.

Nanon poussa un soupir qui ressemblait à un gémissement.

En ce moment Richon était arrivé sous la halle; on le conduisit, toujours calme et silencieux, jusqu'à la poutre où pendait la corde; une échelle était dressée d'avance et attendait : Richon monta à cette échelle d'un pas ferme, dominant de sa noble tête toute cette foule sur laquelle se tendait son regard armé d'un froid dédain. Alors le prévôt lui passa le nœud au cou, et le crieur proclama à haute voix que le roi faisait justice du sieur Étienne Richon, faussaire, traître et manant.

— Nous sommes arrivés à un temps, dit Richon, où mieux vaut être manant comme je suis, que d'être maréchal de France.

A peine avait-il prononcé ces mots, que l'échelon manquait sous lui et que son corps tout palpitant se balançait à la solive fatale.

Un mouvement universel de terreur dispersa la foule sans qu'aucun cri de : Vive le roi ! se fût fait entendre, quoique chacun pût voir encore les deux majestés à leur fenêtre. Nanon cachait sa tête dans ses deux mains et s'était enfuie dans l'angle le plus reculé de la chambre.

— Eh bien ! dit le duc, quoi que vous en pensiez, chère Nanon, je crois que cette exécution sera d'un bon exemple, et quand ils verront à Bordeaux qu'on pend leurs gouverneurs, je suis curieux de savoir ce qu'ils feront.

A l'idée de ce qu'ils pouvaient faire, Nanon ouvrit la bouche pour parler, mais elle ne put que pousser un cri terrible, en levant les deux mains au ciel comme pour le supplier de permettre que la mort de Richon ne fût pas vengée; puis, de même que si tous les ressorts de la vie se fussent brisés en elle, elle tomba de toute sa hauteur sur le plancher.

— Eh bien ! eh bien ! s'écria le duc, qu'avez-vous donc, Nanon, et que vous prend-il? Est-il possible que vous vous mettiez dans un état pareil pour avoir vu pendre un manant ! Voyons, chère Nanon, relevez-vous ; revenez à vous ; mais, Dieu me pardonne, elle est évanouie ; et ses Agenois qui disent qu'elle est insensible ! Holà ! quelqu'un ! des sels, du secours ! de l'eau froide !

Et le duc, voyant que personne ne venait à ses cris, sortit tout courant pour aller chercher lui-même ce qu'il demandait inutilement à ses domestiques, qui ne pouvaient l'entendre sans doute, tout occupés qu'ils étaient encore du spectacle dont venait de les régaler gratis la générosité royale.

XVIII

Au moment où s'accomplissait à Libourne le terrible drame que nous venons de raconter, madame de Cambes, assise près d'une table de chêne à pieds tordus, ayant devant elle Pompée, qui faisait une espèce d'inventaire de sa fortune, écrivait à Canolles la lettre suivante :

« Encore un retard, mon ami. Au moment que j'allais prononcer votre nom à madame la Princesse et demander son agrément à notre union, est arrivée la nouvelle de la prise de Vayres, qui a glacé les paroles sur mes lèvres ; mais je sais ce que vous devez souffrir, et je n'ai point la force de supporter à la fois votre douleur et la mienne. Les succès ou les revers de cette guerre fatale peuvent nous mener trop loin, si nous ne nous décidons à forcer les circonstances... Demain, mon ami, demain, à sept heures du soir, je serai votre femme.

« Voici le plan de conduite que je vous prie d'adopter ; il est urgent que vous vous y conformiez en tout point.

« Vous passerez l'après-dinée chez madame de Lalasne, qui, depuis que je vous ai présenté à elle, fait, ainsi que sa sœur, grand cas de vous. On jouera : jouez comme les autres ; cependant ne liez aucune partie pour le souper ; faites plus, le soir venu, éloignez vos amis, s'il s'en trouve autour de vous. Alors, quand vous serez isolé, vous verrez entrer quelque messager, je ne sais encore lequel, qui vous appellera par votre nom, comme si une affaire quelconque vous réclamait. Quel qu'il soit, suivez-le avec confiance, car il viendra de ma part, et sa mission sera de vous conduire où je vous attendrai.

« Je voudrais que ce fût dans l'église des Carmes, qui a déjà pour moi de si doux souvenirs ; mais je n'ose l'espérer encore ; cela sera cependant ainsi, si l'on consent à fermer l'église pour nous.

« Faites de ma lettre, en attendant cette heure, ce que vous faites de ma main quand j'oublie de vous la retirer. Aujourd'hui je vous dis à demain, demain je vous dirai à toujours ! »

Canolles était dans un de ses moments de misanthropie quand il reçut cette lettre : de toute la journée de la veille et de toute la matinée du jour il n'avait pas même aperçu madame de Cambes, quoique, dans l'espace de vingt-quatre heures, il eût peut-être passé dix fois devant ses fenêtres. Alors la réaction habituelle s'opérait dans l'âme de l'amoureux jeune homme. Il accusait la vicomtesse de coquetterie ; il doutait de son amour ; il se reprenait malgré lui à ses souvenirs de Nanon, si bonne, si dévouée, si ardente, se faisant presque une gloire de cet amour dont Claire semblait se faire une honte, et il soupirait, le pauvre cœur, pris entre cet amour satisfait qui ne pouvait s'éteindre, et cet amour désireux qui ne pouvait se satisfaire : l'épître de la vicomtesse vint tout décider en sa faveur.

Canolles lut et relut la lettre : comme l'avait prévu Claire il la baisa vingt fois comme il eût fait de sa main. En y réfléchissant, Canolles ne pouvait à tout prendre se dissimuler que son amour pour la vicomtesse était et avait été l'affaire la plus sérieuse de sa vie. Avec les autres femmes, ce sentiment avait toujours pris un autre aspect et surtout un autre développement. Canolles avait joué son rôle d'homme à bonnes fortunes, s'était posé en vainqueur, s'était presque réservé le droit d'être inconstant. Avec madame de Cambes, au contraire, c'était lui qui se sentait soumis à une puissance supérieure contre laquelle il n'essayait même pas de réagir, parce qu'il sentait que cet esclavage d'aujourd'hui lui était plus doux que sa puissance d'autrefois. Et dans ces moments de découragement où il concevait des doutes sur la réalité de l'affection de Claire, à ces heures où le cœur endolori se replie sur lui-même et creuse ses douleurs avec la pensée, il s'avouait, sans rougir même de cette faiblesse, qu'il eût tenue un an auparavant pour indigne d'une grande âme, que perdre madame de Cambes serait pour lui une insupportable calamité.

Mais l'aimer, être aimé d'elle, la posséder en cœur, en âme, en personne; la posséder dans toute l'indépendance de son avenir, puisque la vicomtesse n'exigeait pas même de lui le sacrifice de ses opinions au parti de madame la Princesse et ne demandait que son amour; l'avenir le plus heureux, le plus riche officier de l'armée du roi; car enfin, pourquoi oublier la richesse? la richesse ne gâte rien; rester au service de Sa Majesté si Sa Majesté récompensait dignement la fidélité; la quitter, si, selon l'usage des rois, elle était ingrate; n'était-ce pas là, en vérité, un bonheur plus grand, plus superbe, si on peut le dire, que celui auquel, dans ses doux rêves, il eût osé jamais aspirer?

Mais Nanon?

Ah! Nanon, Nanon, c'était ce remords sourd et lancinant qui demeure toujours au fond des nobles âmes... Il n'y a que les cœurs vulgaires chez lesquels la douleur qu'ils causent n'ait point d'écho. Nanon, pauvre Nanon! Que ferait-elle, que dirait-elle, que deviendrait-elle lorsqu'elle apprendrait la nouvelle terrible que son amant était le mari d'une autre ?.. Hélas! elle ne se vengerait pas, quoiqu'elle eût certes dans les mains tous les moyens de se venger, et c'était la pensée qui poignait le plus Canolles... Ah! si du moins Nanon essayait de se venger, se vengeait même d'une façon quelconque, l'infidèle ne verrait plus en elle qu'une ennemie, et serait au moins débarrassé de ses remords.

Cependant, Nanon ne lui avait pas répondu à la lettre dans laquelle il lui avait dit de ne plus lui écrire; comment cela se faisait-il qu'elle eût suivi si scrupuleusement ses instructions ? Certes, si Nanon l'eût voulu, elle eût trouvé moyen de lui faire passer dix lettres : Nanon n'avait donc pas essayé de correspondre avec lui. Ah! si Nanon pouvait ne plus l'aimer !

Et le front de Canolles se rembrunit à cette pensée qu'il était possible que Nanon ne l'aimât plus ; c'est une cruelle chose que de trouver ainsi l'égoïsme de l'orgueil jusque dans le plus noble cœur.

Heureusement Canolles avait un moyen de tout oublier, c'était de lire et de relire la lettre de madame de Cambes; il la lut et la relut, et le moyen opéra. Notre amoureux parvint donc ainsi à s'étourdir sur tout ce qui n'était pas son propre bonheur. Et pour obéir d'abord à sa maîtresse, qui lui ordonnait de se rendre chez madame de Lalasne, il se fit beau, ce qui n'était pas difficile à sa jeunesse, à sa grâce et à son bon goût, puis il s'achemina vers la maison de la présidente au moment où deux heures sonnaient.

Canolles était si préoccupé de son bonheur, qu'en passant sur le quai il n'avait pas vu son ami Ravailly, qui, d'un bateau qui s'avançait en forçant de rames, lui faisait mille signaux. Les amoureux, dans leurs moments de bonheur, marchent l'un pas si léger qu'ils semblent ne pas toucher la terre. Canolles était donc déjà loin quand Ravailly aborda.

A peine à terre, ce dernier donna, d'une voix brève, quelques ordres aux hommes du canot, et s'élança rapidement vers le logis de madame de Condé.

La princesse était à table lorsqu'elle entendit quelque rumeur dans l'antichambre ; elle demanda qui causait ce bruit, et on lui répondit que c'était le baron de Ravailly qu'elle avait envoyé à monsieur de La Meilleraie, et qui arrivait à l'instant même.

— Madame, dit Lenet, je crois qu'il serait bon que Votre Altesse le reçût sans retard : quelles que soient les nouvelles qu'il rapporte, elles sont importantes.

La princesse fit un signe, et Ravailly entra, mais il était si pâle et avait un visage si bouleversé, que rien qu'en l'apercevant madame de Condé se douta qu'elle avait devant les yeux un messager de malheur.

— Qu'y a-t-il donc, capitaine ? demanda-t-elle, et qu'est-il donc arrivé de nouveau ?

— Excusez-moi, Madame, de me présenter ainsi devant Votre Altesse, mais j'ai pensé que la nouvelle que j'apportais ne souffrait point de retard.

— Parlez, avez-vous vu le maréchal ?

— Le maréchal a refusé de me recevoir, Madame.

— Le maréchal a refusé de recevoir mon envoyé ! s'écria la princesse.

— Oh ! Madame, ce n'est point tout.

— Qu'y a-t-il donc encore ? parlez ! parlez ! j'écoute.

— Ce pauvre Richon...

— Eh bien ! je le sais : prisonnier... puisque je vous avais envoyé pour traiter de sa rançon.

— Quelque diligence que j'aie faite, je suis arrivé trop tard.

— Comment! trop tard! s'écria Lenet; lui serait-il arrivé malheur?

— Il est mort!

— Mort! répéta la princesse.

— On lui a fait son procès comme traître; il a été condamné et exécuté.

— Condamné! exécuté! Ah! vous l'entendez, Madame, fit Lenet consterné, je vous le disais bien!

— Et qui l'a condamné? qui a eu cette audace?

— Un tribunal présidé par le duc d'Épernon, ou plutôt par la reine elle-même; aussi ne s'est-on pas contenté de la mort, on a voulu que cette mort fût infamante.

— Quoi! Richon!...

— Pendu, Madame! pendu comme un misérable, comme un voleur, comme un assassin! J'ai vu son corps sous la halle de Libourne.

La princesse se leva de son siège comme si un ressort invisible l'eût fait mouvoir. Lenet jeta un cri de douleur. Madame de Cambes, qui s'était levée, retomba sur sa chaise en portant la main à son cœur, comme on fait lorsqu'on reçoit une blessure profonde : elle était évanouie.

— Enlevez la vicomtesse, dit le duc de La Rochefoucault, nous n'avons pas le loisir en ce moment de songer aux pamoisons des dames.

Deux femmes emportèrent la vicomtesse.

— Voilà une rude déclaration de guerre, dit le duc impassible.

— C'est infâme! dit la princesse.

— C'est féroce! dit Lenet.

— C'est impolitique, fit le duc.

— Oh! mais j'espère que nous allons nous venger! s'écria la princesse, et cela cruellement!

— J'ai mon plan ! s'écria madame de Tourville qui n'avait encore rien dit; représailles, Altesse, représailles!

— Un moment, Madame, dit Lenet. Diable! comme vous y allez. La chose est assez grave pour qu'on y songe.

— Non, Monsieur, tout de suite, au contraire, répondit madame de Tourville; plus le roi a frappé vite, plus il faut nous hâter de lui répondre en frappant promptement le même coup.

— Eh! Madame, s'écria Lenet, vous parlez en vérité de verser le sang comme si vous étiez reine de France. Attendez au moins pour donner votre opinion que Son Altesse vous la demande.

— Madame a raison, dit le capitaine des gardes : représailles, c'est la loi de la guerre.

— Voyons, dit le duc de La Rochefoucault toujours calme et impassible, ne perdons pas comme nous le faisons le temps en paroles. La nouvelle va courir la ville, et dans une heure nous ne serons plus maîtres ni des événements, ni des passions, ni des hommes. Le premier soin de Votre Altesse doit être de prendre une attitude assez ferme pour qu'on la juge inébranlable.

— Eh bien ! dit la princesse, je vous abandonne ce soin, monsieur le duc, et m'en rapporte entièrement à vous du soin de venger mon honneur et vos affections ; car, avant d'entrer à mon service, Richon avait été au vôtre, je le tiens de vous, et vous me l'avez donné plutôt comme un de vos amis que comme un de vos domestiques.

— Soyez tranquille, Madame, répondit le duc en s'inclinant, je me souviendrai de ce que je dois, à vous, à moi et à ce pauvre mort.

Et il s'approcha du capitaine des gardes, et lui parla longtemps tout bas pendant que la princesse sortait accompagnée de madame de Tourville et suivie de Lenet qui se frappait le front avec douleur.

La vicomtesse était à la porte. En reprenant ses sens, sa première idée avait été de revenir à madame de Condé ; elle la rencontra sur son chemin, mais avec une figure si sévère qu'elle n'osa point l'interroger personnellement.

— Mon Dieu ! mon Dieu ! que va-t-on faire ! s'écria timidement la vicomtesse en joignant ses mains suppliantes.

— On va se venger ! répondit madame de Tourville avec majesté.

— Se venger ! et comment ? demanda Claire.

— Madame, répondit Lenet, si vous avez quelque empire sur la princesse, usez-en pour que, sous le nom de représailles, il ne se commette point quelque horrible assassinat.

Et il passa à son tour, laissant Claire épouvantée.

En effet, par une de ces intuitions singulières qui font croire aux pressentiments, le souvenir de Canolles s'était douloureusement présenté tout à coup à l'esprit de la jeune femme. Elle entendit dans son cœur comme une voix triste qui lui parlait de cet ami absent, et remontant chez elle avec une précipitation furieuse, elle commençait de s'habiller pour aller au rendez-vous, quand elle s'aperçut que le rendez-vous ne devait avoir lieu que dans trois ou quatre heures.

Cependant Canolles s'était présenté chez madame de Lalasne comme la recommandation lui en avait été faite par la vicomtesse. C'était le jour anniversaire de la naissance du président, et on lui donnait une espèce de fête. Comme on était aux plus beaux jours de l'année, toute la société était dans le jardin, où un jeu de bague avait été établi sur une vaste pelouse. Canolles, dont l'adresse était extrême et la grâce parfaite, lia à l'instant même plusieurs défis, et, grâce à son habileté, fixa constamment la victoire de son côté.

Les dames riaient de la maladresse des rivaux de Canolles et admiraient l'habileté de celui-ci ; à chaque coup nouveau qu'il faisait, c'étaient des bravos prolongés ; les mouchoirs flottaient en l'air, et c'était tout au plus si les bouquets ne s'échappaient pas des mains pour aller tomber à ses pieds.

Ce triomphe ne suffisait pas pour détourner de l'esprit de Canolles la grande pensée qui le préoccupait, mais il lui faisait prendre patience. Si pressé qu'on soit d'arriver au but, on prend en patience les retards de la marche quand ces retards sont des ovations.

Cependant, à mesure que l'heure attendue s'avançait, les regards du jeune homme se tournaient plus fréquents vers la grille par laquelle entraient ou sortaient les convives, et par laquelle naturellement devait apparaître l'envoyé promis.

Tout à coup, et comme Canolles se félicitait de n'avoir plus, selon toute probabilité, qu'un temps bien court à attendre, une rumeur singulière se glissa dans cette foule joyeuse. Canolles remarquait que des groupes se formaient çà et là, causaient bas, et le regardaient avec un intérêt étrange et qui semblait avoir quelque chose de douloureux ; d'abord il attribua cet intérêt à sa personne, à son adresse, et se fit les honneurs de ce sentiment, dont il était loin de soupçonner la véritable cause.

Cependant il commença, comme nous l'avons dit, de remarquer qu'il y avait quelque chose de douloureux dans cette attention dont il était l'objet : il s'approcha, souriant, de l'un de ces groupes ; les personnes qui le composaient essayaient de sourire, mais leur contenance était visiblement embarrassée : ceux qui ne causaient pas avec Canolles s'éloignèrent.

Canolles se retourna ; il vit que peu à peu chacun s'éclipsait. On eût dit qu'une nouvelle fatale, et qui avait glacé tout le monde de terreur, s'était répandue tout à coup dans l'assemblée. Derrière lui passait et repassait le président de

Lalasne, qui, une main sous son menton, une autre dans sa poitrine, se promenait d'un air lugubre. La présidente, ayant sa sœur au bras et profitant d'un moment où personne ne pouvait la voir, fit un pas vers Canolles, et, sans adresser la parole à personne, dit avec un ton qui jeta le trouble dans l'âme du jeune homme :

— Si j'étais prisonnier de guerre, fût-ce sur parole, de peur qu'on ne tint pas vis-à-vis de moi la parole engagée, je sauterais sur un bon cheval, je gagnerais la rivière ; je donnerais dix louis, vingt louis, cent louis à un batelier, s'il le fallait, mais je gagnerais au pied...

Canolles regarda les deux femmes avec étonnement, et les deux femmes firent à la fois un signe de terreur qui demeura incompréhensible pour lui. Il s'avança, cherchant à savoir des deux femmes l'explication des paroles qu'elles venaient de prononcer, mais elles s'enfuirent comme des fantômes, l'une, mettant un doigt sur la bouche pour lui faire signe de se taire, l'autre, en levant le bras pour lui faire signe de fuir.

En ce moment, le nom de Canolles retentit à la grille.

Le jeune homme tressaillit de tout son corps ; ce nom devait être prononcé par le messager de madame de Cambes. Il s'élança vers la grille.

— Monsieur le baron de Canolles est-il ici ? demandait une voix forte.

— Oui, s'écria Canolles oubliant tout pour ne se souvenir que de la promesse de Claire ; oui, me voici.

— Vous êtes bien monsieur de Canolles ? dit alors une espèce de sergent en franchissant le seuil de la grille derrière lequel il s'était tenu jusque-là.

— Oui, Monsieur.

— Le gouverneur de l'île Saint-Georges ?

— Oui.

— L'ex-capitaine au régiment de Navailles?
— Oui.

Le sergent se retourna, fit signe, et quatre soldats, cachés par un carrosse, s'avancèrent aussitôt; le carrosse lui-même s'approcha au point que son marchepied touchait le seuil de la grille; le sergent invita Canolles à y monter.

Le jeune homme regarda autour de lui; il était absolument seul. Seulement il vit au loin, dans les arbres, pareilles à deux ombres, madame de Lalasne et sa sœur, qui, appuyées l'une à l'autre, semblaient le regarder avec compassion.

— Pardieu! se dit-il, ne comprenant rien à ce qui se passait, madame de Cambes a été choisir là une singulière escorte. Mais, ajouta-t-il en souriant à sa propre pensée, ne soyons pas difficile sur le choix des moyens.

— Nous vous attendons, commandant, dit le sergent.
— Pardon, Messieurs, répondit Canolles, me voici.

Et il monta dans le carrosse. Le sergent et deux soldats montèrent avec lui; les deux autres se placèrent, l'un près du cocher, l'autre derrière, et la lourde machine partit aussi vite que pouvaient l'entraîner deux vigoureux chevaux.

Tout cela était étrange, et commençait à donner à penser à Canolles; aussi, se retournant vers le sergent:

— Monsieur, dit-il, maintenant que nous sommes entre nous, pouvez-vous me dire où vous me conduisez?

— Mais à la prison d'abord, monsieur le commandant, répondit celui à qui cette demande était adressée.

Canolles regarda cet homme avec stupeur.

— Comment, à la prison! dit-il. Ne venez-vous pas de la part d'une femme?

— Si fait!

— Et cette femme n'est-elle point madame la vicomtesse de Cambes?

— Non, Monsieur, cette femme est madame la princesse de Condé.

— Madame la princesse de Condé! s'écria Canolles.

— Pauvre jeune homme! murmura une femme qui passait. Et elle fit le signe de la croix.

Canolles sentit un frisson aigu passer dans ses veines.

Plus loin, un homme qui courait, une pique à la main, s'arrêta en voyant le carrosse et les soldats. Canolles se pencha en dehors, et sans doute cet homme le reconnut, car il lui montra le poing avec une expression menaçante et furieuse.

— Ah çà! mais ils sont fous dans votre ville, dit Canolles en essayant de sourire encore; suis-je donc depuis une heure devenu un objet de pitié ou de haine pour que les uns me plaignent et que les autres me menacent?

— Eh! Monsieur, répondit le sergent, ceux qui vous plaignent n'ont pas tort, et ceux qui vous menacent pourraient bien avoir raison.

— Enfin, si je comprenais, au moins, dit Canolles.

— Vous allez comprendre tout à l'heure, Monsieur, répondit le sergent.

On arriva à la porte de la prison et l'on fit descendre Canolles au milieu de la foule, qui commençait à se rassembler.

Seulement, au lieu de le conduire à sa chambre habituelle, on le fit descendre dans un cachot rempli de gardes.

— Voyons! il faut cependant que je sache à quoi m'en tenir, se dit Canolles.

Et, tirant deux louis de sa poche, il s'approcha d'un soldat et les lui mit dans la main.

Le soldat hésita à les recevoir.

— Prends, mon ami, lui dit Canolles, car la question que je vais te faire ne peut te compromettre en rien.

— Alors parlez, mon commandant, répondit le soldat en mettant préalablement les deux louis dans sa poche.

— Eh bien! je voudrais savoir la cause de mon arrestation subite?

— Il paraîtrait, lui répondit le soldat, que vous ignorez la mort de ce pauvre monsieur Richon?

— Richon est mort! s'écria Canolles avec un cri de profonde douleur, car on se rappelle l'amitié qui les unissait. Aurait-il donc été tué, mon Dieu?

— Non, mon commandant, il a été pendu.

— Pendu! murmura Canolles en blémissant et en joignant les mains, et en regardant le sinistre appareil qui l'entourait et la mine farouche de ses gardiens. Pendu! diable! voilà qui pourrait bien ajourner indéfiniment mon mariage!

XIX

Madame de Cambes avait terminé sa toilette, toilette simple et charmante; alors elle jeta une espèce de cape sur ses épaules et fit signe à Pompée de la précéder; il faisait presque nuit, et pensant qu'elle serait moins remarquée à pied qu'en carrosse, elle avait donné l'ordre à sa voiture de l'attendre seulement à la sortie de l'église des Carmes, près d'une chapelle dans laquelle elle avait obtenu qu'on la mariât. Pompée descendit l'escalier, et la vicomtesse le suivit. Ces fonctions d'éclaireur rappelaient au vieux soldat la fameuse patrouille qu'il avait faite la veille de la bataille de Corbie.

Au bas de l'escalier, et comme la vicomtesse longeait le

salon où il se faisait un grand tumulte, elle rencontra madame de Tourville qui entraînait le duc de La Rochefoucault vers le cabinet de la princesse, tout en discutant avec lui.

— Oh! par grâce, Madame, un mot, dit-elle; qu'a-t-on résolu?

— Mon plan est adopté! s'écria madame de Tourville triomphante.

— Et quel était votre plan, Madame? je ne le connais pas.

— Les représailles, ma chère, les représailles!

— Pardon, Madame, mais j'ai le malheur de ne point être aussi familière que vous avec les termes de guerre; qu'entendez-vous par le mot représailles?

— Rien de plus simple, chère enfant.

— Mais enfin expliquez-vous.

— Ils ont pendu un officier de l'armée de messieurs les princes, n'est-ce pas?

— Oui, eh bien?

— Eh bien! cherchons dans Bordeaux un officier de l'armée royale, et pendons-le.

— Grand Dieu! s'écria Claire épouvantée, que dites-vous donc là, Madame?

— Monsieur le duc, continua la douairière sans paraître remarquer la terreur de la vicomtesse, n'a-t-on pas arrêté déjà le gouverneur qui commandait à Saint-Georges?

— Oui, Madame, répondit le duc.

— Monsieur de Canolles est arrêté! s'écria Claire.

— Oui, Madame, dit froidement le duc, monsieur de Canolles est arrêté ou va l'être; l'ordre a été donné devant moi, et j'ai vu partir les hommes qui étaient chargés de l'exécution.

— Mais on savait donc où il était? demanda Claire avec un dernier espoir.

— Il était dans la petite maison de notre hôte, monsieur de

Lalasne, où il avait même, m'a-t-on dit, de grands succès au jeu de bague.

Claire poussa un cri; madame de Tourville se retourna avec étonnement, le duc regarda la jeune femme avec un imperceptible sourire.

— Monsieur de Canolles est arrêté! reprit la vicomtesse; mais qu'a-t-il donc fait, mon Dieu! et qu'y a-t-il de commun entre lui et l'horrible événement qui nous désole?

— Ce qu'il y a de commun? Tout, ma chère. N'est-ce pas un gouverneur comme Richon?

Claire voulut parler, mais son cœur se serra tellement que la parole se glaça sur ses lèvres. Cependant, saisissant le bras du duc, et le regardant avec terreur, elle parvint à murmurer ces mots :

— Oh! mais c'est une feinte, n'est-ce pas, monsieur le duc? une manifestation, voilà tout. On ne peut rien, il me semble cela du moins, on ne peut rien faire à un prisonnier sur parole.

— Richon aussi, Madame, était prisonnier sur parole...

— Monsieur le duc, je vous supplie...

— Épargnez-vous les supplications, Madame, elles sont inutiles. Je ne puis rien dans cette affaire : le conseil seul décidera.

Claire quitta le bras de monsieur de La Rochefoucault et courut droit au cabinet de madame de Condé. Lenet, pâle et agité, se promenait à grands pas; madame de Condé causait avec le duc de Bouillon.

Madame de Cambes se glissa près de la princesse, légère et pâle comme une ombre.

— Oh! Madame, dit-elle, au nom du ciel, un moment d'entretien, je vous en supplie!

— Ah! c'est toi, petite; je n'ai pas le loisir en ce moment, répondit la princesse; mais, après le conseil, je suis tout à toi.

— Madame, Madame, c'est justement avant le conseil qu'il faut que je vous parle.

La princesse allait céder, lorsqu'une porte, placée en face de celle par laquelle la vicomtesse était entrée, s'ouvrit, et monsieur de La Rochefoucault parut.

— Madame, dit-il, le conseil est assemblé et attend impatiemment Votre Altesse.

— Tu vois, petite, dit madame de Condé, qu'il m'est impossible de t'écouter en ce moment; mais viens avec nous au conseil, et lorsqu'il sera terminé, nous sortirons ensemble et nous causerons.

Il n'y avait pas moyen d'insister. Éblouie, fascinée par l'effroyable rapidité avec laquelle marchaient les événements, la pauvre femme commençait à avoir le vertige; elle interrogeait tous les yeux, interprétait tous les gestes, sans rien voir, sans que sa raison lui fît comprendre ce dont il s'agissait, sans que son énergie pût la tirer de ce rêve effroyable.

La princesse s'avança vers le salon. Claire la suivit machinalement sans s'apercevoir que Lenet avait pris dans les siennes sa main glacée qu'elle laissait pendre comme celle d'un cadavre.

On entra dans la chambre du conseil; il était huit heures du soir à peu près.

C'était une vaste salle déjà sombre par elle-même, mais assombrie encore par de vastes tapisseries. Une espèce d'estrade avait été dressée entre les deux portes qui faisaient face aux deux fenêtres par lesquelles pénétraient les dernières lueurs du jour mourant. Sur cette estrade étaient préparés deux fauteuils, l'un pour madame de Condé; l'autre pour monsieur le duc d'Enghien. De chaque côté de ces fauteuils partait une ligne de tabourets destinés aux femmes qui formaient le conseil privé de Son Altesse. Tous les autres juges devaient s'asseoir sur des bancs disposés à cet effet. Appuyé au fauteuil de madame la Princesse se tenait le duc de Bouillon; appuyé au fauteuil du petit prince se tenait monsieur le duc de La Rochefoucault.

Lenet s'était placé en face du greffier; près de lui était Claire, égarée, debout, tremblante.

On introduisit six officiers de l'armée royale, six officiers de la municipalité, et six jurats de la ville.

Ils prirent leurs places sur les bancs.

Deux candélabres supportant trois bougies chacun éclairaient seuls cette assemblée improvisée; ils étaient posés sur une table placée devant madame la Princesse, mettant en lumière le groupe principal, tandis que le reste des assistants allait successivement se confondant dans l'ombre à mesure qu'ils s'éloignaient de ce faible centre de lumière.

Des soldats de l'armée de madame la Princesse gardaient les portes, la hallebarde à la main.

On entendait bruire au dehors la foule mugissante. Le greffier fit l'appel, chacun se leva à son tour et répondit.

Puis le rapporteur exposa l'affaire : il raconta la prise de Vayres, la parole de monsieur de La Meilleraie violée, la mort infamante de Richon.

En ce moment un officier, aposté exprès et qui avait reçu d'avance sa consigne, ouvrit une fenêtre, et l'on entendit entrer comme une bouffée de voix ; ces voix criaient : Vengeance pour le brave Richon ! Mort aux mazarins !

C'était ainsi que l'on désignait les royalistes.

— Vous entendez, dit monsieur de La Rochefoucault, ce que la grande voix du peuple demande. Or, dans deux heures, ou le peuple aura méprisé notre puissance et se sera fait justice lui-même, ou les représailles ne seront plus opportunes. Jugeons donc, Messieurs, et cela sans plus tarder.

La princesse se leva.

— Et pourquoi donc juger ? s'écria-t-elle. A quoi bon un

jugement? Le jugement, vous venez de l'entendre, et c'est le peuple de Bordeaux qui l'a prononcé.

— En effet, dit madame de Tourville, et rien de plus simple que la situation. C'est la peine du talion et pas autre. Ces sortes de choses devraient se faire d'inspiration, pour ainsi dire, et de prévôt à prévôt tout bonnement.

Lenet n'en put pas entendre davantage ; de la place où il était, il s'élança au milieu du cercle.

— Oh ! pas un mot de plus, je vous en supplie, Madame, s'écria-t-il, car un avis pareil serait trop fatal s'il prévalait. Vous oubliez que l'autorité royale elle-même, en punissant à sa façon, c'est-à-dire d'une manière infâme, a conservé au moins le respect des formes juridiques, et qu'elle a fait confirmer le châtiment juste ou non par un arrêt des juges. Croyez-vous avoir le droit de faire ce que n'a point osé faire le roi ?

— Oh ! dit madame de Tourville, c'est assez que j'ouvre un avis pour que monsieur Lenet soit de l'avis contraire. Malheureusement, cette fois, mon avis est d'accord avec celui de Son Altesse.

— Oui, malheureusement, dit Lenet.

— Monsieur ! s'écria la princesse.

— Eh ! Madame, dit Lenet, gardez les apparences, du moins : ne serez-vous pas toujours libre de condamner ?

— Monsieur Lenet a raison, dit le duc de La Rochefoucault en composant son maintien. Et la mort d'un homme est une chose trop grave, surtout en pareille circonstance, pour que nous en laissions la responsabilité peser sur une seule tête, cette tête fût-elle une tête princière.

Puis se penchant à l'oreille de la princesse, afin que le groupe des intimes pût seul l'entendre :

— Madame, dit-il, prenez l'avis de tous et ne gardez pour prononcer le jugement que ceux dont vous serez sûre. Ainsi nous n'aurons point à craindre que notre vengeance nous échappe.

— Un moment, un moment, interrompit monsieur de Bouillon en s'appuyant sur sa canne et en soulevant sa jambe goutteuse ; vous avez parlé d'éloigner la responsabilité de la tête de la princesse, je ne la récuse pas, mais je veux que les autres la partagent avec moi. Je ne demande pas mieux que de continuer d'être rebelle, mais en compagnie avec madame la Princesse d'un côté, et avec le peuple de l'autre. Diable ! je ne veux pas qu'on m'isole. J'ai perdu ma souveraineté de Sedan à une plaisanterie de ce genre. Alors j'avais une ville et une tête. Le cardinal de Richelieu a pris ma ville ; aujourd'hui je n'ai plus qu'une tête, et je ne veux pas que le cardinal Mazarin me la prenne.

Je demande donc pour assesseurs messieurs les notables de Bordeaux.

— De pareilles signatures près des nôtres, murmura la princesse, fi donc !

— La cheville soutient la poutre, Madame, répondit le duc de Bouillon, que la conspiration de Cinq-Mars avait rendu prudent pour tout le reste de sa vie.

— Est-ce votre avis, Messieurs ?

— Oui, dit le duc de La Rochefoucault.

— Et vous, Lenet ?

— Madame, répondit Lenet, je ne suis heureusement ni prince, ni duc, ni officier, ni jurat. J'ai donc le droit de m'abstenir, et je m'abstiens.

Alors la princesse se leva, invitant l'assemblée qu'elle avait réunie à répondre, par un acte énergique, à la provocation royale. A peine avait-elle fini son discours, que la fenêtre se rouvrit de nouveau, et qu'on entendit pour la seconde fois pénétrer dans la salle du tribunal les mille voix du peuple criant d'un seul cri :

— Vive madame la Princesse! Vengeance pour Richon! Mort aux épernonistes et aux mazarins!

Madame de Cambes saisit le bras de Lenet.

— Monsieur Lenet, dit-elle, je me meurs!

— Madame la vicomtesse de Cambes, dit celui-ci, demande à Son Altesse la permission de se retirer.

— Non pas, non pas, dit Claire, je veux...

— Votre place n'est point ici, Madame, interrompit Lenet. Vous ne pouvez rien pour lui, je vous tiendrai au courant de tout, et nous verrons à tâcher de le sauver.

— La vicomtesse peut se retirer, dit la princesse. Celles de ces dames qui ne voudront point assister à cette séance sont libres de la suivre. Nous ne voulons que des hommes ici.

Aucune des femmes ne bougea : une des aspirations éternelles de la moitié du genre humain destinée à séduire est d'ambitionner l'exercice des droits de la partie destinée à commander. Ces dames trouvaient, comme l'avait dit la princesse, une occasion de se faire homme pour un moment : c'était une trop heureuse circonstance pour qu'elles n'en profitassent point.

Madame de Cambes sortit, soutenue par Lenet. Sur l'escalier, elle retrouva Pompée qu'elle avait envoyé aux informations.

— Eh bien? lui demanda-t-elle.

— Eh bien! dit-il, il est arrêté.

— Monsieur Lenet, dit Claire, je n'ai plus de confiance qu'en vous et d'espoir qu'en Dieu!

Et elle rentra tout éperdue dans sa chambre.

— Quelles questions poserai-je à celui qui va comparaître? demandait la princesse au moment où Lenet reprenait sa place près du greffier, et sur qui tombera le sort?

— Rien de plus simple, Madame, répondit le duc. Nous tenons trois cents prisonniers peut-être, dont dix ou douze officiers; interrogeons-les seulement sur leurs noms et sur leurs grades dans l'armée royale; le premier qui sera reconnu pour commandant de place comme était mon pauvre Richon, eh bien! c'est celui qu'aura désigné le sort.

— Il est inutile de perdre notre temps à interroger dix ou douze officiers différents, Messieurs, dit la princesse. Vous tenez le registre, monsieur le greffier, cherchez et nommez les prisonniers d'un grade égal à celui qu'occupait M. Richon.

— Il n'y en a que deux, Madame, répondit le greffier : le gouverneur de l'île Saint-Georges et le gouverneur de Braune.

— Nous en avons deux, c'est vrai ! s'écria la princesse; le sort, vous le voyez, nous fait la part belle. Sont-ils arrêtés, Labussière ?

— Certainement, Madame, répondit le capitaine des gardes, et tous deux attendent à la forteresse l'ordre de comparaître.

— Qu'ils comparaissent, dit madame de Condé.

— Lequel amènera-t-on ? demanda Labussière.

— Amenez-les tous deux, répondit la princesse; seulement nous commencerons par le premier en date, par monsieur le gouverneur de Saint-Georges.

XX

Un silence de terreur, troublé seulement par le bruit des pas du capitaine des gardes qui s'éloignait et par le murmure sans cesse renaissant de la multitude, suivit cet ordre, qui allait lancer la rébellion de messieurs les princes dans une voie terrible et plus dangereuse encore que celle où ils avaient marché jusqu'à présent. C'était par un seul acte mettre la princesse et ses conseillers, l'armée et la ville en quelque sorte hors la loi ; c'était rendre une population tout entière responsable des intérêts et surtout des passions de quelques-uns ; c'était faire en petit ce que la Commune de Paris fit au 2 septembre. Mais, comme on le sait, la Commune de Paris agissait en grand.

Pas un souffle ne bruissait dans la salle ; tous les yeux étaient fixés sur la porte par laquelle on attendait le prisonnier. La princesse, pour bien jouer son rôle de président, faisait semblant de feuilleter des registres ; de monsieur Larochefoucauld avait pris une attitude rêveuse, monsieur de Bouillon causait avec madame de Tourville de sa goutte qui le faisait beaucoup souffrir.

Lenet s'approcha de la princesse pour tenter un dernier effort ; non pas qu'il espérât, mais c'était un de ces hommes austères qui acquittent un devoir, parce que c'est pour eux une obligation de l'acquitter.

— Songez-y, Madame, dit-il, vous jouez sur un coup de dé l'avenir de votre maison.

— Il n'y a pas de mérite à cela, dit sèchement la princesse ; je suis sûre de gagner.

— Monsieur le duc, dit Lenet se retournant vers La Rochefoucault, vous qui êtes si supérieur aux intelligences vulgaires et aux passions humaines, vous conseillerez la modération, n'est-ce pas ?

— Monsieur, répondit hypocritement le duc, je discute en ce moment-ci la chose avec ma raison.

— Discutez-la avec votre conscience, monsieur le duc, répondit Lenet, et cela vaudra mieux !

En ce moment un bruit sourd se fit entendre. C'était la grille que l'on refermait. Ce bruit retentit dans tous les cœurs, car il annonçait l'arrivée de l'un des deux prisonniers. Bientôt des pas résonnèrent dans l'escalier, les hallebardes sonnèrent sur les dalles, la porte se rouvrit et Canolles parut.

Jamais il n'avait semblé si élégant, jamais il n'avait été si beau ; son visage, plein de sérénité, avait conservé la fleur empourprée de la joie et de l'ignorance. Il s'avança d'une marche facile et sans affectation, comme il eût fait chez l'avocat Lavie ou chez le président Lalasne, et salua respectueusement la princesse et les ducs.

La princesse elle-même fut étonnée de cette aisance parfaite ; aussi demeura-t-elle un instant à regarder le jeune homme.

Enfin elle rompit le silence.

— Approchez, Monsieur, dit-elle.

Canolles obéit et salua une seconde fois.

— Qui êtes-vous ?

— Je suis le baron Louis de Canolles, Madame.

— Quel grade occupiez-vous dans l'armée royale ?

— J'étais lieutenant-colonel.

— N'étiez pas gouverneur de l'île Saint-Georges ?

— J'avais cet honneur.

— Vous avez dit la vérité ?

— En toutes choses, Madame.

— Avez-vous écrit les demandes et les réponses, greffier ?

Le greffier fit, en s'inclinant, un signe affirmatif.

— Alors signez, Monsieur, dit la princesse.

Canolles prit la plume en homme qui ne comprend pas dans quel but on lui fait une injonction, mais qui obéit par déférence pour le rang de la personne qui la lui fait, puis il signa en souriant.

— C'est bien, Monsieur, dit la princesse, et vous pouvez vous retirer maintenant.

Canolles salua de nouveau ses nobles juges et se retira avec la même liberté et la même grâce, sans manifester ni curiosité ni étonnement.

A peine avait-il repassé la porte, et cette porte s'était-elle fermée derrière lui, que la princesse se leva.

— Eh bien? Messieurs, dit-elle.

— Eh bien! Madame, votons, dit le duc de La Rochefoucault.

— Votons, répéta le duc de Bouillon.

Puis se retournant vers les jurats :

— Ces Messieurs veulent-ils bien donner leur avis? ajouta-t-il.

— Après vous, Monseigneur, répondit un des bourgeois.

— Non, pas avant vous! s'écria une voix retentissante.

— Cette voix avait un tel accent de fermeté qu'elle étonna tout le monde.

— Que veut dire ceci? demanda la princesse en essayant de reconnaître le visage de celui qui venait de parler.

— Cela veut dire, s'écria un homme en se levant pour qu'on ne conservât aucun doute sur celui qui avait parlé, que moi, André Lavie, avocat du roi, conseiller près le parlement, je réclame, au nom du roi, et surtout au nom de l'humanité, privilége et sûreté pour les prisonniers retenus à Bordeaux sur parole. En conséquence, je prends mes conclusions...

— Oh! oh! monsieur l'avocat, dit la princesse en fronçant le sourcil, pas de style de procédure devant moi, je vous prie, car je ne le comprends pas. C'est une affaire de sentiment que celle que nous suivons, et non un procès mesquin et chicanier; chacun des membres qui composent ce tribunal comprendra cette convenance, je suppose.

— Oui, oui, reprirent en chœur les jurats et les officiers; votons, Messieurs, votons!

— Je l'ai dit et je le répète, dit Lavie sans se déconcerter à l'apostrophe de la princesse, je demande privilége et sûreté pour les prisonniers retenus sur parole. Ceci n'est point le style de la procédure, c'est le style du droit des gens.

— Et moi j'ajoute, s'écria Lenet, que l'on a entendu Richon avant de le frapper si cruellement, et qu'il est bien juste que nous entendions aussi les accusés.

— Et moi, dit d'Espagnet, ce chef de bourgeois qui avait attaqué Saint-Georges avec monsieur de La Rochefoucault, je déclare que si l'on use de clémence, la ville se révoltera.

Un murmure du dehors sembla répondre à cette assertion et la confirmer.

— Hâtons-nous, dit la princesse. A quoi condamnons-nous l'accusé?

— Les accusés, Madame, dirent quelques voix, car il y en a deux.

— Un seul ne vous suffit-il donc pas? dit Lenet en souriant de mépris à cette sanglante servilité.

— Lequel, alors? lequel? répétèrent les mêmes voix.

— Le plus gras, cannibales! s'écria Lavie. Ah! vous vous plaignez d'une injustice, vous criez au sacrilége, et vous voulez répondre à un assassinat par deux meurtres! Belle réunion de philosophes et de soldats qui se confondent en égorgeurs!

Les yeux flamboyants de la plupart des juges semblaient prêts à foudroyer le courageux avocat du roi. Madame de Condé s'était soulevée, et, appuyée sur ses deux poignets, elle semblait interroger du regard les assistants pour s'assurer si les paroles qu'elle avait entendues avaient bien été prononcées, et s'il existait au monde un homme assez audacieux pour dire de pareilles choses devant elle.

Lavie comprit que sa présence envenimerait tout, et que sa manière de défendre les accusés, au lieu de les sauver, les perdrait. Il résolut donc de se retirer, mais de se retirer en juge qui se récuse, et non en soldat qui fuit.

— Au nom de Dieu, dit-il, je proteste contre ce que vous voulez faire ; au nom du roi, je vous le défends !

Et, renversant son fauteuil avec un geste de majestueuse colère, il sortit de la salle, le front haut et la marche assurée, comme un homme fort de l'accomplissement d'un devoir, et peu soucieux des malheurs qui peuvent résulter d'un devoir accompli.

— Insolent ! murmura la princesse.

— Bon ! bon ! laissons faire, dirent quelques voix ; maître Lavie aura son tour.

— Votons, répondit la presque unanimité des juges.

— Mais, dit Lenet, pourquoi voter sans avoir entendu les deux accusés ? Peut-être l'un vous paraîtra-t-il plus coupable que l'autre. Peut-être assumerez-vous sur une seule tête la vengeance que vous voulez faire porter sur deux.

En ce moment on entendit rouler pour la seconde fois la grille.

— Eh bien ! soit, dit la princesse, nous voterons sur les deux à la fois.

Le tribunal, qui s'était déjà levé tumultueusement, se rassit. On entendit de nouveau le bruit des pas, le retentissement des hallebardes, la porte se rouvrit, et Cauvignac parut à son tour.

Le nouvel arrivant formait un frappant contraste avec Canolles ; ses vêtements, encore mal remis des outrages de la populace, avaient, quelque soin qu'il eût pris de les effacer, conservé des traces de désordre. Ses yeux se portèrent vivement sur les jurats, les officiers, les ducs et la princesse, embrassant tout le tribunal d'un regard circulaire, puis de l'air d'un renard qui ruse, il s'avança sondant, pour ainsi dire, le terrain du pied à chaque pas qu'il faisait, l'oreille attentive, pâle et visiblement inquiet.

— Votre Altesse m'a fait l'honneur de m'appeler devant elle? dit-il sans qu'on l'interrogeât.

— Oui, Monsieur, répondit la princesse : j'ai voulu être fixée par vous-même sur quelques points qui vous sont relatifs et qui nous embarrassent.

— En ce cas, répondit Cauvignac en s'inclinant, me voici, Madame, et tout prêt à répondre à la faveur que me fait Votre Altesse.

Et il s'inclina de l'air le plus gracieux qu'il put prendre, mais il était visible que cet air manquait d'aisance et de naturel.

— Cela sera bientôt fait, répondit la princesse, surtout si vous répondez d'une façon aussi positive que nous interrogerons.

— Je ferai observer à Votre Altesse, dit Cauvignac, que la demande étant toujours préparée à l'avance, et la réponse ne l'étant jamais, il est plus difficile de répondre que d'interroger.

— Oh! nos demandes seront si claires et si précises, dit la princesse, que nous vous épargnerons toute réflexion. Votre nom?

— Eh bien! justement, Madame, voici dès l'abord une question embarrassante.

— Comment cela?

— Oui, il arrive souvent qu'on a deux noms, le nom qu'on a reçu de sa famille, et le nom qu'on a reçu de soi-même. Par exemple, moi, j'ai cru avoir quelque raison d'abandonner mon premier nom pour en prendre un autre moins connu. Lequel de ces deux noms-là exigez-vous que j'avoue?

— Celui sous lequel vous vous êtes présenté à Chantilly, celui sous lequel vous vous êtes engagé à lever pour moi une compagnie, celui sous lequel vous l'avez levée, celui enfin sous lequel vous vous êtes vendu à monsieur de Mazarin.

— Pardon, Madame, dit Cauvignac; mais il me semble que j'ai déjà eu l'honneur de répondre victorieusement à toutes ces questions pendant l'audience que Votre Altesse m'a fait la grâce de m'accorder ce matin.

— Aussi, à cette heure, je ne vous en fais qu'une seule, dit la princesse qui commençait à s'impatienter, je ne vous demande que votre nom.

— Eh bien ! voilà justement ce qui m'embarrasse.

— Écrivez baron de Cauvignac, dit la princesse.

L'accusé ne fit aucune réclamation, et le greffier écrivit.

— Maintenant, votre grade? dit la princesse ; j'espère que vous ne trouverez aucune difficulté à répondre à cette question.

— Au contraire, Madame, c'est justement cette question qui me paraît des plus embarrassantes. Si vous me parlez de mon grade comme savant, je suis bachelier ès lettres, licencié en droit, docteur en théologie, et je réponds, comme le voit Votre Altesse, sans hésiter.

— Non, Monsieur, nous parlons de votre grade militaire.

— Ah! eh bien! sur ce point, il m'est impossible de répondre à Votre Altesse.

— Comment cela?

— Parce que je n'ai jamais bien su ce que j'étais moi-même.

— Tâchez de vous fixer sur ce point, Monsieur, car je désire le savoir, moi.

— Eh bien ! je me suis fait d'abord de mon autorité privée lieutenant; mais, comme je n'avais pas mission de me signer un brevet et que je n'ai jamais eu que six hommes sous mes ordres pendant tout le temps que j'ai porté ce titre, je crois bien que je n'ai pas le droit de m'en prévaloir.

— Mais moi, moi, dit la princesse, moi, je vous ai fait capitaine, ainsi vous êtes capitaine.

— Ah! voilà justement où mon embarras redouble et où ma conscience crie. Tout grade militaire dans l'État, j'en ai eu la conviction depuis, doit émaner de la volonté royale pour avoir une valeur. Or, Votre Altesse avait, c'est incontestable, le désir de me faire capitaine, mais je crois qu'elle n'en avait pas le droit. Je n'aurais donc pas été, dans ce cas, plus capitaine que je n'ai été lieutenant.

— Soit, Monsieur; mais supposons que vous n'ayez pas été lieutenant de votre fait, que vous n'ayez pas été capitaine du mien, attendu que ni vous ni moi n'avons pouvoir de signer un brevet, tout au moins êtes-vous gouverneur de Braune. Et comme cette fois c'est le roi qui a signé vos provisions, vous ne contesterez pas la valeur de l'acte.

— Et voilà justement, Madame, répondit Cauvignac, celui des trois qui est le plus contestable.

— Comment cela? s'écria la princesse.

— J'ai été nommé, soit, mais je ne suis pas entré en fonctions. Qu'est-ce qui constitue le titre? Ce n'est point la possession de ce titre lui-même, c'est l'accomplissement des fonctions attachées à ce titre. Or, je n'ai rempli aucune des fonctions du titre où j'étais élevé; je n'ai pas mis le pied dans mon gouvernement; il n'y a pas eu de ma part commencement d'exécution; donc je ne suis pas plus gouverneur de Braune que je n'étais capitaine avant d'être gouverneur, et lieutenant avant d'être capitaine.

— Cependant, Monsieur, on vous a trouvé sur la route de Braune.

— Sans doute; mais à cent pas de l'endroit où j'ai été arrêté, la route est bifurque: un des chemins va à Braune, mais l'autre va à Isson. Qui dit que je n'allais pas à Isson aussi bien qu'à Braune?

— C'est bien, dit la princesse : le tribunal appréciera votre défense. Greffier, écrivez, gouverneur de Braune.

— Je ne peux point m'opposer, dit Cauvignac, à ce que Votre Altesse fasse écrire ce qui lui conviendra.

— C'est fait, Madame, dit le greffier.

— Bien. Et maintenant, Monsieur, dit la princesse à Cauvignac, signez votre interrogatoire.

— Ce serait avec le plus grand plaisir, Madame, dit Cauvignac, et j'aurais été enchanté de faire quelque chose qui fût agréable à Votre Altesse ; mais, dans la lutte que j'ai eu à soutenir ce matin contre le populaire de Bordeaux, lutte dont Votre Altesse m'a si généreusement tiré par l'intervention de ses mousquetaires, j'ai eu le malheur d'avoir le poignet droit foulé, et il m'a toujours été impossible d'écrire de la main gauche.

— Constatez le refus de l'accusé, Monsieur, dit la princesse au greffier.

— L'impossibilité, Monsieur ; écrivez l'impossibilité ; dit Cauvignac; Dieu me garde de refuser quelque chose à une aussi grande princesse que l'est Votre Altesse, si cette chose était en mon pouvoir.

Et Cauvignac, saluant avec le plus profond respect, sortit, accompagné de ses deux gardes.

— Je crois que vous aviez raison, monsieur Lenet, dit le duc de La Rochefoucault, et que c'est nous qui avons eu tort de ne pas nous assurer cet homme.

Lenet était trop préoccupé pour répondre. Cette fois, sa perspicacité ordinaire l'avait mal servi ; il espérait que Cauvignac attirerait sur lui seul la colère du tribunal ; mais Cauvignac, avec ses éternels subterfuges, avait plutôt amusé ses juges qu'il ne les avait irrités. Seulement, son interrogatoire avait détruit tout l'effet qu'avait produit celui de Canolles, si toutefois il en avait produit, et la noblesse, la franchise, la loyauté du premier prisonnier avaient, si l'on peut dire cela, disparu sous les ruses du second. Cauvignac avait effacé Canolles.

Aussi, lorsqu'on alla aux voix, l'unanimité des voix fut-elle pour la mort.

La princesse fit dépouiller les votes, et, se levant, prononça avec solennité l'arrêt qui venait d'être rendu.

Puis chacun à son tour signa au registre des délibérations. Le duc d'Enghien d'abord, pauvre enfant qui ne savait pas ce qu'il signait, et dont la première signature allait coûter la vie d'un homme ; puis la princesse, puis les ducs, puis les dames du conseil, puis les officiers, puis les jurats : ainsi tout le monde avait trempé dans les représailles. Noblesse et bourgeoisie, armée et parlement, il fallait punir tout le monde. Or, chacun sait que lorsqu'il faut punir tout le monde en général, on ne punit personne.

Alors, quand tout le monde eut signé, la princesse, qui tenait enfin sa vengeance, et dont cette vengeance satisfaisait l'orgueil, alla ouvrir elle-même la fenêtre, déjà ouverte deux fois, et cédant au besoin de popularité qui la dévorait :

— Messieurs les Bordelais, dit-elle à haute voix, Richon sera vengé, et dignement, reposez-vous-en sur nous.

Un hourra, pareil au bruit du tonnerre, accueillit cette déclaration, et le peuple se répandit dans les rues, heureux d'avance du spectacle que lui promettait la parole de la princesse.

Mais à peine madame de Condé fut-elle rentrée dans sa chambre avec Lenet, qui la suivait tristement, espérant encore la faire changer de résolution, que la porte s'ouvrit, et que madame de Cambes, pâle, éplorée, vint se jeter à ses genoux.

— Oh ! Madame, au nom du ciel, écoutez-moi ! au nom du ciel, ne me repoussez pas !

— Qu'y a-t-il donc, mon enfant ? demanda la princesse, et pourquoi pleures-tu ainsi ?

— Je pleure, Madame, parce que j'ai appris que la mort avait été votée, et que vous aviez confirmé ce vote; et cependant, Madame, vous ne pouvez pas faire tuer monsieur de Canolles.

— Et pourquoi cela, ma chère? ils ont bien fait tuer Richon.

— Mais, Madame, parce que c'est ce même monsieur de Canolles qui a sauvé Votre Altesse à Chantilly.

— Dois-je lui savoir gré d'avoir été dupe de notre ruse?

— Eh bien ! Madame, voilà où est l'erreur : c'est que monsieur de Canolles n'a pas été dupe un instant de la substitution. Au premier coup d'œil il m'avait reconnue.

— Toi, Claire !

— Oui, Madame. Nous avions fait une partie de la route ensemble; monsieur de Canolles me connaissait; monsieur de Canolles, enfin, était amoureux de moi; et, dans cette circonstance... eh bien ! Madame... peut-être a-t-il eu tort, mais ce n'est pas à vous de lui en faire un reproche... dans cette circonstance, il a sacrifié son devoir à son amour.

— Alors, celui que tu aimes ?..

— Oui, fit la vicomtesse.

— Celui que tu es venue me demander la permission d'épouser?..

— Oui.

— C'était donc...

— C'était monsieur de Canolles lui-même, s'écria la vicomtesse; monsieur de Canolles, qui s'est rendu à moi à Saint-Georges, et qui, sans moi, allait se faire sauter lui et vos soldats... monsieur de Canolles, enfin, qui pouvait s'enfuir et qui m'a rendu son épée pour ne pas être séparé de moi. Vous comprenez donc que, s'il meurt, il faut que je meure aussi, Madame : car c'est moi qui l'aurai tué !

— Ma chère enfant, dit la princesse avec une certaine émotion, songe donc que tu me demandes là une chose qui est impossible. Richon est mort, il faut que Richon soit vengé. Une délibération a été prise, il faut qu'elle s'exécute : mon époux lui-même me demanderait ce que tu me demandes là, je le lui refuserais.

— Oh! malheureuse, malheureuse! s'écria madame de Cambes en se renversant en arrière et en éclatant en sanglots, c'est moi qui ai perdu mon amant.

Alors Lenet, qui n'avait point encore parlé, s'approcha de la princesse.

— Madame, lui dit-il, n'avez-vous donc point assez d'une victime, et vous faut-il deux têtes pour payer celle de monsieur Richon.

— Ah! ah! dit la princesse, monsieur l'homme sévère, c'est-à-dire que vous me demandez la vie de l'un et la mort de l'autre. Est-ce bien juste cela, dites-moi?

— Madame, il est juste, quand deux hommes doivent mourir, d'abord qu'il n'en meure qu'un, s'il est possible, en supposant encore toutefois qu'une bouche ait le droit de souffler sur le flambeau allumé par la main de Dieu. Ensuite, il est juste, s'il y a un choix à faire, que l'honnête homme soit sauvé de préférence à l'intrigant. Il faut être juif pour mettre Barrabas en liberté et pour crucifier Jésus...

— Oh! monsieur Lenet, monsieur Lenet, s'écria Claire, parlez pour moi, je vous en conjure! car vous êtes un homme, et l'on vous écoutera peut-être. Et vous, Madame, continua-t-elle en se tournant vers la princesse, rappelez-vous seulement que j'ai passé ma vie au service de votre maison.

— Et moi aussi, dit Lenet. Et cependant, pour trente ans de fidélité, je n'ai rien demandé à Votre Altesse; mais dans cette occasion, si Votre Altesse est sans pitié, je lui demanderai, en échange de ces trente ans de fidélité, une seule faveur.

— Laquelle?

— Celle de me donner mon congé, Madame, afin que je puisse aller me jeter aux pieds du roi, auquel je consacrerai le reste de l'existence que j'avais vouée à l'honneur de votre maison.

— Eh bien! s'écria la princesse vaincue par cette communauté de prières, ne menace pas, mon vieil ami; ne pleure plus, ma douce Claire; rassurez-vous tous deux enfin, un seul mourra, puisque vous le voulez; mais qu'on ne vienne plus me demander la grâce de celui qui sera destiné à mourir.

Claire saisit la main de la princesse et la dévora de baisers.

— Oh! merci! merci, Madame! dit-elle : de ce moment, ma vie et la sienne sont à vous.

— Et en faisant ainsi, Madame, dit Lenet, vous serez à la fois juste et miséricordieuse; ce qui, jusqu'à présent, n'avait été le privilége que de Dieu seul.

— Oh! maintenant, Madame, s'écria Claire impatiente, puis-je le voir? puis-je le délivrer?

— Une démonstration pareille, en ce moment, est impossible, dit la princesse; elle nous perdrait. Laissons les prisonniers en prison; on les fera sortir en même temps, l'un pour la liberté, l'autre pour la mort.

— Mais ne puis-je le voir, le rassurer, le consoler du moins? demanda Claire.

— Le rassurer! chère amie, dit la princesse, je crois que vous n'en avez pas le droit : on apprendrait l'arrêt, on commenterait la faveur. Non, impossible : contentez-vous de le savoir sauvé. J'annoncerai aux deux ducs ma décision.

— Allons, je me résigne. Merci, merci, Madame! s'écria Claire.

Et madame de Cambes s'enfuit pour pleurer en liberté et pour remercier Dieu du fond de son cœur, qui débordait de joie et de reconnaissance.

XXI

Les deux prisonniers de guerre occupaient deux chambres dans la même forteresse. Ces deux chambres attenaient l'une à l'autre : elles étaient situées au rez-de-chaussée; mais les rez-de-chaussée des prisons peuvent passer pour des troisièmes. Les prisons ne commencent pas comme les maisons, à la terre, elles ont en général deux étages de cachots.

Chaque porte de la prison était surveillée par un piquet d'hommes choisis parmi les gardes de la princesse; mais la foule, ayant vu ces préparatifs qui satisfaisaient son désir de vengeance, avait peu à peu quitté les abords de la prison, où elle s'était portée en apprenant que Canolles et Cauvignac venaient d'y être conduits. Alors les piquets, qui stationnaient dans le corridor intérieur, bien plus pour garder les prisonniers de la fureur populaire que de crainte qu'ils ne s'évadassent, les gardes avaient quitté leur poste et s'étaient contentées d'un renfort de sentinelles.

En effet, le peuple n'ayant plus rien à voir là où il était, s'était dirigé naturellement vers le lieu où se faisaient les exécutions, c'est-à-dire vers l'esplanade. Les paroles jetées du haut de la salle du conseil à la multitude, s'étaient à l'instant même répandues dans la ville; chacun les avait commentées à sa manière. Mais, ce qu'elles offraient de plus clair, c'est qu'il y aurait quelque terrible spectacle pour la nuit même, ou au plus tard pour le lendemain : c'était une volupté de plus pour la populace que de ne savoir précisément à quoi s'en tenir sur ce spectacle, car il lui restait l'attrait de l'inattendu.

Artisans, bourgeois, femmes, enfants, couraient donc aux remparts, et, comme il faisait nuit close et que la lune ne devait se lever que vers minuit, beaucoup couraient une torche à la main. D'un autre côté, presque toutes les fenêtres étaient ouvertes, et beaucoup encore avaient mis sur les entablements des flambeaux ou des lampions, comme on fait aux jours de fête. Cependant, au murmure de la foule, au regard effaré des curieux, aux patrouilles à pied et à cheval qui se succédaient, on comprenait que ce n'était pas une fête ordinaire que celle qui s'annonçait par de si lugubres préparatifs.

De temps en temps des cris furieux partaient des groupes qui se formaient et se dissipaient avec une rapidité qui n'appartient qu'à l'influence de certains événements. Ces cris étaient toujours les mêmes que ceux qui, à deux ou trois reprises différentes, avaient pénétré dans l'intérieur du tribunal.

— Mort aux prisonniers! vengeance pour Richon!

Ces cris, ces lueurs, ce bruit de chevaux, avaient tiré madame de Cambes de sa prière ; elle s'était mise à sa fenêtre, et elle examinait avec effroi tous ces hommes et toutes ces femmes aux yeux altérés, aux cris sauvages, qui semblaient des bêtes féroces lâchées dans un cirque, et appelant, par leurs rugissements, les victimes humaines qu'elles doivent dévorer : elle se demandait comment il était possible que tant d'êtres, auxquels les deux prisonniers n'avaient jamais rien fait, demandassent avec un pareil acharnement la mort de deux de leurs semblables, et elle ne savait quelle réponse se faire à elle, pauvre femme, qui ne connaissait des passions humaines que celles qui adoucissent le cœur.

De la fenêtre où elle était, madame de Cambes voyait, au-dessus des maisons et des jardins, apparaître l'extrémité des hautes et sombres tours de la forteresse. C'était là qu'était Canolles, c'était là que s'attachaient plus particulièrement ses regards.

Mais cependant elle ne pouvait pas faire qu'ils ne retombassent de temps en temps dans la rue, et alors elle voyait ces visages menaçants, elle entendait ces cris de vengeance, et des frissons glacés comme ceux de la mort couraient alors dans ses veines.

— Oh ! disait-elle, ils ont beau me défendre de le voir, il faut que je pénètre jusqu'à lui ! Ces cris peuvent être parvenus jusqu'à son oreille ; il peut croire que je l'oublie ; il peut m'accuser ; il peut me maudire. Oh ! chaque moment qui s'écoule sans que je cherche un moyen de le rassurer me semble une trahison envers lui ; il m'est impossible de demeurer dans cette inaction, quand peut-être il m'appelle à son secours. Oh ! il faut que je le voie... Oui, mais comment le voir, mon Dieu ! qui me conduira à cette prison ? quel pouvoir m'en ouvrira les portes ? Madame la Princesse m'a refusé un laissez-passer, et elle venait de tant m'accorder qu'elle en avait bien le droit. Il y a des gardes, il y a des ennemis autour de cette forteresse ; une population tout entière qui rugit, qui flaire le sang et qui ne veut pas qu'on lui arrache sa proie ; on va croire que je veux l'enlever, le sauver ; oh ! oui, je le sauverais, s'il n'était déjà en sûreté sous la sauvegarde de la parole de Son Altesse ; leur dire que je veux seulement le voir, ils n'en croiront rien, ils me refuseront ; puis, essayer une pareille tentative contre la volonté de madame la Princesse, n'est-ce point risquer de compromettre la faveur acquise ? n'est-ce point m'exposer à ce qu'elle retire la parole donnée ? Et cependant lui laisser passer ainsi dans l'angoisse et dans la torture les longues heures de la nuit, oh! je le sens, pour lui, pour moi surtout, c'est impossible! Prions Dieu, et Dieu m'inspirera peut-être.

Et alors madame de Cambes alla pour la seconde fois s'agenouiller devant son crucifix, et se mit à prier avec une ferveur qui eût touché madame la Princesse elle-même, si madame la Princesse avait pu l'entendre.

— Oh! je n'irai pas, je n'irai pas, disait-elle ; car je comprends bien qu'il m'est impossible d'y aller. Toute la nuit il m'accusera peut-être... Mais demain, demain, n'est-ce pas, mon Dieu, demain m'absoudra près de lui?

Cependant ce bruit, cette exaltation de la foule, qui allaient croissant, ces reflets de sinistre lumière qui, comme des éclairs, pénétraient jusqu'à elle et illuminaient par instants sa chambre demeurée dans l'obscurité, lui causaient une telle épouvante qu'elle boucha ses oreilles avec ses mains et qu'elle appuya ses yeux fermés sur le coussin de son prie-Dieu.

Alors la porte s'ouvrit, et sans qu'elle l'entendît, un homme entra, qui s'arrêta un instant sur le seuil, fixant sur elle un regard d'affectueuse pitié, et qui, voyant se soulever si douloureusement les épaules de la jeune femme, agitées par ses sanglots, s'approcha avec un soupir et lui posa la main sur le bras.

Claire se releva effrayée.

— Monsieur Lenet! dit-elle ; monsieur Lenet, ah! vous ne m'avez donc pas abandonnée?

— Non, dit-il ; j'avais pensé que vous n'étiez pas suffisamment rassurée encore, et je m'étais hasardé à venir jusqu'à vous pour vous demander si je pouvais vous être utile à quelque chose.

— Oh! cher monsieur Lenet, s'écria la vicomtesse, que vous êtes bon et que je vous remercie!

— Il paraît que je ne m'étais pas trompé, dit Lenet. On se trompe rarement, ô mon Dieu! quand on pense que les créatures souffrent, ajouta-t-il avec un sourire mélancolique.

— Oh! oui, Monsieur, s'écria Claire, oui, vous avez dit vrai : je souffre!

— N'avez-vous pas obtenu tout ce que vous désiriez, Madame, et plus que je n'espérais moi-même, je vous l'avoue?

— Oui, sans doute ; mais...

— Mais, je comprends ; n'est-ce pas, vous vous effrayez de voir la joie de cette populace altérée de sang, et vous vous apitoyez sur le sort de cet autre malheureux qui va mourir à la place de votre amant ?

Claire se releva sur ses genoux et demeura un instant immobile, pâlissant et les yeux fixés sur Lenet ; puis elle porta sa main placée à son front couvert de sueur.

— Ah! pardonnez-moi, ou plutôt maudissez-moi! dit-elle ; car, égoïste que je suis, je n'y avais pas même songé. Non, Lenet, non, je vous l'avoue dans toute l'humilité de mon cœur, ces craintes, ces larmes, ces prières, c'est pour celui qui doit vivre ; car, absorbée que je suis par mon amour, j'avais oublié celui qui va mourir!

Lenet sourit avec tristesse.

— Oui, dit-il, cela doit être ainsi, car cela est dans la nature humaine ; peut-être est-ce l'égoïsme des individus qui fait le salut des masses. Chacun fait autour de soi et des siens un cercle avec une épée. Allons, allons, Madame, continua-t-il, faites la confession jusqu'au bout. Avouez franchement qu'il vous tarde que le malheureux ait subi son destin ; car, par sa mort, le malheureux assure la vie à votre fiancé!

— Oh! je n'avais pas songé à cela encore, Lenet, je vous le jure. Mais ne forcez pas mon esprit de s'arrêter là-dessus;

car je l'aime tant que je ne sais pas ce que je suis capable de désirer dans la folie de mon amour.

— Pauvre enfant! dit Lenet avec un ton de profonde pitié pourquoi donc n'avez-vous pas dit tout cela plus tôt?

— Oh! mon Dieu! vous m'effrayez. Est-il donc trop tard, et n'est-il pas encore tout à fait sauvé?

— Il l'est, reprit Lenet, puisque madame la Princesse a donné sa parole ; mais...

— Mais quoi?

— Mais, hélas! est-on jamais sûr de rien dans ce monde, et vous qui, comme moi, le croyez sauvé, ne pleurez-vous pas au lieu de vous réjouir?

— Je pleure de ne pouvoir le visiter, mon ami, répondit Claire. Songez qu'il doit entendre ces bruits affreux et croire son danger prochain ; songez qu'il peut m'accuser de tiédeur, d'oubli, de trahison. Oh! Lenet, Lenet, quel supplice! En vérité, si la princesse savait ce que je souffre, elle aurait pitié de moi.

— Eh bien! vicomtesse, dit Lenet, il faut la voir.

— La voir! impossible. Vous savez bien que j'en ai demandé la permission à Son Altesse et que Son Altesse m'a refusé.

— Je le sais, je l'approuve au fond du cœur, et cependant...

— Et cependant vous m'exhortez à la désobéissance! s'écria Claire surprise en regardant fixement Lenet, qui, embarrassé sous ce regard, baissa les yeux.

— Je suis vieux, chère vicomtesse, dit-il, et défiant par cela même que je suis vieux, non pas en cette occasion, car la parole de la princesse est sacrée : il ne mourra qu'un des prisonniers, elle l'a dit ; mais, habitué pendant le cours d'une longue vie à voir toutes les chances tourner contre celui qui se croit le plus favorisé, j'ai pour principe qu'on doit toujours saisir l'occasion qui se présente. Voyez votre fiancé, vicomtesse ; voyez-le, croyez-moi.

— Oh! s'écria Claire, je vous jure que vous m'épouvantez, Lenet.

— Ce n'est pas mon intention; d'ailleurs, aimeriez-vous que je vous conseillasse de ne pas le voir? Non, n'est-ce pas? Et vous me gronderiez plus fort sans doute si j'étais venu vous dire le contraire de ce que je vous dis.

— Oh! oui, je l'avoue. Mais vous me parlez de le voir; c'était mon seul, mon unique désir; c'était la prière que j'adressais à Dieu quand vous êtes arrivé. Mais n'est-ce donc point chose impossible?

— Y a-t-il quelque chose d'impossible pour la femme qui a pris Saint-Georges? dit Lenet en souriant.

— Hélas! dit Claire, depuis deux heures que je cherche un moyen de pénétrer dans la forteresse, je ne l'ai point encore trouvé.

— Et si je vous l'offre, moi, dit Lenet, que me donnerez-vous?

— Je vous donnerai!... Oh! tenez, je vous donnerai la main le jour où je marcherai à l'autel avec lui.

— Merci, mon enfant, dit Lenet, et vous avez raison : en effet, je vous aime comme un père ; merci.

— Le moyen! le moyen! dit Claire.

— Le voici. J'avais demandé à madame la Princesse un laissez-passer pour m'entretenir avec les prisonniers ; car s'il y avait eu moyen de sauver le capitaine Cauvignac, j'aurais voulu rattacher cet homme à notre parti ; mais maintenant ce laissez-passer est inutile, puisque vous venez de le condamner à mort par vos prières pour monsieur de Canolles.

Claire frissonna malgré elle.

— Prenez donc ce papier, continua Lenet; il n'y a pas de nom, vous voyez.

Claire le prit et lut :

« Le geôlier de la forteresse laissera communiquer le porteur du présent avec celui des deux prisonniers de guerre qu'il lui plaira d'entretenir, et cela pendant une demi-heure.

« CLAIRE-CLÉMENCE DE CONDÉ. »

— Vous avez un costume d'homme, dit Lenet; endossez-le. Vous avez le laissez-passer, usez-en.

— Pauvre officier! murmura Claire, ne pouvant chasser de sa pensée l'idée de Cauvignac, exécuté à la place de Canolles.

— Il subit la loi commune, répondit Lenet. Faible, il est dévoré par le fort, sans appui, il paye pour celui qu'on protége. Je le regretterai; c'est un garçon d'esprit.

Cependant Claire tournait et retournait le papier entre ses mains.

— Savez-vous, dit-elle, que vous me tentez cruellement avec ce laissez-passer? Savez-vous qu'une fois que je tiendrai mon pauvre ami entre mes bras, je suis capable de l'emmener au bout du monde!

— Je vous le conseillerais, Madame, si la chose était possible; mais ce laissez-passer n'est point une carte blanche, et vous ne pouvez lui donner d'autre destination que celle qu'il a.

— C'est vrai, dit Claire en le relisant; et cependant on m'a accordé monsieur de Canolles; il est à moi! on ne peut plus me l'arracher!

— Aussi personne n'y songe-t-il. Allons, allons, Madame, ne perdez pas de temps; revêtez votre costume d'homme et partez. Ce laissez passer vous donne une demi-heure; je sais bien que c'est peu de chose qu'une demi-heure; mais après cette demi-heure viendra la vie tout entière. Vous êtes jeune, la vie sera longue; Dieu la fasse heureuse!

Claire saisit Lenet par la main, l'attira à elle et l'embrassa au front comme elle eût fait au plus tendre père.

— Allez, allez, dit Lenet en la poussant doucement, ne perdez pas de temps : celui qui aime véritablement n'a pas de résignation.

Puis, la regardant passer dans une autre chambre où Pompée, appelé par elle, l'attendait pour l'aider à changer de costume :

— Hélas! qui sait? murmura-t-il.

XXII

Les cris, les hurlements, les menaces et l'agitation de la foule n'avaient point en effet échappé à Canolles. Par les barreaux de sa fenêtre il avait pu à son tour jouir du tableau mouvant et animé qui se déroulait sous ses yeux, et qui était le même d'un bout à l'autre de la ville émue.

— Pardieu! disait-il, voici un fâcheux contre-temps. Cette mort de Richon... Pauvre Richon! c'était un brave. Cette mort de Richon va redoubler les rigueurs de notre captivité; on ne me laissera plus courir la ville comme auparavant; plus de rendez-vous et même plus de mariage, si Claire ne se contente de la chapelle d'une prison. Elle s'en contentera. On est aussi bien marié dans une chapelle que dans une autre. Cependant c'est d'un triste augure. Pourquoi diable n'a-t-on pas reçu la nouvelle demain au lieu de la recevoir aujourd'hui?

Puis, se rapprochant de sa fenêtre et se penchant pour regarder :

— Quelle surveillance! continua-t-il; deux factionnaires! Et quand je pense que je vais être confiné ici huit jours, quinze jours peut-être, jusqu'à ce qu'il soit arrivé quelque événement qui fasse oublier celui-ci. Heureusement que les événements se succèdent rapidement par le temps qui court, et que les Bordelais ont l'esprit léger; en attendant, je n'en aurai pas moins passé des moments fort désagréables. Pauvre Claire! elle doit être désespérée; heureusement qu'elle sait que j'ai été arrêté. Oh! oui, elle le sait, et par conséquent qu'il n'y a point de ma faute. Ah çà! mais où diable vont donc tous ces gens-là? On dirait que c'est du côté de l'Esplanade! Il n'y a cependant ni parade ni exécution à cette heure-ci; ils vont tous du même côté. On dirait en vérité qu'ils savent que je suis là comme un ours derrière mes barreaux...

Canolles fit quelques pas dans sa chambre, les bras croisés: les murs d'une véritable prison l'avaient rendu momentanément aux idées philosophiques, dont il se préoccupait peu en temps ordinaire.

— La sotte chose que la guerre! murmura-t-il. Voilà ce pauvre Richon, avec lequel je dînais il y a un mois à peine, mort. Il se sera fait tuer sur ses canons, l'intrépide, comme j'aurais dû faire, moi: comme j'aurais fait si tout autre que la vicomtesse m'eût assiégé. Certe guerre de femmes est, en vérité, la plus à craindre de toutes les guerres. Au moins je n'ai contribué en rien à la mort d'un ami. Dieu merci, je n'ai pas tiré l'épée contre mon frère, cela me console. Allons, c'est encore à mon bon petit génie féminin que je dois cela; tout bien décidé, allons, je lui dois beaucoup de choses.

En ce moment un officier entra et interrompit le soliloque de Canolles.

— Avez-vous besoin de souper, Monsieur? lui dit-il. En ce cas, donnez vos ordres; le geôlier est avisé de vous faire faire telle chère qui vous conviendra.

— Allons, allons, dit Canolles, il paraît qu'ils comptent au moins me traiter honorablement tout le temps que je demeurerai ici. J'avais craint un instant le contraire, en voyant le visage pincé de la princesse et la mine rébarbative de tous ses assesseurs...

— J'attends, répéta l'officier en s'inclinant.

— Ah! c'est juste; pardon. Votre demande m'a, par son extrême politesse, amené à certaines réflexions... Revenons à la matière : oui, Monsieur, je souperai, car j'ai grand'faim; mais je suis sobre d'habitude, et un souper de soldat me suffira.

— Maintenant, reprit l'officier en s'approchant de lui avec intérêt, n'avez-vous aucune recommandation à faire..... en ville?..... n'attendez-vous rien? Vous avez dit que vous étiez soldat, moi aussi, je le suis ; agissez donc envers moi comme envers un camarade.

Canolles regarda l'officier avec étonnement.

— Non, Monsieur, dit-il, non, je n'ai aucune recommandation à faire en ville; non, je n'attends rien, si ce n'est une personne que je ne puis nommer. Quant à agir envers vous comme envers un camarade, je vous remercie de l'offre. Voici ma main, Monsieur; et, plus tard, si j'ai besoin de quelque chose, je m'en souviendrai.

Ce fut l'officier qui, cette fois, regarda Canolles avec surprise.

— Bien, Monsieur, dit-il, vous allez être servi à l'instant même, et il se retira.

Un instant après, deux soldats entrèrent, portant un souper tout servi; il était plus recherché que ne l'avait demandé Canolles. Il s'assit devant la table et mangea de bon appétit.

Les soldats le regardaient à leur tour avec étonnement. Canolles prit cet étonnement pour de la convoitise, et comme le vin était d'excellent vin de Guyenne :

— Mes amis, dit-il, demandez deux verres.

Un des soldats sourit et rentra avec les deux verres demandés.

Canolles les remplit; puis il versa quelques gouttes de vin dans le sien.

— A votre santé! mes amis, dit-il.

Les deux soldats prirent leurs verres et les choquèrent machinalement à celui de Canolles, et burent sans lui rendre son toast.

— Ils ne sont pas polis, pensa Canolles, mais ils boivent bien; on ne peut pas tout avoir.

Et il continua son souper, qu'il mena triomphalement jusqu'au bout.

Lorsqu'il eut fini, il se leva, et les soldats enlevèrent la table.

L'officier rentra.

— Ah! pardieu! Monsieur, lui dit Canolles, vous auriez bien dû souper avec moi; le souper était excellent.

— Je n'aurais pu avoir cet honneur, Monsieur; car je sors moi-même de table il n'y a qu'un instant... Et je reviens...

— Pour me faire compagnie? dit Canolles. S'il en est ainsi, recevez tous mes compliments, Monsieur; car c'est fort aimable à vous.

— Non, Monsieur; ma mission est moins agréable. Je viens pour vous prévenir qu'il n'y a pas de ministre dans la prison, et que le chapelain est catholique; or, je sais que vous êtes protestant, et cette différence dans le culte vous gênera peut-être...

— Moi, Monsieur? pour quoi faire? demanda naïvement Canolles.

— Mais, dit l'officier embarrassé, pour faire vos prières.

— Mes prières!... Bon! dit Canolles en riant, je songerai à cela demain... Je ne fais mes prières que le matin, moi.

L'officier regarda Canolles avec une stupeur qui se changea graduellement en une commisération profonde. Il salua et sortit.

— Ah çà! dit Canolles, mais le monde se détraque donc! Depuis la mort de ce pauvre Richon, tous les gens que je rencontre ont l'air idiot ou enragé... Sarpejeu! ne verrai-je donc pas un visage quelque peu raisonnable...

Il achevait à peine ces mots que la porte de Canolles se rouvrit, et qu'avant qu'il eût pu reconnaître quelle personne c'était, quelqu'un vint se jeter entre ses bras, et, liant ses deux mains à son cou, inonda son visage de larmes.

— Allons! s'écria le prisonnier en se débarrassant de l'étreinte, encore un fou. Mais, en vérité, je suis donc aux petites maisons!

Mais, du geste qu'il fit en se reculant, il jeta à terre le chapeau de l'inconnu, et les beaux cheveux blonds de madame de Cambes se déroulèrent sur ses épaules.

— Vous ici! s'écria Canolles courant à elle pour la reprendre dans ses bras. Vous! Ah! pardonnez-moi de ne vous avoir pas encore reconnue, ou plutôt de ne vous avoir pas devinée...

— Silence! dit-elle en ramassant son chapeau et en le remettant vivement sur sa tête, silence! car si l'on savait que c'est moi, peut-être me reprendrait-on mon bonheur... Enfin il m'est donc permis de vous revoir encore... Oh! mon Dieu mon Dieu! que je suis heureuse!

Et Claire, sentant sa poitrine se dilater, éclata en bruyants sanglots.

— *Encore!* dit Canolles; il vous est permis de me voir *encore*, dites-vous? et vous me dites cela avec des larmes... Ah çà! mais, vous ne deviez donc plus me revoir? continua-t-il en riant.

— Oh! ne riez pas! mon ami, dit Claire, votre gaieté me

fait mal... Ne riez pas, je vous en supplie! J'ai eu tant de peine à venir près de vous... si vous saviez... et il s'en est fallu de si peu que je ne vinsse pas!... Sans Lenet, cet excellent homme... Mais revenons à vous, pauvre ami. Mon Dieu! vous voilà donc... c'est donc vous que je retrouve? c'est donc vous que je puis presser encore contre mon cœur?...

— Mais oui, c'est moi, c'est bien moi, dit Canolles souriant.

— Oh! tenez, dit Claire, c'est inutile, n'affectez pas ce maintien joyeux... Je sais tout... On ne savait pas que je vous aimais, on ne s'était pas caché de moi...

— Mais que savez-vous donc? dit Canolles.

— N'est-ce pas, continua la vicomtesse, n'est-ce pas que vous m'attendiez? N'est-ce pas que vous étiez mécontent de mon silence? N'est-ce pas que vous m'accusiez déjà?...

— Moi! tourmenté, mécontent, sans doute! mais je ne vous accusais pas... Je me doutais bien que quelque circonstance plus forte que votre volonté vous éloignait de moi; et mon plus grand malheur, dans tout cela, c'est que notre mariage était différé, remis à huit jours, à quinze jours, peut-être...

Claire, à son tour, regarda Canolles avec la même stupeur que l'officier avait témoignée un instant auparavant.

— Comment! dit-elle, parlez-vous sérieusement, ou n'êtes-vous pas en réalité plus effrayé que cela?

— Moi, effrayé! dit Canolles, effrayé de quoi?.. Est-ce que par hasard, dit-il en riant, je cours un danger que je ne connais pas?

— Oh! le malheureux! s'écria-t-elle, il ne savait rien.

Puis, ayant peur sans doute de révéler sans préparation toute la vérité à celui que cette vérité menaçait si cruellement, elle arrêta, par un violent effort sur elle-même, les paroles qui avaient bondi de son cœur à ses lèvres.

— Non, je ne sais rien, dit gravement Canolles. Mais vous allez tout me dire, n'est-ce pas? Je suis un homme; parlez, Claire, parlez...

— Vous savez que Richon est mort? dit-elle.

— Oui, répondit Canolles, je le sais.

— Mais savez-vous comment il est mort?

— Non, mais je m'en doute... Il a été tué à son poste, n'est-ce pas, sur la brèche de Vayres?

Claire garda un moment de silence; puis, grave comme l'airain qui sonne un glas funèbre :

— Il a été pendu à la halle de Libourne, dit-elle.

Canolles fit un bond en arrière...

— Pendu! s'écria-t-il, Richon, un soldat!

Puis pâlissant tout à coup et passant sur son front sa main tremblante :

— Ah! je comprends tout maintenant, dit-il; je comprends mon arrestation, je comprends mon interrogatoire, je comprends les paroles de l'officier, le silence des soldats; je comprends votre démarche, vos pleurs en me voyant si gai; je comprends enfin cette foule, ces cris, ces menaces... Richon a été assassiné!.. et c'est sur moi qu'on vengera Richon!

— Non, non, mon bien-aimé! non, pauvre ami de mon cœur! s'écria Claire rayonnante de joie, en saisissant les deux mains de Canolles, et en plongeant ses yeux dans ses yeux. Non, ce n'est pas toi qu'ils vont sacrifier, cher prisonnier! Tu ne t'étais pas trompé; oui, tu étais désigné; oui, tu étais condamné; oui, tu allais périr; oui, tu as vu la mort de bien près, mon beau fiancé!... Mais, sois tranquille, tu peux parler de bonheur et d'avenir, celle qui va te consacrer toute sa vie a sauvé la tienne!... Sois joyeux, mais tout bas; car tu réveillerais peut-être ton malheureux compagnon, celui sur lequel va tomber l'orage, celui qui doit mourir à ta place.

— Oh! taisez-vous, taisez-vous, chère amie! vous me glacez d'horreur, dit Canolles mal remis, malgré les ardentes caresses de Claire, du coup terrible qu'on venait de lui porter. Moi, si calme, si confiant, si niaisement joyeux, je courais risque de mourir! et quand cela? à quel moment?... juste ciel! à celui de devenir votre époux!... Oh! sur mon âme, c'eût été un double assassinat!

— Ils appellent cela des représailles, dit Claire.

— Oui, oui... c'est vrai, ils ont raison.

— Allons, vous voilà sombre et rêveur, maintenant.

— Oh! s'écria Canolles, ce n'est pas de la mort que j'ai peur; mais la mort sépare de vous...

— Si vous étiez mort, mon bien-aimé, je serais morte aussi... Mais au lieu de vous attrister ainsi, réjouissez-vous avec moi... Voyons, cette nuit, dans une heure peut-être... vous allez sortir de prison... Eh bien! ou je viendrai vous chercher moi-même, ou je vous attendrai à la sortie... Alors, sans perdre une minute, sans perdre une seconde, nous fuirons... oh! sur-le-champ; je ne veux pas attendre! cette ville maudite m'épouvante... Aujourd'hui encore je suis parvenue à vous sauver; mais, demain, quelque autre malheur inattendu vous enlèverait peut-être encore à moi!

— Oh! dit Canolles, savez-vous, chère bien-aimée Claire, que vous me donnez trop de bonheur d'un seul coup... oh! oui, en vérité, trop de bonheur! j'en mourrai...

— Eh bien! alors, dit Claire, retrouvez votre insouciance... reprenez votre gaieté...

— Mais, vous-même... reprenez la vôtre.

— Voyez, je ris.

— Et ce soupir?

— Ce soupir, mon ami, c'est pour le malheureux qui paye notre joie de sa vie.

— Oui, oui... vous avez raison... Oh! pourquoi ne pouvez-vous pas m'emmener à l'instant même?.. Allons, mon bon ange, ouvre-moi tes ailes et emporte-moi !

— Patience, patience, mon cher époux !.. Demain, je vous emporte... où? je n'en sais rien... dans le paradis de notre amour... En attendant, me voilà.

Canolles la prit dans ses bras, l'attira sur sa poitrine.

Elle suspendit ses mains au cou du jeune homme, et se laissa tomber toute palpitante sur ce cœur qui, comprimé par tant de sentiments divers, battait à peine.

Tout à coup, et pour la seconde fois, un sanglot douloureux monta de sa poitrine à ses lèvres, et, tout heureuse qu'était Claire, elle inonda de larmes le visage de Canolles, qui s'était penché sur le sien.

— Eh bien ! dit-il, voilà votre gaieté, pauvre ange !
— C'est le reste de ma douleur.

En ce moment, la porte s'ouvrit, et l'officier, qui était déjà venu, annonça que la demi-heure qu'annonçait le laissez-passer était expirée.

— Adieu! murmura Canolles, ou cache-moi dans un pli de ton manteau et emmène-moi !

— Pauvre ami! répliqua-t-elle à voix basse; tais-toi donc ; car tu me brises le cœur! Ne vois-tu pas que j'en meurs d'envie? Aie patience pour toi, aie patience pour moi surtout! Dans quelques heures nous nous rejoindrons pour ne plus nous quitter.

— J'ai patience, dit joyeusement Canolles complétement rassuré par cette promesse ; mais il faut nous quitter. Voyons, du courage ! ce mot adieu, disons-le : Adieu, Claire, adieu !

— Adieu! dit-elle en essayant de sourire, ad...

Mais elle ne put achever ce mot cruel. Pour la troisième fois, les sanglots étouffèrent sa voix.

— Adieu ! adieu ! s'écria Canolles en saisissant de nouveau la vicomtesse et en couvrant son front d'ardents baisers ; adieu !

— Diable ! murmura l'officier, heureusement que je sais que le pauvre garçon n'a plus grand'chose à craindre, sans quoi voilà une scène qui me briserait le cœur !

L'officier alla reconduire Claire jusqu'à la porte et revint.

— Maintenant, Monsieur, dit-il à Canolles, qui s'était laissé tomber sur un siége encore tout plein de ses émotions, maintenant, il ne suffit pas d'être heureux, il faut encore être compatissant. Votre voisin, votre malheureux compagnon, celui qui va mourir, est seul, lui, personne ne le protége, personne ne le console. Il demande à vous voir. J'ai pris sur moi de lui accorder cette demande ; mais il faut encore que vous y consentiez.

— Si j'y consens ! s'écria Canolles, oh ! je le crois bien... Pauvre infortuné ! je l'attends, je lui ouvre les bras ! Je ne le connais pas, mais n'importe !

— Cependant, il semble vous connaître, vous.

— Sait-il le sort qui lui est réservé ?

— Non, je ne le crois pas. Vous comprenez donc qu'il faut le lui laisser ignorer.

— Oh ! soyez tranquille.

— Écoutez donc : onze heures vont sonner, je vais rentrer au poste ; à partir de onze heures, ce sont les geôliers seuls qui règnent en maîtres dans l'intérieur de la prison. Le vôtre est prévenu ; il sait que votre voisin sera chez vous, il l'y viendra prendre au moment où il devra le faire rentrer dans son cachot. Si le prisonnier ne sait rien, ne lui annoncez rien ; s'il sait quelque chose, dites-lui de notre part que nous autres soldats nous le plaignons tous du fond de l'âme. Car, enfin, mourir n'est rien, mais, sacrebleu ! être pendu, c'est mourir deux fois.

— Est-il donc décidé qu'il mourra ?...

— De la même mort que Richon. Ce sont des représailles complètes. Mais nous bavardons, et il attend votre réponse avec anxiété sans doute.

— Allez le chercher, Monsieur, et croyez que je vous suis bien reconnaissant pour lui et pour moi.

L'officier sortit, alla ouvrir la porte du cachot voisin, et Cauvignac, un peu pâle, mais d'un pas dégagé et le front haut, entra dans le cachot de Canolles, qui fit quelques pas au-devant de lui.

Alors l'officier fit à Canolles un dernier signe d'adieu, regarda Cauvignac avec compassion, et sortit, emmenant avec lui ses soldats, dont les pas lourds furent quelque temps à se perdre sous les voûtes.

Bientôt le geôlier fit sa ronde. On entendit ses clefs résonner dans le corridor.

Cauvignac n'était pas abattu, parce qu'il y avait dans cet homme une inaltérable confiance en lui-même, une inépuisable espérance dans l'avenir. Mais cependant, sous son apparence tranquille et sous son masque presque gai, une profonde douleur s'était glissée, et, comme un serpent, mordait son cœur. Cette âme sceptique, qui avait toujours douté de tout, doutait enfin du doute lui-même.

Depuis la mort de Richon, Cauvignac ne mangeait plus, ne dormait plus.

Habitué à railler le malheur des autres parce qu'il prenait le sien gaiement, notre philosophe n'avait cependant pas même eu l'idée de rire d'un événement qui amenait ce résultat terrible, et, malgré lui, dans tous ces fils mystérieux qui le rendaient responsable de la mort de Richon, il entrevoyait la main impassible de la Providence, et il commençait à croire, sinon à la rémunération des bonnes actions, du moins à la punition des mauvaises.

Il se résignait donc et songeait; mais tout en se résignant, comme nous l'avons dit, il ne mangeait plus, ne dormait plus.

Et, singulier mystère de cette âme personnelle sans cependant être égoïste, ce qui le frappait encore plus que sa propre mort, prévue à l'avance, c'était la mort de ce compagnon qu'il savait à deux pas de lui, attendant, soit l'arrêt fatal, soit l'exécution sans arrêt. Tout cela lui remettait encore en tête Richon, son spectre vengeur, et la double catastrophe résultant de ce qu'il avait trouvé d'abord une charmante espièglerie.

Sa première idée avait été de s'évader; car, quoique prisonnier sur parole, puisqu'on avait manqué aux engagements pris envers lui en le menant en prison, il croyait à son tour, et sans aucun scrupule, pouvoir manquer aux siens. Mais, malgré la perspicacité de son esprit et l'ingéniosité de ses moyens, il avait reconnu la chose pour impossible. C'était alors qu'il s'était persuadé plus fortement encore qu'il était entre les serres d'une inexorable fatalité. Dès lors il ne demanda plus qu'une chose, c'était de causer quelques moments avec son compagnon, dont le nom avait paru éveiller en lui une triste surprise, et de se réconcilier dans sa personne avec cette humanité tout entière qu'il avait si cruellement outragée.

Nous n'affirmerons pas que toutes ces pensées fussent des remords, non... Cauvignac était bien philosophe pour en avoir, mais tout au moins c'était ce qui leur ressemble beaucoup, c'est-à-dire un violent dépit d'avoir fait le mal pour rien. Avec du temps et une combinaison qui maintînt Cauvignac dans cette disposition d'esprit, ce sentiment eût peut-être eu le même résultat que le remords; mais le temps manquait.

Cauvignac, en entrant dans la prison de Canolles, attendit donc d'abord, avec sa prudence ordinaire, que l'officier qui l'avait introduit fût retiré; puis, voyant la porte bien refermée, le guichet hermétiquement clos, il alla vers Canolles, qui, ainsi que nous l'avons dit, avait de son côté fait quelques pas au-devant de lui, et lui serra affectueusement la main.

Malgré la gravité de sa situation, Cauvignac ne put s'empêcher de sourire en reconnaissant l'élégant et beau jeune homme, à l'esprit aventureux, à la joyeuse humeur, qu'il avait déjà deux fois surpris dans des situations bien différentes de celle où il se trouvait, l'une pour l'envoyer en mission à Nantes, l'autre pour l'emmener à Saint-Georges. En outre, il se rappelait l'usurpation momentanée de son nom, et la bonne mystification qui en avait été la suite pour le duc. Et si lugubre que fût la prison, le souvenir était si joyeux, que le passé, pendant une seconde, l'emporta sur le présent.

De son côté, Canolles le reconnut à la première vue pour avoir été déjà en contact avec lui dans les deux circonstances que nous avons dites, et comme, à tout prendre, dans ces deux circonstances, Cauvignac avait été pour lui un messager de bonnes nouvelles, sa pitié sur le sort réservé au malheureux s'en accrut encore, et d'autant plus profondément qu'il savait que c'était son salut à lui qui causait la perte irrévocable de Cauvignac ; et, dans une âme aussi délicate que l'était la sienne, une pareille pensée causait bien plus de remords que n'eût causé un crime véritable dans celle de son compagnon.

Il l'accueillit donc avec une parfaite bienveillance.

— Eh bien! baron, lui dit Cauvignac, que dites-vous de la situation où nous sommes : elle est assez précaire, ce me semble.

— Oui, nous voici prisonniers, et Dieu sait quand nous sortirons d'ici, répondit Canolles, faisant bonne contenance pour essayer d'adoucir au moins par l'espoir l'agonie de son compagnon.

— Quand nous en sortirons! reprit Cauvignac; Dieu, que vous invoquez, daigne décider dans sa miséricorde que ce soit le plus tard possible! Mais je ne crois pas qu'il soit disposé à nous donner grand répit. J'ai vu de mon cachot, comme vous avez pu le voir du vôtre, courir une foule ardente vers un certain endroit qui doit être l'Esplanade, ou je me trompe fort. Vous connaissez l'Esplanade, mon cher baron, et vous savez à quoi elle sert?

— Oh! bah! vous vous exagérez la position, je crois. Oui, le peuple courait vers l'Esplanade, mais pour assister à quelque correction militaire, sans doute. Nous faire payer la mort de Richon, à nous, ce serait affreux; car enfin nous sommes innocents l'un et l'autre de cette mort!

Cauvignac tressaillit, et fixa sur Canolles un regard qui, d'une expression sombre, passa peu à peu à une expression de pitié.

— Allons, se dit-il en lui-même, encore un qui s'abuse sur sa situation. Il faut pourtant que je lui dise ce qu'il en est; car à quoi bon le leurrer pour que le coup soit plus pénible ensuite, tandis qu'au moins, quand on a le temps de se préparer, la pente paraît toujours un peu plus facile.

Alors, après un nouveau moment de silence et d'examen:

— Monsieur, dit-il à Canolles en lui prenant les deux mains et en continuant de fixer sur lui un regard qui l'embarrassait fort, mon cher Monsieur, demandons, s'il vous plaît, une bouteille ou deux de bon vin de Braune que vous savez. Hélas! j'en eusse bu à mon aise, si j'eusse été gouverneur plus longtemps, et je vous avouerai même que c'est ma prédilection pour cet excellent vin qui m'a fait de préférence demander ce gouvernement. Dieu me punit de ma gourmandise.

— Je le veux bien, dit Canolles.

— Oui, je vous conterai tout cela en buvant, et si la nouvelle est mauvaise, comme au moins le vin sera bon, l'un fera passer l'autre.

Canolles alors frappa à la porte, mais on ne lui répondit point; il redoubla, et, au bout d'un instant, un enfant qui jouait dans le corridor s'approcha du prisonnier.

— Que voulez-vous? demanda l'enfant.

— Du vin, dit Canolles; dis à ton papa d'en apporter deux bouteilles.

L'enfant s'éloigna et revint au bout d'un instant.

— Papa, dit-il, est occupé dans ce moment-ci à causer avec un Monsieur. Il viendra tout à l'heure.

— Pardon, dit Cauvignac, voulez-vous me permettre à mon tour de faire une question?

— Faites.

— Mon ami, dit-il de sa voix la plus insinuante, avec quel Monsieur cause ton papa?

— Avec un grand Monsieur.

— Cet enfant est charmant, dit Cauvignac; attendez, et nous allons savoir quelque chose... Et comment est vêtu ce Monsieur?

— Tout en noir.

— Ah diable! Vous entendez, tout en noir. Et comment l'appelle-t-on, ce grand Monsieur tout en noir? Saurais-tu cela, par hasard, mon petit ami?

— On l'appelle M. Lavie.

— Ah! ah! fit Cauvignac, l'avocat du roi; je crois que nous n'avons trop rien à attendre en mal de celui-là. Profitons donc de ce qu'ils causent pour causer aussi.

Et, glissant une pièce de monnaie sous la porte :

— Tiens, mon petit ami, dit Cauvignac, voici pour acheter des billes. Il est bon de se faire des amis partout, continua-t-il en se relevant.

L'enfant, tout joyeux, prit la pièce en remerciant les deux prisonniers.

— Eh bien! Monsieur, fit Canolles, vous disiez donc...

— Ah! oui, répondit Cauvignac... Eh bien! je disais donc que vous me paraissiez errer fortement sur le sort qui nous attend en sortant de cette prison ; vous parlez d'Esplanade, de correction militaire, de fustigation pour des étrangers ; moi, je serais tenté de croire qu'il est question de nous, et qu'il s'agit de quelque chose de mieux.

— Allons donc! dit Canolles.

— Heu! fit Cauvignac, vous voyez les choses sous un jour moins sombre qu'elles ne m'apparaissent ; peut-être parce que vous n'avez pas tout à fait les mêmes raisons de craindre que moi. Toutefois, ne vous vantez pas trop de votre affaire ; elle n'est pas superbe non plus, allez. Mais la vôtre ne fait rien à la mienne, et la mienne, je dois le dire parce que c'est ma conviction, la mienne est diablement embrouillée. Savez-vous bien qui je suis, Monsieur?

— Mais voici une singulière question. Vous êtes le capitaine Cauvignac, gouverneur de Braune, ce me semble.

— Oui, pour le moment; mais je n'ai pas toujours porté ce nom, je n'ai pas toujours occupé ce titre. J'ai changé souvent de nom, j'ai essayé de différents grades; par exemple, un jour, je me suis appelé le baron de Canolles, exactement comme vous.

Canolles regarda Cauvignac en face.

— Oui, continua celui-ci, je comprends; vous vous demandez si je suis fou, n'est-ce pas? Eh bien! rassurez-vous, je jouis de toutes mes facultés mentales et n'ai jamais été si complètement dans mon bon sens.

— Expliquez-vous alors, dit Canolles.

— Rien de plus facile. Monsieur le duc d'Épernon... Vous connaissez monsieur le duc d'Épernon, n'est-ce pas?

— De nom, car je ne l'ai jamais vu.

— Heureusement pour moi. Monsieur d'Épernon, dis-je, me trouvant une fois chez une dame où je savais que vous n'étiez pas mal reçu, je pris la liberté de vous emprunter votre nom.

— Monsieur, que voulez-vous dire?

— La, la, tout beau; n'allez-vous pas avoir l'égoïsme d'être jaloux d'une femme au moment d'en épouser une autre! et puis, le fussiez-vous, ce qui est encore dans la nature de l'homme, qui décidément est un vilain animal, vous me pardonnerez tout à l'heure. Je vous appartiens de trop près pour que nous nous querellions.

— Je ne comprends pas un mot de ce que vous me dites, Monsieur.

— Je dis que j'ai droit à ce que vous me traitiez en frère, ou tout au moins en beau-frère.

— Vous parlez par énigmes, et je ne comprends pas davantage.

— Eh bien! vous allez comprendre d'un seul mot. Mon vrai nom est Roland de Lartigues, et Nanon est ma sœur.

Canolles passa de la défiance à une expansion subite.

— Vous, le frère de Nanon! s'écria-t-il. Ah! pauvre garçon!

— Eh bien! oui, pauvre garçon, reprit Cauvignac; vous avez justement dit le mot, vous avez justement mis le doigt sur la chose; car outre une foule d'autres désagréments qui résulteront de l'instruction de mon petit procès ici, j'ai encore celui-là de m'appeler Roland de Lartigues, et d'être le frère de Nanon. Vous savez que ma chère sœur n'est point en odeur de sainteté chez messieurs les Bordelais. Qu'on apprenne ma qualité de frère de Nanon, et je suis trois fois perdu : or, il y a ici un La Rochefoucault et un Lenet qui savent tout.

— Ah! dit Canolles, reporté par ce que lui disait Cauvignac à d'anciens souvenirs, ah! je comprends maintenant pourquoi dans une lettre cette pauvre Nanon m'appela un jour son frère. Excellente amie!...

— Ah! oui, fit Cauvignac, c'était une bonne personne, et je me repens bien de n'avoir pas toujours pris ses recommandations à la lettre; mais, que voulez-vous, si l'on pouvait deviner l'avenir, il n'y aurait plus besoin de Dieu.

— Et qu'est-elle devenue? demanda Canolles.

— Qui peut dire cela! Pauvre femme, elle se désespère sans doute, non pas sur moi dont elle ignore l'arrestation, mais sur vous dont elle connait peut-être le sort.

— Tranquillisez-vous, dit Canolles, Lenet ne dira pas que vous êtes le frère de Nanon. Monsieur de La Rochefoucault, de son côté, n'a aucun motif de vous en vouloir. On ne saura donc rien de tout cela.

— Si on ne sait rien de tout cela, croyez-moi, on saura toujours autre chose : on saura que c'est moi, par exemple, qui ai donné certain blanc-seing, et que ce blanc-seing... mais, bah! oublions, si c'est possible. Quel malheur qu'il ne vienne pas de vin! continua-t-il en se retournant vers la porte. Il n'y a rien de tel que le vin pour faire oublier.

— Voyons, voyons, dit Canolles, du courage!

— Eh! pardieu! croyez-vous que j'en manque? Vous me verrez au fameux moment, quand nous irons faire un tour sur l'Esplanade. Mais une chose me taquine, cependant : serons-nous fusillés, décapités ou pendus?

— Pendus! s'écria Canolles. Vive Dieu! nous sommes gentilshommes, et l'on ne ferait pas un pareil outrage à la noblesse.

— Eh bien! vous verrez qu'ils sont encore capables de me chicaner sur ma généalogie... puis encore...

— Quoi!

— Est-ce vous ou moi qui passera le premier?

— Mais, pour Dieu ! mon cher ami, dit Canolles, ne vous mettez donc pas en tête de ces choses-là !... Rien n'est moins sûr que cette mort dont vous vous préoccupez d'avance : on ne juge pas, on ne condamne pas, et on n'exécute pas ainsi en une nuit.

— Écoutez, répondit Cauvignac, j'étais là-bas quand on a fait le procès de ce pauvre Richon, Dieu veuille avoir son âme ! Eh bien, procès, jugement, pendaison, tout cela a duré trois ou quatre heures tout au plus : mettons un peu moins d'activité, parce que madame Anne d'Autriche est reine de France, et que madame de Condé n'est que princesse du sang, et cela nous donne quatre ou cinq heures à nous. Or, comme voilà trois heures que nous avons été arrêtés, comme voilà deux heures que nous avons comparu devant nos juges, cela nous donne, de compte fait, encore une heure ou deux à vivre : c'est court.

— En tout cas, dit Canolles, on attendra bien le jour pour nous exécuter ?

— Ah ! ce n'est pas sûr du tout, cela : une exécution aux flambeaux est une fort belle chose ; cela coûte plus cher, c'est vrai ; mais comme madame la Princesse a grand besoin des Bordelais en ce moment-ci, il se pourrait bien qu'elle se décidât à faire cette dépense.

— Chut ! dit Canolles, j'entends des pas.

— Diable ! dit Cauvignac en pâlissant quelque peu.

— C'est sans doute le vin qu'on nous monte, dit Canolles.

— Ah ! oui, dit Cauvignac en attachant sur la porte un regard plus qu'attentif, il y a encore cela : si le geôlier entre avec des bouteilles, ça va bien ; mais si au contraire...

La porte s'ouvrit, et le geôlier entra sans bouteilles.

Cauvignac et Canolles échangèrent un regard expressif ; mais le geôlier n'y fit pas attention... Il paraissait si pressé, le temps était si court, il faisait si sombre dans le cachot...

Il referma la porte et entra.

Puis s'approchant des prisonniers en tirant un papier de sa poche.

— Lequel de vous deux, dit-il, est le baron de Canolles?

— Ah! diable! firent ensemble les deux hommes en échangeant un nouveau regard.

Cependant Canolles hésita avant que de répondre, et Cauvignac en fit autant : le premier avait porté ce nom trop longtemps pour douter que l'appellation s'adressât à lui ; mais l'autre l'avait porté assez pour craindre qu'on le lui rappelât.

Cependant Canolles comprit qu'il fallait répondre.

— C'est moi, dit-il.

Le geôlier s'approcha de lui.

— Vous étiez gouverneur de place?

— Oui.

— Mais moi aussi je l'étais, gouverneur de place ; moi aussi je me suis appelé Canolles, dit Cauvignac. Voyons, expliquons-nous bien, et pas de méprise. C'est déjà assez de ce qui m'est arrivé vis-à-vis de ce pauvre Richon, sans que je cause encore la mort d'un autre.

— Ainsi vous vous appelez maintenant Canolles? demanda le geôlier?

— Oui, répondit Canolles.

— Ainsi vous vous êtes appelé autrefois Canolles? dit encore le geôlier à Cauvignac.

— Oui, répondit celui-ci ; autrefois, un jour seulement, et je commence à croire que j'ai eu une sotte idée ce jour-là.

— Vous êtes tous deux gouverneurs de place?

— Oui, répondirent ensemble Canolles et Cauvignac.

— Maintenant, une dernière question qui éclaircira tout.

Les deux prisonniers prêtèrent le plus profond silence.

— Lequel de vous deux, dit le geôlier, est le frère de madame Nanon de Lartigues?

Ici Cauvignac fit une grimace qui eût été comique dans un moment moins solennel.

— Quand je vous le disais, interrompit-il en s'adressant à Canolles, quand je vous disais, cher ami, que ce serait par là qu'on m'attaquerait!

Puis se retournant vers le geôlier!

— Et si c'était moi, dit-il, qui fusse le frère de madame Nanon de Lartigues, que me diriez-vous, mon ami?

— Je vous dirais de me suivre à l'instant même.

— Peste! fit Cauvignac.

— Mais elle m'a aussi appelé son frère, dit Canolles, essayant de détourner un peu de l'orage qui s'amassait alors visiblement sur la tête de son malheureux compagnon.

— Un moment, un moment, dit Cauvignac, passant devant le geôlier et prenant Canolles à part; un moment, mon gentilhomme, il n'est pas juste que vous soyez frère de Nanon en pareille circonstance. J'ai assez jusqu'à présent fait payer les autres pour moi, et il est juste que je paye à mon tour.

— Que voulez-vous dire? demanda Canolles.

— Oh! ce serait trop long, puis, d'ailleurs, vous voyez bien que notre geôlier s'impatiente et frappe du pied... C'est bien, mon ami, c'est bien; soyez tranquille, on vous suit. Adieu donc, cher compagnon, continua Cauvignac, voici au moins mes doutes fixés sur un point, c'est que je passe le premier. Dieu fasse que vous ne me suiviez pas trop vite. Reste à savoir le genre de mort, maintenant. Diable! pourvu que ce ne soit pas la pendaison. Eh! l'on y va, pardieu! l'on y va! Vous êtes bien pressé, mon brave homme! Allons donc, mon cher frère, mon cher beau-frère, mon cher compagnon, mon cher ami... Un dernier adieu, et bonsoir!

Cauvignac alors fit encore un pas vers Canolles en lui tendant la main; Canolles prit cette main entre les siennes et la serra affectueusement.

Pendant ce temps, Cauvignac le regardait avec une singulière expression.

— Que me voulez-vous? dit Canolles, avez-vous quelque chose à me demander?

— Oui, dit Cauvignac.

— Alors, faites hardiment.

— Priez-vous quelquefois? dit Cauvignac.

— Oui, répondit Canolles.

— Eh bien! quand vous prierez... dites un mot pour moi.

Et se retournant vers le geôlier, qui paraissait s'impatienter de plus en plus :

— C'est moi qui suis le frère de madame Nanon de Lartigues, lui dit-il; venez, mon ami...

Le geôlier ne se le fit pas dire à deux fois et emmena hâtivement Cauvignac qui, du seuil de la porte, fit un dernier signe à Canolles.

Puis la porte se referma, leurs pas s'éloignèrent dans le corridor et tout retomba dans un silence qui sembla à celui qui restait le silence de la mort.

Canolles demeura profondément absorbé dans une tristesse qui ressemblait à de la terreur. Cette manière d'enlever un homme, nuitamment, sans bruit, sans appareil, sans gardes, était plus effrayante que les apprêts du supplice faits à la face du soleil. Néanmoins tout l'effroi de Canolles était pour son compagnon, car sa confiance dans madame de Cambes était si grande, que depuis qu'il l'avait vue, malgré la nouvelle fatale qu'elle lui avait annoncée, il ne craignait plus pour lui-même.

Aussi la seule chose qui l'occupât réellement à cette heure, c'était le sort réservé au compagnon qu'on lui enlevait. Alors la dernière recommandation de Cauvignac se présenta à son esprit. Il se mit à genoux et pria.

Quelques instants après, ils se releva, se sentant consolé

et fort, et n'attendant plus qu'une chose, l'arrivée du secours promis par madame de Cambes ou sa présence.

Pendant ce temps, Cauvignac suivait le geôlier dans le corridor sombre, ne prononçant pas une seule parole et réfléchissant aussi sérieusement que possible

Au bout du corridor, le geôlier ferma aussi soigneusement la porte qu'il avait déjà fait pour le cachot de Canolles, et après avoir prêté l'oreille à quelques bruits vagues qui montaient de l'étage inférieur :

— Allons! dit-il en se retournant brusquement vers Cauvignac, en route, mon gentilhomme.

— Je suis prêt, répondit Cauvignac assez majestueusement.

— Ne criez pas si haut, dit le geôlier, et marchez plus vite.

Et il prit un escalier qui descendait aux cachots souterrains.

— Oh! oh! se dit Cauvignac, voudrait-on m'égorger entre deux murs, ou me pousser dans quelque oubliette? J'ai entendu dire qu'on se contentait parfois d'exposer les quatre membres sur une place publique, comme a fait César Borgia pour don Ramiro d'Orco. Voyons, ce geôlier est tout seul, il a les clefs à sa ceinture. Ces clefs doivent ouvrir une porte quelconque. Il est petit, je suis grand; il est faible, je suis fort; il est devant, je suis derrière, je l'aurai bientôt étranglé, si je le veux. Le veux-je?

Et déjà Cauvignac, qui s'était répondu qu'il le voulait, allongeait ses deux mains osseuses pour mettre à exécution le projet qu'il venait d'arrêter, quand tout à coup le geôlier se retourna avec terreur.

— Chut! dit-il, n'entendez-vous rien?

— Décidément, continua Cauvignac, se parlant toujours à lui-même, il y a quelque chose d'obscur dans tout ceci; et tant de précautions, si elles ne me rassurent pas, doivent fort m'inquiéter.

Aussi s'arrêtant tout à coup :

— Or çà, dit-il, où me menez-vous, voyons?

— Ne le voyez-vous pas? dit le geôlier, dans la cave.

— Ouais! fit Cauvignac, vont-ils m'enterrer tout vif?

Le geôlier haussa les épaules, enfila un dédale de corridors, et, arrivé à une petite porte basse, cintrée et suante, derrière laquelle se faisait un bruit étrange, il l'ouvrit.

— La rivière! s'écria Cauvignac, effrayé en voyant l'eau qui roulait, sombre et noire comme celle de l'Achéron.

— Eh! oui, la rivière; savez-vous nager?

— Oui... non... si... c'est-à-dire... Pourquoi diable me demandez-vous cela?

— C'est que si vous ne savez pas nager, nous serons forcés d'attendre un bateau qui stationne là-bas, et c'est un quart d'heure perdu, sans compter qu'on peut entendre le signal que je vais faire et par conséquent nous rattraper.

— Nous rattraper! s'écria Cauvignac. Ah çà! cher ami, mais nous nous sauvons donc?

— Pardieu! certainement, que nous nous sauvons.

— Où cela?

— Où nous voudrons.

— Je suis donc libre?

— Libre comme l'air.

— Ah! mon Dieu! s'écria Cauvignac.

Et sans ajouter un seul mot à cette éloquente exclamation, sans regarder autour de lui, sans s'inquiéter si son compagnon le suivait, il s'élança vers la rivière et plongea plus rapidement que n'eût pu le faire une loutre poursuivie. Le geôlier l'imita, et tous deux, après un quart d'heure d'efforts silencieux pour rompre le courant, se trouvèrent en vue du bateau. Alors le geôlier siffla trois fois tout en nageant; les rameurs, reconnaissant le signal convenu, vinrent à leur rencontre, les hissèrent promptement dans la barque, et, sans dire une seule parole, firent force de rames, et en moins de cinq minutes les déposèrent tous deux sur la rive opposée.

— Ouf! dit Cauvignac qui, depuis le moment où il s'était si résolûment jeté à la rivière, n'avait pas prononcé une seule parole. Ouf! me voilà donc sauvé. Cher geôlier de mon cœur, Dieu vous récompensera.

— En attendant la récompense que Dieu me garde, dit le geôlier, j'ai toujours touché une quarantaine de mille livres qui m'aideront à prendre patience.

— Quarante mille livres! s'écria Cauvignac stupéfait, et qui diable peut donc avoir dépensé quarante mille livres pour moi?

L'ABBAYE DE PEYSSAC

I

Un mot d'explication nécessaire, et après lequel nous reprendrons le fil de notre histoire.

D'ailleurs, il est temps de revenir à Nanon de Lartigues, qui, à l'aspect du malheureux Richon expirant sous la halle du marché de Libourne, avait poussé un cri et était tombée évanouie.

Cependant Nanon, on a dû le voir déjà, n'était pas une femme de complexion frêle; malgré la délicatesse de son corps et l'exiguïté de ses proportions, elle avait supporté de longs chagrins, soutenu des fatigues, bravé de longs dangers; et cette âme, à la fois aimante et vigoureuse, douée d'une trempe peu commune, savait plier selon les circonstances, et rebondir plus forte à chaque relâche que lui donnait le destin.

Le duc d'Épernon, qui la connaissait ou plutôt qui croyait la connaître, put donc s'étonner de la voir aussi complétement abattue par l'aspect d'une douleur physique; elle qui, dans l'incendie de son palais, à Agen, avait failli brûler vive sans pousser un cri, de peur de faire plaisir à ses ennemis, haletants après ce supplice qu'un d'entre eux, plus exaspéré que les autres, avait préparé à la favorite du gouverneur détesté; elle, Nanon, qui, au milieu de ce tumulte, avait vu périr deux de ses femmes, assassinées pour elle et à sa place, et qui n'avait pas même sourcillé...

L'évanouissement de Nanon dura près de deux heures et se termina par d'affreuses attaques de nerfs, pendant lesquelles elle ne put point parler, mais seulement pousser des cris inarticulés. Ce fut au point que la reine elle-même, après avoir envoyé force messages à la malade, vint lui rendre une visite en personne, et que monsieur de Mazarin, récemment arrivé, voulut prendre place au chevet de son lit pour y faire de la médecine, ce qui était sa grande prétention : de la médecine à ce corps menacé, de la théologie à cette âme en péril.

Mais Nanon ne reprit connaissance que bien avant dans la nuit. Alors elle fut encore un certain temps à rassembler ses idées; mais enfin, pressant sa tête dans ses deux mains, elle s'écria avec un accent déchirant :

— Je suis perdue! ils me l'ont tué!

Heureusement ces mots étaient assez étranges pour que les assistants les missent sur le compte du délire, et ce fut ce qui arriva.

Cependant ces paroles restèrent dans l'esprit des assistants, et lorsque le matin le duc d'Épernon vint d'une expédition qui l'avait éloigné de Libourne depuis la veille, il apprit à la fois l'évanouissement de Nanon et les paroles qu'elle avait prononcées en revenant à elle. Le duc connaissait toute l'effervescence de cette âme de feu. Il comprit qu'il y avait là plus que du délire : il se hâta donc de se rendre près de Nanon, et profitant du premier moment de solitude que lui laissèrent les visiteurs :

— Chère amie, lui dit-il, j'ai su tout ce que vous avez souffert à propos de la mort de Richon, qu'on a eu l'imprudence de venir pendre sous vos fenêtres.

— Oh! oui, s'écria Nanon, c'est affreux ! c'est infâme !...

— Une autre fois, soyez tranquille, dit le duc, maintenant que je sais l'effet que cela vous produit, je ferai pendre les rebelles sur la place du Cours, et non plus sur la place du Marché. Mais de qui donc parliez-vous quand vous disiez qu'on vous l'avait tué ? Ce ne pouvait être de Richon, je présume ; car jamais Richon ne vous a rien été, pas même une simple connaissance.

— Ah ! c'est vous, monsieur le duc? dit Nanon en se soulevant sur son coude et en lui saisissant le bras.

— Oui, c'est moi ; et je suis bien aise que vous me reconnaissiez, cela prouve que vous allez mieux. Mais de qui parliez-vous?

— De lui! monsieur le duc, de lui! dit Nanon avec un reste de délire : c'est vous qui l'avez tué! Oh! le malheureux!

— Chère amie, vous m'épouvantez ! que dites-vous donc ?

— Je dis que vous l'avez tué. Ne comprenez-vous pas, monsieur le duc?

— Non, chère amie, reprit monsieur d'Épernon essayant de faire parler Nanon en entrant dans les idées que lui suggérait son délire ; comment puis-je l'avoir tué, puisque je ne le connais pas?

— Ne savez-vous point qu'il est prisonnier de guerre, qu'il était capitaine, qu'il était gouverneur, qu'il avait les mêmes titres et le même grade que ce pauvre Richon, et que les Bordelais vont venger sur lui le meurtre de celui que vous avez fait assassiner? car, vous avez beau prendre l'apparence de la justice, c'est un véritable assassinat, monsieur le duc!...

Le duc, démonté par cette apostrophe, par le feu de ces regards étincelants, par l'action fiévreuse de ce geste énergique, recula en pâlissant.

— Oh! c'est vrai! c'est vrai! s'écria-t-il en se frappant le front; ce pauvre Canolles, je l'avais oublié!

— Mon frère! mon pauvre frère! s'écria à son tour Nanon, heureuse de pouvoir éclater, et donnant à son amant le titre sous lequel monsieur d'Épernon le connaissait.

— Vous avez, mordieu! raison, dit le duc, et c'est moi qui suis une tête sans cervelle. Comment diable ai-je oublié notre pauvre ami! Mais il n'y a pas de temps de perdu encore; à peine si, à cette heure, on sait la nouvelle à Bordeaux; le temps de se réunir, de juger... D'ailleurs, ils hésiteront.

— La reine a-t-elle hésité, elle? dit Nanon.

— Mais la reine est la reine; elle a droit de vie et de mort. Eux, ce sont des rebelles.

— Hélas! dit Nanon, raison de plus pour qu'ils ne ménagent rien; mais, voyons, dites, qu'allez-vous faire?

— Je n'en sais rien encore, mais reposez-vous sur moi.

— Oh! dit Nanon en essayant de se lever, quand je devrais aller moi-même à Bordeaux me livrer à sa place, il ne mourra pas.

— Soyez tranquille, ma chère amie, c'est moi que cela regarde. J'ai fait le mal, je le réparerai, foi de gentilhomme. La reine a encore quelques amis dans la ville, ne vous inquiétez donc pas.

Le duc faisait cette promesse du fond de son cœur.

Nanon lut dans ses yeux la conviction, la franchise et surtout la volonté; elle se sentit alors prise d'une telle joie que, saisissant les mains du duc :

— Oh! Monseigneur, dit-elle en y appuyant ses lèvres en feu, si vous pouvez y réussir, comme je vous aimerai!

Le duc fut attendri jusqu'aux larmes : c'était la première fois que Nanon lui parlait avec cette expansion et lui faisait une pareille promesse.

Il sortit aussitôt de l'appartement en assurant de nouveau à Nanon qu'elle n'avait rien à craindre; puis, faisant venir un de ses serviteurs dont l'adresse et la fidélité lui étaient bien connues, il lui ordonna de se rendre à Bordeaux, d'entrer dans la ville, dût-il en escalader les remparts, et de remettre à l'avocat Lavie la note suivante, écrite tout entière de sa propre main :

« Empêcher qu'il n'arrive rien de fâcheux à monsieur de
« Canolles, capitaine commandant de place au service de
« Sa Majesté.

« Si cet officier est arrêté, comme on le présume, le déli-
« vrer par tous les moyens imaginables; séduire les gardiens
« par l'offre de tout l'or qu'ils demanderont, un million, s'il
« le faut, et engager la parole de monsieur le duc d'Épernon
« pour la direction d'un château royal.

« Si la corruption échoue, tenter la force; ne s'arrêter de
« vant rien : la violence, l'incendie, le meurtre seront ex
« cusés.

« Signalement :

« Taille haute, œil brun, nez recourbé. En cas de doute,
« demander :

« *Êtes-vous le frère de Nanon ?*

« *Célérité*; il n'y a pas une minute à perdre. »

Le messager partit. Trois heures après, il était à Bordeaux. Il entra dans une ferme, troqua ses habits contre un sarrau de toile d'un paysan et pénétra dans la ville en conduisant une charrette pleine de farine.

Lavie reçut la lettre un quart d'heure après la décision du conseil de guerre. Il se fit ouvrir la porte du château fort.

parla au geôlier chef, lui offrit vingt mille livres qu'il refusa, puis trente mille qu'il refusa encore, puis enfin quarante mille qu'il accepta.

On sait comment, trompé par cette appellation, qui, selon le duc d'Épernon, devait sauver de toute méprise : « Êtes-vous le frère de Nanon? » Cauvignac, dans le seul mouvement de générosité qu'il avait peut-être eu pendant toute sa vie, avait répondu : « Oui, » et prenant ainsi la place de Canolles, s'était retrouvé libre, à son grand étonnement.

Cauvignac fut entraîné sur un cheval rapide vers le village de Saint-Loubès, qui appartenait aux épernonistes. Là on trouva un messager du duc venu au-devant du fugitif sur le cheval même du duc, jument espagnole d'un prix inestimable.

— Est-il sauvé? s'écria-t-il en s'adressant au chef de l'escorte qui conduisait Cauvignac.

— Oui, répondit celui-ci, et nous le ramenons.

C'était tout ce que demandait le messager; il fit faire volte-face à son cheval et s'élança rapide comme un météore dans la direction de Libourne. Une heure et demie après, le cheval fourbu tombait à la porte de la ville, et envoyait rouler son cavalier aux pieds de monsieur d'Épernon, qui palpitait d'impatience en attendant le mot : Oui. Le messager, à moitié brisé, eut encore la force de prononcer ce mot : Oui, qui coûtait si cher, et le duc se précipita, sans perdre une seconde, vers le logis de Nanon, qui, toujours étendue sur son lit, égarée, l'œil atone, fixait son regard insensé sur la porte encombrée de serviteurs.

— Oui! s'écria le duc d'Épernon, oui, il est sauvé, chère amie, il me suit, et vous allez le voir!

Nanon bondit de joie dans son lit, ces quelques mots enlevaient de sa poitrine le poids qui l'étouffait : elle étendit ses deux mains vers le ciel; puis, toute baignée des larmes que ce bonheur inattendu tirait de ces yeux que le désespoir avait faits arides, elle s'écria avec un accent impossible à décrire :

— Oh ! mon Dieu, mon Dieu ! je te remercie !

Puis, abaissant ses yeux du ciel à la terre, elle vit à côté d'elle le duc d'Épernon, si heureux de son bonheur qu'on eût dit qu'autant qu'elle il prenait intérêt au cher prisonnier. Ce fut alors seulement que se présenta à son esprit cette inquiétante pensée :

— Comment le duc sera-t-il récompensé de sa bonté, de sa sollicitude, lorsqu'il verra l'étranger à la place du frère, la fourberie d'un amour presque adultère substitué au sentiment si pur de l'amitié fraternelle ? La réponse de Nanon à elle-même fut courte et énergique.

— Eh bien ! n'importe ! songea ce cœur sublime à la fois d'abnégation et de dévouement, je ne le tromperai pas davantage, je lui dirai tout : il me chassera, il me maudira ; alors je me jetterai à ses pieds pour le remercier de ce que depuis trois ans il fait pour moi. Puis, pauvre, humiliée, mais heureuse, je sortirai d'ici riche de mon amour, et heureuse de la vie nouvelle qui nous attendra.

Ce fut au milieu de ce rêve d'abnégation, dans lequel l'ambition était sacrifiée à l'amour, que la haie des serviteurs s'ouvrit et qu'un homme se précipita dans la chambre où était couchée Nanon en s'écriant :

— Ma sœur ! ma bonne sœur !

Nanon se redressa sur son séant, ouvrit de grands yeux effarés, devint plus blanche que l'oreiller brodé placé derrière sa tête, et pour la seconde fois tomba foudroyée en murmurant :

— Cauvignac ! mon Dieu ! Cauvignac !

— Cauvignac ! répéta le duc en promenant autour de lui un regard étonné, qui cherchait évidemment celui à qui s'adressait cette interpellation. Cauvignac! dit-il, qui donc s'appelle ici Cauvignac?

Cauvignac n'eut garde de répondre, il était encore trop peu sauvé pour se permettre une franchise qui d'ailleurs, même dans les circonstances habituelles de la vie, ne lui était pas ordinaire; il comprenait qu'en répondant il perdait sa sœur, et en perdant sa sœur il se ruinait infailliblement lui-même; si inventif qu'il fût, il demeura donc court, laissant parler Nanon, à la charge par lui de corriger ses paroles.

— Et monsieur de Canolles! s'écria celle-ci avec un ton de furieux reproche et en dardant sur Cauvignac le double éclair de ses yeux.

Le duc fronçait le sourcil et commençait à mordre sa moustache. Les assistants, hormis Finette qui était fort pâle, et Cauvignac qui faisait tout ce qu'il pouvait pour ne point pâlir, ignoraient ce que voulait dire cette colère inattendue, et s'entre-regardaient étonnés.

— Pauvre sœur! murmura Cauvignac à l'oreille du duc, elle a eu si peur pour moi, qu'elle a le délire et qu'elle ne me reconnaît pas.

— C'est à moi qu'il faut répondre, s'écria Nanon, misérable! c'est à moi! Où est monsieur de Canolles? qu'est-il devenu? réponds, mais réponds donc!

Cauvignac prit une résolution désespérée : il fallait jouer le tout pour le tout, et s'affermir dans son impudence ; car chercher son salut dans un aveu, faire connaître au duc d'Épernon le double personnage de ce faux Canolles qu'il avait favorisé, et de ce vrai Cauvignac qui avait levé des troupes contre la reine et vendu à la reine ces mêmes soldats, c'était vouloir aller rejoindre Richon sur la poutre du Marché. Il s'approcha donc de monsieur le duc d'Épernon, et, les larmes aux yeux :

— Oh! Monsieur, dit-il, ce n'est plus du délire, c'est de la folie, et la douleur, comme vous le voyez, lui a tourné l'esprit au point de ne plus reconnaître ses plus proches. Si quelqu'un peut lui rendre sa raison perdue, vous comprenez que c'est moi ; faites donc, je vous en supplie, éloigner tous ces serviteurs, à l'exception de Finette, qui sera là pour lui donner des soins si elle en avait besoin ; car, ainsi que moi, vous seriez fâché de voir rire des indifférents aux dépens de cette pauvre sœur.

Peut-être le duc ne se fût-il pas rendu facilement à ce moyen ouvert par Cauvignac, qui, si crédule qu'il fût, commençait à lui inspirer quelque méfiance, si un messager ne fût venu lui dire de la part de la reine qu'on l'attendait au palais, monsieur de Mazarin ayant convoqué un conseil extraordinaire.

Pendant que l'envoyé s'acquittait de son message, Cauvignac se pencha vers Nanon, et lui dit rapidement :

— Au nom du ciel! calmez-vous, ma sœur ; que nous puissions échanger quelques mots en tête-à-tête, et tout sera réparé.

Nanon retomba sur son lit, sinon calmée, du moins maîtresse d'elle-même, car l'espoir, à si petite dose qu'il soit donné, est un baume qui adoucit les souffrances du cœur.

Quant au duc, décidé à jouer jusqu'au bout les Orgons et les Gérontes, il revint vers Nanon, et, lui baisant la main :

— Allons, chère amie, lui dit-il, voilà la crise passée, je l'espère ; rappelez vos esprits, je vous laisse avec ce frère que vous aimez tant, car la reine me fait demander. Croyez qu'il ne faut rien moins qu'un ordre de Sa Majesté pour que je vous quitte dans un pareil moment.

Nanon sentit que le cœur allait lui manquer. Elle n'eut point la force de répondre au duc, seulement elle regarda Cauvignac et lui serra la main comme pour lui dire :

— Ne m'avez-vous point trompée, mon frère, et puis-je réellement espérer?

Cauvignac répondit à ce serrement de main par un serrement de main pareil, et se retournant vers monsieur d'Épernon :

— Oui, monsieur le duc, dit-il, la crise la plus forte du moins est passée, et ma sœur va revenir à cette conviction qu'elle a près d'elle un ami fidèle et un cœur dévoué, prêt à tout entreprendre pour lui rendre la liberté et le bonheur.

Nanon ne put y tenir plus longtemps, elle éclata en sanglots, elle l'œil sec, elle l'esprit fort; mais tant de choses l'avaient brisée, qu'elle n'était plus qu'une femme ordinaire, c'est-à-dire faible et éprouvant le besoin des larmes. Le duc d'Épernon sortit en secouant la tête et en recommandant du regard Nanon à Cauvignac. A peine fut-il dehors :

— Oh! que cet homme m'a fait souffrir, s'écria Nanon; s'il était resté un instant de plus, je crois que je serais morte.

Cauvignac fit de la main un signe qui recommandait le silence; puis il alla coller son oreille à la porte pour s'assurer que le duc s'éloignait bien réellement.

— Oh! que m'importe! s'écria Nanon, qu'il écoute ou qu'il n'écoute pas; vous m'avez dit tout bas deux mots pour me rassurer; dites, que pensez-vous, qu'espérez-vous?

— Ma sœur, répliqua Cauvignac en prenant un air sérieux qui ne lui était aucunement habituel, je ne vous affirmerai pas que je suis sûr de réussir, mais je vous répéterai ce que je vous ai déjà dit, je ferai tout au monde pour cela.

— Réussir à quoi? demanda Nanon; nous entendons-nous bien cette fois, et n'y a-t-il pas encore entre nous quelque terrible quiproquo?

— A sauver le malheureux Canolles.

Nanon le regarda avec une fixité effrayante.

— Il est perdu! n'est-ce pas?

— Hélas! répondit Cauvignac, si vous me demandez mon opinion franche et entière, j'avoue que la position me paraît mauvaise.

— Comme il dit cela! s'écria Nanon. Mais sais-tu bien, malheureux, ce que c'est pour moi que cet homme?

— Je sais que c'est un homme que vous préférez à votre frère, puisque vous le sauviez plutôt que moi, et que lorsque vous m'avez vu vous m'avez reçu en m'anathématisant.

Nanon fit un signe d'impatience.

— Eh! pardieu! vous avez raison, reprit Cauvignac; et je ne vous dis pas cela comme titre de reproche, mais comme simple observation; car tenez, la main sur le cœur, je n'ose dire sur la conscience de peur de mentir, si nous étions encore tous deux dans le cachot du Château-Trompette, moi sachant ce que je sais, je dirais à monsieur de Canolles : Monsieur, vous avez été appelé par Nanon son frère, c'est vous qu'on demande et non moi, et c'est lui qui serait venu à ma place, et c'est moi qui serais mort à la sienne.

— Mais il mourra donc! s'écria Nanon avec une explosion de douleur qui prouve que dans les esprits les mieux organisés le sentiment de la mort n'entre jamais qu'à l'état de crainte et non jamais à l'état de certitude, puisque l'affirmation porte un coup si violent; mais il mourra donc!

— Ma sœur, répondit Cauvignac, voici tout ce que je puis vous dire, et ce sur quoi il faut baser ce que nous allons faire : Il est neuf heures du soir; depuis deux heures qu'on me fait courir, il peut s'être passé bien des choses. Ne vous désolez pas, morbleu! car aussi il peut ne s'être absolument rien passé du tout. Voici une idée qui m'arrive.

— Dites vite.

— J'ai à une lieue de Bordeaux cent hommes et mon lieutenant.

— Un homme sûr?

— Ferguzon.

— Eh bien ?

— Eh bien! ma sœur, quoi que dise monsieur de Bouillon, quoi que fasse monsieur de La Rochefoucault, quoi que pense madame la Princesse, qui se croit un bien autre capitaine que ces deux généraux, j'ai l'idée, moi, qu'avec cent hommes, dont je sacrifierai la moitié, j'arriverai jusqu'à monsieur de Canolles.

— Oh! vous vous trompez, mon frère; vous n'arriverez pas! vous n'arriverez pas!...

— J'arriverai, morb'eu! ou je me ferai tuer.

— Hélas! votre mort me prouvera votre bonne volonté; mais votre mort ne le sauvera pas! Il est perdu! il est perdu!

— Et moi, je vous dis que non, dussé-je me livrer à sa place! s'écria Cauvignac avec un transport de quasi-générosité qui le surprit lui-même.

— Vous livrer, vous!

— Oui, sans doute, moi; car enfin personne n'a de motif de le haïr, ce bon monsieur de Canolles; et tout le monde l'aime, au contraire, tandis que moi on me déteste.

— Vous! et pourquoi vous déteste-t-on?

— Mais c'est tout simple, parce que j'ai l'honneur de vous appartenir par les liens les plus étroits du sang. Pardon, chère sœur, mais c'est extrêmement flatteur pour une bonne royaliste, ce que je vous dis là.

— Un moment, dit lentement Nanon en arrêtant son doigt sur ses lèvres.

— J'écoute.

— Vous dites donc que je suis bien détestée par les Bordelais?

— C'est-à-dire qu'ils vous exècrent.

— Ah ! vraiment ! fit Nanon avec un sourire demi-pensif, demi-joyeux.

— Je ne croyais pas vous dire là quelque chose qui vous fût si agréable.

— Si fait, si fait, dit Nanon ; c'est sinon agréable, du moins très-sensé. Oui, vous avez raison, continua-t-elle se parlant plutôt à elle-même qu'à son frère ; ce n'est pas monsieur de Canolles que l'on hait, ce n'est pas vous non plus. Attendez, attendez.

Elle se leva, roula autour de son cou souple et brûlant une longue mante de soie, et, s'asseyant devant la table, elle écrivit à la hâte quelques lignes que Cauvignac, à la rougeur de son front et au soulèvement de son sein, jugea devoir être bien importantes.

— Prenez ceci, dit-elle en cachetant sa lettre ; courez seul, sans soldats et sans escorte, à Bordeaux : il y a dans l'écurie un barbe qui peut faire la route en une heure. Arrivez aussi vite que les moyens humains permettent d'arriver, présentez cette lettre à madame la Princesse, et monsieur de Canolles sera sauvé.

Cauvignac regarda sa sœur avec étonnement ; mais comme il connaissait la justesse de cet esprit vigoureux, il ne perdit pas de temps à commenter ses phrases : il s'élança dans l'écurie, sauta sur le cheval désigné, et au bout d'une demi-heure il avait déjà fait plus de la moitié du chemin. Quant à Nanon, dès qu'elle l'eût vu partir de sa fenêtre, elle s'agenouilla, elle l'athée, fit une courte prière, enferma son or, ses bijoux et ses diamants dans un coffre, commanda un carrosse et se fit habiller par Finette de ses plus beaux habits.

II

La nuit descendait sur Bordeaux, et, à part le quartier de l'Esplanade vers lequel tout le monde se pressait, la ville semblait déserte. Pas d'autre bruit dans les rues éloignées de cet endroit privilégié que les pas des patrouilles; pas d'autre voix que celle de quelque vieille qui rentrait en fermant sa porte avec effroi.

Mais du côté de l'Esplanade, au loin dans le brouillard du soir, on entendait une rumeur sourde et continue comme le bruit d'une marée qui se retire.

Madame la Princesse venait de terminer sa correspondance, et elle avait fait mander à monsieur le duc de La Rochefoucault qu'elle pouvait le recevoir.

Aux pieds de la princesse, humblement roulée sur un tapis, étudiant avec l'anxiété la plus vive son visage et son humeur, madame de Cambes semblait attendre le moment de parler sans être importune; mais cette patience contrainte, cette douceur étudiée étaient bien démenties par les crispations de ses mains, qui froissaient et déchiquetaient un mouchoir.

— Soixante-dix-sept signatures! s'écria la princesse; vous voyez que cela n'est pas tout plaisir, Claire, que de jouer à la reine.

— Si fait, Madame, répondit la vicomtesse; car, en prenant la place de la reine, vous vous êtes arrogé son plus beau privilége, celui de faire grâce.

— Et celui de punir, Claire, reprit orgueilleusement la princesse de Condé; car une de ces soixante-dix-sept signatures est apposée au bas d'une condamnation à mort.

— Et la soixante-dix-huitième va l'être au bas d'une lettre de grâce, n'est-ce pas, Madame? reprit Claire d'un ton suppliant.

— Que dis-tu, petite?

— Je dis, Madame, que je crois qu'il est temps que j'aille délivrer mon prisonnier ; ne voulez-vous pas que je lui épargne cet affreux spectacle de voir conduire son compagnon à la mort? Ah! Madame, puisque vous voulez bien faire grâce, faites-la pleine et entière.

— Ma foi, oui! tu as raison, petite, dit madame la Princesse ; mais, en vérité, j'avais oublié ma promesse au milieu de ces graves occupations, et tu as bien fait de me la rappeler.

— Ainsi donc, s'écria Claire toute joyeuse?...

— Ainsi donc, fais ce que tu voudras.

— Alors encore une signature, Madame, dit Claire avec un sourire qui eût attendri le cœur le plus dur, sourire que nulle peinture ne saurait rendre, parce qu'il n'appartient qu'à la femme qui aime, c'est-à-dire à la vie dans sa plus divine essence.

Et elle poussa un papier sur la table de madame la Princesse, et elle lui indiqua du bout du doigt la place où sa main devait se poser.

Madame de Condé écrivit

« Ordre à monsieur le gouverneur du Château-Trompette, de laisser entrer madame la vicomtesse de Cambes près de monsieur le baron de Canolles, auquel nous rendons la liberté pleine et entière. »

— Est-ce cela? demanda la princesse.

— Oh! oui, Madame! s'écria madame de Cambes.

— Et il faut que je signe?

— Bien certainement.

— Allons, petite, dit madame de Condé avec son plus charmant sourire, il faut bien faire tout ce que tu veux.

Et elle signa.

Claire tomba sur le papier comme un aigle sur sa proie. A peine si elle prit le temps de remercier Son Altesse, et, pressant le papier sur son cœur, elle s'élança hors de l'appartement.

Sur l'escalier, elle rencontra monsieur de La Rochefoucault qu'un cortége assez nombreux de capitaines et de populaire suivait toujours dans ses excursions par la ville.

Claire lui fit un petit salut joyeux : monsieur de La Rochefoucault, étonné, s'arrêta un instant sur le palier, et avant d'entrer chez madame de Condé, la suivit des yeux jusqu'au bas des degrés.

Puis en arrivant près de Son Altesse :

— Madame, dit-il, tout est prêt.

— Où?

— Là-bas.

La duchesse chercha dans son esprit.

— Sur l'Esplanade, continua le duc.

— Ah! fort bien, répondit la princesse en affectant beaucoup de calme, parce qu'elle sentait qu'on la regardait, et que, malgré sa nature de femme qui lui ordonnait de frissonner, elle écoutait sa dignité de chef de parti qui lui commandait de ne pas faiblir. Eh bien! si tout est prêt, allez, monsieur le duc.

Le duc hésita.

— Est-ce que vous croiriez convenable que j'y assistasse? demanda la princesse avec un tremblement de voix que, malgré sa puissance sur elle-même, elle ne put complètement réprimer.

— Mais c'est comme il vous plaira, Madame, répondit le duc, qui peut-être en ce moment faisait une de ses études physiologiques.

— Nous verrons, duc, nous verrons ; vous savez que j'ai fait grâce à bien des condamnés.

— Oui, Madame.

— Et que dites-vous de cette mesure ?

— Je dis que tout ce que fait Votre Altesse est bien fait.

— Oui, reprit la princesse, j'aime mieux cela. Il sera plus digne de nous de montrer aux épernonistes que nous ne craignons pas d'user de représailles, et de traiter de puissance à puissance avec Sa Majesté, mais que, confiants dans notre force, nous rendons le mal sans fureur, sans exagération.

— C'est très-politique.

— N'est-ce pas, duc ? dit la princesse, qui cherchait à pénétrer, par l'accent de La Rochefoucault, sa véritable intention.

— Mais, continua le duc, votre avis est toujours qu'un des deux expie la mort de Richon ; car cette mort, en demeurant sans vengeance, ferait croire que Votre Altesse estime bien peu les braves gens qui se consacrent à son service.

— Oh ! certainement ; et l'un des deux mourra, foi de princesse, soyez tranquille.

— Puis-je savoir auquel des deux Votre Altesse a daigné faire grâce ?

— A monsieur de Canolles !

— Ah !

Ce *ah !* fut prononcé d'une singulière façon.

— Auriez-vous quelque chose de particulier contre ce gentilhomme, monsieur le duc ? demanda la princesse.

— Moi ! Madame, est-ce que j'ai jamais quelque chose pour ou contre quelqu'un ? Je range les hommes en deux catégories : les obstacles et les soutiens. Il faut renverser les uns et soutenir les autres... tant qu'ils nous soutiennent ; voilà ma politique, Madame, et je dirai presque ma morale.

— Quel diable d'embarras cherche-t-il, et où veut-il en

venir? se demanda tout bas Lenet : il avait l'air de détester le pauvre Canolles.

— Eh bien! donc, reprit le duc, si Votre Altesse n'a pas d'autres ordres à me donner?...

— Non, monsieur le duc.

— Je prendrai congé de Votre Altesse.

— C'est donc ce soir même? demanda madame de Condé.

— C'est dans un quart d'heure.

Lenet s'apprêta à suivre le duc.

— Vous allez voir cela, Lenet? demanda la princesse.

— Oh! non, Madame, dit Lenet, je ne suis pas pour les émotions violentes, vous le savez, moi; je me contenterai d'aller à moitié chemin, c'est-à-dire jusqu'à la prison, et de voir le touchant tableau de la mise en liberté du pauvre Canolles par la femme qu'il aime.

Le duc fit une moue de philosophe, Lenet haussa les épaules, et le cortége funèbre sortit du palais pour se rendre à la prison.

Madame de Cambes n'avait pas mis cinq minutes à franchir cet espace; elle arriva, montra l'ordre à la sentinelle du pont-levis, puis au concierge du château, puis elle fit appeler le gouverneur.

Le gouverneur examina l'ordre avec cet œil terne du gouverneur d'une prison qui ne s'anime jamais ni devant les jugements à mort ni devant les lettres de grâce, reconnut le sceau et la signature de madame de Condé, salua la messagère, et se retournant vers la porte :

— Appelez le lieutenant, dit-il.

Puis il fit signe à madame de Cambes de s'asseoir; mais madame de Cambes était trop agitée pour ne pas combattre son impatience par le mouvement : elle resta debout.

Le gouverneur crut devoir lui adresser la parole.

— Vous connaissez monsieur de Canolles? dit-il de la même voix qu'il eût demandé quel temps il faisait.

— Oh! oui, Monsieur, répondit la vicomtesse.

— C'est votre frère, peut-être, Madame?

— Non, Monsieur.

— Votre ami?

— C'est... mon fiancé, dit madame de Cambes, espérant qu'après cet aveu le gouverneur mettrait un peu plus de hâte à l'élargissement du prisonnier.

— Ah! reprit le gouverneur du même ton qu'il avait adopté jusque-là. Je vous fais mon compliment, Madame.

Et n'ayant plus de questions à faire, le gouverneur rentra dans son immobilité et dans son silence.

Le lieutenant entra.

— Monsieur d'Orgemont, dit le gouverneur, appelez le porte-clefs en chef, et faites mettre monsieur de Canolles en liberté; voici son ordre de sortie.

Le lieutenant s'inclina et prit le papier.

— Voulez-vous attendre ici? demanda le gouverneur.

— M'est-il donc défendu de suivre Monsieur?

— Non, Madame.

— Alors, je le suis; vous comprenez : je veux être la première à lui apprendre qu'il est sauvé.

— Allez donc, Madame, et recevez l'assurance de mes respects.

Madame de Cambes fit une rapide révérence au gouverneur et suivit le lieutenant.

Celui-ci était justement le jeune homme qui avait déjà causé avec Canolles et avec Cauvignac, et il y mettait tout l'empressement de la sympathie.

En un instant madame de Cambes et lui furent dans la cour.

— Le porte-clefs en chef! cria le lieutenant.

Puis se retournant vers madame de Cambes :

— Soyez tranquille, Madame, dit-il, dans un instant il sera ici.

Le second guichetier arriva.

— Monsieur le lieutenant, dit-il, le porte-clefs en chef est disparu ; on l'a inutilement appelé.

— Oh! Monsieur, s'écria madame de Cambes, cela va-t-il encore nous retarder?

— Non, Madame, l'ordre est formel ; ainsi tranquillisez-vous.

Madame de Cambes le remercia par un de ces regards qui n'appartiennent qu'à la femme et à l'ange.

— Vous avez des doubles clefs de tous les cachots? demanda M. d'Outremont.

— Oui, Monsieur, répondit le guichetier.

— Ouvrez la chambre de monsieur de Canolles.

— Monsieur de Canolles, le n° 2?

— Précisément, le n° 2 ; ouvrez vite.

— D'ailleurs, reprit le guichetier, je crois qu'ils sont tous deux ensemble : on choisira le bon.

De tout temps les geôliers ont été facétieux.

Mais madame de Cambes est trop heureuse pour se fâcher de l'atroce plaisanterie... Elle y sourit au contraire, elle embrasserait cet homme s'il le fallait pour qu'il se hâtât et qu'elle pût revoir Canolles une seconde plus tôt.

Enfin la porte s'ouvre. Canolles qui a entendu des pas dans le corridor, qui a reconnu la voix de la vicomtesse, Canolles se jette dans ses bras, et elle, sublime d'impudeur, oubliant qu'il n'est ni son mari ni son amant, elle l'étreint de toute sa force.

Le danger qu'il a couru, cette séparation éternelle à laquelle ils ont touché comme à un abime, purifie tout.

— Eh bien! mon ami, dit-elle radieuse de joie et d'orgueil,

vous voyez que je tiens parole, j'ai obtenu votre grâce comme je vous l'avais promis, je viens vous chercher et nous partons!

Et tout en parlant elle entraînait Canolles vers le corridor.

— Monsieur, dit le lieutenant, vous pouvez consacrer toute votre vie à Madame, car c'est bien certainement à Madame que vous la devez.

Canolles ne répondit rien; mais son œil regarda tendrement l'ange libérateur, mais sa main serra la main de la femme...

— Oh! ne vous pressez pas tant, dit le lieutenant avec un sourire, c'est bien fini, et vous êtes libre, prenez donc le loisir d'ouvrir vos ailes.

Mais madame de Cambes, sans tenir compte de ces paroles rassurantes, continuait d'entraîner Canolles par les corridors. Canolles se laissait faire, échangeant des signes avec le lieutenant. On arriva à l'escalier; l'escalier fut franchi comme si les deux amants avaient eu ces ailes dont le lieutenant parlait tout à l'heure. Enfin on se trouva dans la cour: une porte encore, et l'atmosphère de la prison ne pèsera plus sur leurs deux pauvres cœurs...

Enfin cette dernière porte s'ouvrit.

Mais de l'autre côté de la porte une troupe de gentilshommes, de gardes et d'archers encombraient le pont-levis: c'était monsieur de La Rochefoucault et ses acolytes.

Sans savoir pourquoi, madame de Cambes frissonna. Il lui était toujours arrivé malheur chaque fois qu'elle avait rencontré cet homme.

Quant à Canolles, s'il éprouva une émotion quelconque, elle demeura au fond de son cœur et ne transparut pas sur son visage.

Le duc salua madame de Cambes et Canolles, et s'arrêta même à leur faire quelques compliments. Puis il fit un signe à la haie de gentilshommes et de gardes qui le suivaient, et la haie s'ouvrit.

Tout à coup une voix se fit entendre du fond de la cour, sortant des corridors, et ces paroles retentirent :

— Eh ! le n° 1 est vide, l'autre prisonnier n'est plus dans sa chambre depuis cinq minutes ; je le cherche inutilement, et nulle part je ne puis le trouver.

Ces paroles firent courir un long frémissement parmi tous ceux qui les entendirent : le duc de La Rochefoucault tressaillit, et ne pouvant réprimer un premier mouvement, il étendit la main vers Canolles comme pour l'arrêter.

Claire vit ce mouvement et pâlit.

— Venez, venez, dit-elle au jeune homme, hâtons-nous.

— Pardon, Madame, dit le duc ; mais je réclamerai de vous un moment de patience : laissons, s'il vous plaît, s'éclaircir cette erreur ; ce sera, je vous en réponds, l'affaire d'une minute.

Et sur un autre signe du duc, la haie qui s'était ouverte se referma.

Canolles regarda Claire, le duc, l'escalier d'où venait la voix et pâlit à son tour.

— Mais, Monsieur, demanda Claire, à quoi sert-il que j'attende ? Madame la princesse de Condé a signé la mise en liberté de monsieur de Canolles ; voici l'ordre, il est nominatif, tenez, regardez.

— Oui sans doute, Madame, et mon intention n'est pas de nier la validité de cet ordre, il sera aussi bon dans un instant que maintenant ; ayez donc patience, je viens d'envoyer quelqu'un qui ne peut tarder à revenir.

— Mais en quoi cela nous regarde-t-il ? demanda Claire, et qu'a de commun monsieur de Canolles avec le prisonnier numéro 1 ?

— Monsieur le duc, dit le capitaine des gardes que monsieur de La Rochefaucault avait envoyé, nous venons de chercher inutilement ; l'autre prisonnier est introuvable, le geôlier en chef a disparu aussi, et l'enfant de ce dernier, qu'on a questionné, dit que son père et le prisonnier sont sortis par la porte secrète qui donne sur la rivière.

— Oh ! oh ! s'écria le duc; savez-vous quelque chose de cela, monsieur de Canolles ? Une évasion !

A ces mots, Canolles comprend tout et devine tout. Il comprend que c'est Nanon qui veillait sur lui ; il comprend que c'est lui qu'on est venu chercher, que c'est lui qu'on a désigné sous le nom du frère de mademoiselle de Lartigues; que, sans le savoir, Cauvignac a pris sa place et a trouvé la liberté où il croyait rencontrer la mort. Toutes ces idées entrent à la fois dans sa tête, il porte les deux mains à son front, pâlit et chancelle à son tour, et ne se remet qu'en voyant la vicomtesse trembler et haleter à son bras ; aucun de ces signes de terreur involontaire n'a échappé au duc.

— Fermez les portes, cria celui-ci. Monsieur de Canolles, ayez la bonté de demeurer ; il faut, vous le comprenez, que tout cela s'éclaircisse.

— Mais, monsieur le duc, s'écria la jeune femme, vous n'avez pas la prétention, j'espère, d'aller contre un ordre de madame la Princesse !

— Non, Madame, dit le duc ; mais je crois qu'il est important qu'elle soit prévenue de ce qui se passe. Je ne vous dirai pas : Je vais y aller moi-même ; vous pourriez croire que mon intention est d'influencer notre auguste maîtresse, mais je vous dirai : Allez-y, Madame ; car, mieux que personne, vous saurez solliciter la clémence de madame de Condé.

Lenet fit un signe imperceptible à Claire.

— Oh ! je ne le quitte pas ! s'écria en serrant convulsivement le bras du jeune homme la vicomtesse de Cambes.

— Et moi, dit Lenet, je cours près de Son Altesse ; venez avec moi, capitaine, ou vous-même, monsieur le duc.

— Soit, je vous accompagne. Monsieur le capitaine restera ici et continuera les recherches en notre absence ; peut-être trouvera-t-on l'autre prisonnier.

Et comme pour appuyer encore sur la dernière partie de sa phrase, le duc de La Rochefoucault dit quelques mots à l'oreille de l'officier, et sortit avec Lenet.

Au même instant les deux jeunes gens sont repoussés dans la cour par ce flot de cavaliers qui accompagnaient monsieur de La Rochefoucault, et derrière lequel la porte se referma.

Depuis dix minutes la scène a pris un caractère si grave et si sombre que les assistants, pâles et muets, s'entre-regardent et cherchent dans les yeux de Canolles et de Claire lequel des deux souffre le plus. Canolles comprend qu'il faut que toute la force vienne de lui ; il est grave et affectueux pour son amie qui, livide, les yeux rougis et les genoux fléchissants, s'attache à son bras, le serre, l'attire à elle, lui sourit d'un air de tendresse effrayante, puis chancelle en promenant çà et là des regards effarés sur tous ces hommes, parmi lesquels elle cherche en vain un ami...

Le capitaine qui a reçu les ordres du duc de La Rochefoucault parle à son tour à voix basse à ses officiers. Canolles, dont le coup d'œil est sûr et dont l'oreille est tendue aux moindres paroles qui peuvent changer son doute en certitude, l'entend, malgré la précaution qu'il prend de parler le plus bas possible, prononcer ces mots :

— Il faudrait pourtant trouver un moyen d'éloigner cette pauvre femme.

Il essaye alors de dégager son bras de l'étreinte caressante qui le retient. Claire s'aperçoit de son intention, et se cramponne à lui de toutes ses forces.

— Mais, s'écrie-t-elle, il faut chercher encore; peut-être qu'on a mal cherché, et qu'on retrouvera cet homme.

Cherchons, cherchons tous, il est impossible qu'il se soit évadé. Pourquoi monsieur de Canolles ne se serait-il pas évadé avec lui, aussi bien que lui! Voyons, monsieur le capitaine, je vous en supplie, ordonnez que l'on cherche.

— On a cherché, Madame, répondit celui-ci, et dans ce moment même on cherche encore. Le geôlier sait bien qu'il y a pour lui la peine de mort s'il ne représente pas son prisonnier; il a donc intérêt, vous le comprenez bien, de faire les plus actives recherches.

— Mon Dieu! murmura Claire, et monsieur Lenet qui ne revient pas!

— Patience, chère amie, patience, dit Canolles avec ce ton de douceur dont on parle aux enfants; monsieur Lenet vient de partir à l'instant même, il a eu le temps à peine d'arriver près de madame la Princesse; laissez-lui le temps d'exposer l'événement et de revenir ensuite nous apporter la réponse.

Et tout en disant ces mots il pressa doucement la main de la vicomtesse.

Puis, voyant la fixité du regard et l'impatience de l'officier qui commande à la place de monsieur de La Rochefoucault:

— Capitaine, dit-il, est-ce que vous voulez me parler?

— Oui, sans doute, Monsieur, répliqua celui-ci, que la surveillance de la vicomtesse mettait au supplice.

— Monsieur, s'écria madame de Cambes, conduisez-nous chez madame la Princesse, je vous en supplie. Qu'est-ce que cela vous fait? Autant nous conduire chez elle que de rester ici dans l'incertitude; elle le verra, Monsieur, elle me verra moi-même, je lui parlerai, et elle me réitérera sa promesse.

— Mais, dit l'officier, profitant avec empressement de cette idée émise par la vicomtesse, vous avez là une excellente pensée, Madame; allez-y vous-même, allez : vous avez toute la chance de réussir.

— Qu'en dites-vous, baron? demanda la vicomtesse; croyez-vous que ce sera bien? Vous ne voudriez pas me tromper : que dois-je faire?

— Allez, Madame, dit Canolles en faisant sur lui-même un suprême effort.

La vicomtesse quitta son bras, essaya de faire quelques pas, puis, revenant à son amant :

— Eh! non! non! dit-elle, je ne le quitterai pas.

Puis entendant la porte qui se rouvrait :

— Oh! s'écria-t-elle, Dieu soit loué! voilà monsieur Lenet et monsieur le duc qui reviennent.

En effet, derrière le duc de La Rochefoucault, reparaissant avec son visage impassible, venait Lenet, la figure bouleversée et les mains tremblantes. Au premier regard que le pauvre conseiller échangea avec lui, Canolles comprit qu'il n'y avait plus d'espoir et qu'il était bien condamné.

— Eh bien? demanda la jeune femme en faisant un mouvement si véhément vers Lenet qu'elle traîna Canolles avec elle.

— Eh bien! balbutia Lenet, madame la Princesse est embarrassée...

— Embarrassée! s'écria Claire, que signifie cela?

— Cela signifie qu'elle vous demande, répondit le duc, qu'elle veut vous parler.

— Est-ce vrai, monsieur Lenet? demanda Claire, sans s'embarrasser de ce que cette interrogation avait d'insultant pour le duc.

— Oui, Madame, balbutia Lenet.

— Mais lui? demanda-t-elle.

— Qui, lui?

— Monsieur de Canolles.

— Eh bien ! monsieur de Canolles rentrera dans sa prison, et vous lui rapporterez la réponse de la princesse, dit le duc.

— Resterez-vous avec lui, monsieur Lenet ? demanda Claire.

— Madame...

— Resterez-vous avec lui? répéta-t-elle.

— Je ne le quitterai pas.

— Vous ne le quitterez pas, vous me le jurez?

— Mon Dieu ! murmure Lenet en regardant ce jeune homme qui attend son arrêt, et cette femme qu'un mot de lui va tuer. Mon Dieu ! puisque l'un des deux est condamné, donne-moi au moins la force de sauver l'autre.

— Vous ne le jurez pas, monsieur Lenet!

— Je vous le jure, reprit le conseiller, en portant avec effort sa main sur son cœur prêt à se briser.

— Merci, Monsieur, dit tout bas Canolles, je vous comprends.

Puis se retournant vers la vicomtesse.

— Allez, Madame, dit-il, vous voyez bien que je ne cours aucun danger entre monsieur Lenet et monsieur le duc.

— Ne la laissez point partir sans l'embrasser, dit Lenet.

Une sueur froide monta au front de Canolles; il sentit comme un brouillard qui passait devant ses yeux; il retint Claire, qui partait, et, feignant d'avoir à lui dire quelques mots tout bas, il la rapprocha de sa poitrine, et, se baissant à son oreille :

— Suppliez sans bassesse, dit-il; je veux vivre pour vous, mais vous devez vouloir que je vive honoré.

— Je supplierai de manière à te sauver, répliqua-t-elle, n'es-tu pas mon époux devant Dieu?

Et Canolles, en se retirant, a trouvé moyen d'effleurer son cou avec ses lèvres, mais avec tant de circonspection qu'elle ne l'a point senti, et que la pauvre insensée s'est éloignée sans lui rendre son dernier baiser. Cependant, au moment de sortir de la cour, elle se retourne; mais une haie s'est formée entre elle et le prisonnier.

— Ami, dit-elle, où es-tu? je ne peux plus te voir; un mot, un mot encore, que je m'éloigne avec le son de ta voix!

— Allez, Claire, dit Canolles, je vous attends!

— Allez, allez, Madame, dit un officier charitable, plus tôt vous serez partie, plus tôt vous serez revenue.

— Monsieur Lenet, cher monsieur Lenet, crie la voix de Claire dans le lointain, je me fie à vous, vous m'en répondez.

Et la porte se referma derrière elle.

— A la bonne heure, murmura le duc philosophe, ce n'est pas sans peine; mais nous voilà enfin rentrés dans le possible.

III

Aussitôt que la vicomtesse eut disparu, que sa voix se fut éteinte dans le lointain, et que la porte se fut refermée derrière elle, le cercle des officiers se resserra autour de Canolles, et l'on vit paraître, sortant, on ne savait d'où, deux hommes à figure sinistre qui, s'approchant du duc, lui demandèrent humblement ses ordres.

Le duc se contenta, pour toute réponse, de leur désigner le prisonnier.

Puis, s'approchant de lui :

— Monsieur, dit-il à Canolles en le saluant avec cette politesse glacée qui lui était habituelle, vous avez compris sans doute que le départ de votre compagnon d'infortune laisse retomber sur vous le sort auquel on le destinait.

— Oui, Monsieur, répondit Canolles, je m'en doute du moins ; mais ce dont je suis sûr, c'est que madame la Princesse a fait nominativement grâce à ma personne. J'ai vu, et vous avez pu voir vous-même tout à l'heure mon ordre de sortie aux mains de madame la vicomtesse de Cambes.

— Il est vrai, Monsieur, dit le duc ; mais madame la Princesse n'a pu prévoir le cas qui arrive.

— Alors, reprit Canolles, madame la Princesse reprend sa signature ?

— Oui, répondit le duc.

— Une princesse du sang manque à sa parole ?

Le duc resta impassible.

Canolles regarda autour de lui.

— Est-ce que le moment est venu ? dit-il.

— Oui, Monsieur.

— Je croyais qu'on attendait le retour de madame la vicomtesse de Cambes ; on lui avait promis que rien ne se ferait en son absence. Tout le monde manque donc à sa parole aujourd'hui ?

Et le prisonnier fixa son regard plein de reproche, non pas sur le duc de La Rochefoucault, mais sur Lenet.

— Hélas ! Monsieur, s'écria celui-ci les larmes aux yeux, pardonnez-nous. Madame la Princesse a refusé positivement votre grâce ; je l'ai bien priée cependant. Monsieur le duc en est témoin et Dieu aussi. Mais il fallait des représailles à la mort du pauvre Richon, et elle a été de pierre. Maintenant, jugez-moi vous-même, monsieur le baron ; au lieu de faire peser la situation terrible où vous êtes, moitié sur vous, moitié sur la vicomtesse, j'ai osé, pardonnez-moi, car je sens que j'ai grand besoin de votre pardon, j'ai osé la faire peser sur vous tout entière, sur vous qui êtes un soldat, sur vous qui êtes un gentilhomme.

— Alors, balbutia Canolles que l'émotion étranglait, alors je ne la verrai donc plus! Quand vous me disiez de l'embrasser, c'était pour la dernière fois!

Un sanglot plus fort que le stoïcisme, que la raison, que l'orgueil, brisa la poitrine de Lenet; il se retira en arrière et pleura amèrement. Canolles alors promena son regard pénétrant sur tous ces hommes qui l'entouraient, il ne vit partout que gens endurcis par la mort cruelle de Richon, et qui épiaient sa contenance : si l'un n'ayant pas faibli, l'autre faiblirait; ou, près de ceux-ci, des gens timides qui raidissaient leurs muscles pour dissimuler leurs émotions et avaler leurs larmes et leurs soupirs.

— Oh! c'est affreux à penser, murmura le jeune homme dans un instant de lucidité surhumaine qui ouvre à l'âme des horizons infinis sur tout ce qu'on appelle la vie, c'est-à-dire sur quelques courts instants de bonheur jetés comme des îles au milieu d'un océan de larmes et de souffrances... c'est affreux! j'avais là une femme adorée qui, pour la première fois, venait de me dire qu'elle m'aimait! un long et doux avenir! l'accomplissement du rêve de toute ma vie! et voilà qu'en un instant, en une seconde, la mort prend la place de tout cela...

Son cœur se serra, et il sentit des picotements dans ses yeux comme s'il allait pleurer; mais alors il se souvint, comme l'avait dit Lenet, qu'il était un homme, un soldat.

— Orgueil, pensa-t-il, seul et unique courage qui existe réellement, viens à mon secours! Moi, pleurer une chose aussi futile que la vie... Combien on rirait si on pouvait se dire : en apprenant qu'il allait mourir, Canolles a pleuré! Comment ai-je fait le jour où l'on est venu m'assiéger dans Saint-Georges, et où les Bordelais voulaient me tuer comme aujourd'hui? J'ai combattu, j'ai plaisanté, j'ai ri... Eh bien ! de par le ciel qui m'entend, et qui a peut-être tort avec moi, de par le diable qui lutte en ce moment-ci avec mon bon ange, je ferai aujourd'hui comme j'ai fait ce jour-là, et si je ne combats plus, au moins je plaisanterai encore, au moins je rirai toujours.

Aussitôt son visage devint calme comme si toute émotion s'était envolée de son cœur; il passa la main dans ses beaux cheveux noirs, et s'approchant d'un pas ferme et le sourire sur les lèvres de monsieur de La Rochefaucault et de Lenet:

— Messieurs, dit-il, vous le savez, dans ce monde si plein d'accidents divers, bizarres, inattendus, on a besoin de s'accoutumer à tout : j'ai pris, et j'ai eu tort de ne pas vous le demander, une minute pour m'accoutumer à la mort; si c'est trop, je vous présente mes excuses pour vous avoir fait attendre.

Un étonnement profond courut dans les groupes, le prisonnier sentit lui-même que de l'étonnement on passait à l'admiration; ce sentiment si glorieux pour lui le grandit et doubla ses forces.

— Quand vous voudrez, Messieurs, dit-il, c'est moi qui vous attends.

Le duc, un instant saisi de stupeur, reprit son flegme accoutumé et fit un signe.

A ce signe, les portes se rouvrirent et le cortége s'apprêta à se remettre en marche.

— Un moment! s'écria Lenet pour gagner du temps, un moment, monsieur le duc! C'est bien à la mort que nous conduisons monsieur de Canolles, n'est-ce pas?

Le duc fit un mouvement de surprise, et Canolles regarda avec étonnement Lenet.

— Mais oui, dit le duc.

— Eh bien! reprit Lenet, s'il en est ainsi, ce digne gentilhomme ne peut se passer d'un confesseur.

— Pardon, pardon, Monsieur, reprit Canolles, je m'en passerai, au contraire, et parfaitement.

— Comment cela? demanda Lenet en faisant au prisonnier des signes que celui-ci ne voulait pas comprendre.

— Parce que je suis huguenot, reprit Canolles, et huguenot renforcé, je vous en préviens. Si vous voulez me faire un dernier plaisir, laissez-moi donc mourir comme je suis.

Et, tout en refusant, un geste de reconnaissance prouva à Lenet que le jeune homme avait parfaitement compris sa pensée.

— Alors, si rien ne nous arrête plus, marchons, dit le duc.

— Qu'il se confesse! qu'il se confesse! crièrent quelques furieux.

Canolles se haussa sur la pointe des pieds, regarda autour de lui d'un œil calme et assuré, et, s'adressant au duc :

— Allons-nous faire des lâchetés, Monsieur? dit-il sévèrement. Il me semble que si quelqu'un a ici le droit de faire ses volontés, c'est moi, qui suis le héros de la fête; je refuse donc un confesseur, mais je demande l'échafaud, et cela le plus tôt possible; à mon tour, je suis las d'attendre.

— Silence, là-bas! cria le duc en se tournant vers les groupes.

Puis, lorsque, sous la puissance de sa voix et de son regard, le silence se fut effectivement rétabli :

— Monsieur, dit-il à Canolles, vous ferez comme il vous plaira.

— Merci, Monsieur. Alors, partons et hâtons le pas. Voulez-vous?

Lenet prit le bras de Canolles.

— Allez lentement, au contraire, lui dit-il. Qui sait? Un

sursis, une réflexion, un événement sont possibles. Allez lentement, je vous en conjure au nom de celle qui vous aime, et qui pleurera tant si nous allons trop vite.

— Oh! reprit Canolles, ne m'en parlez pas, je vous en supplie; tout mon courage échoue contre cette pensée que je vais être à jamais séparé d'elle; mais que dis-je... au contraire, monsieur Lenet, parlez-m'en, répétez-moi bien qu'elle m'aime, qu'elle m'aimera toujours, et surtout qu'elle me pleurera.

— Allons! cher et malheureux enfant, dit Lenet, ne vous attendrissez pas, songez que l'on nous regarde, et que l'on ignore de quoi nous parlons.

Canolles releva fièrement la tête, et ses beaux cheveux, par un mouvement plein d'élégance, roulèrent en boucles noires sur son cou. On était arrivé dans la rue, de nombreux flambeaux éclairaient sa marche, de sorte qu'on pouvait voir son visage calme et souriant.

Il entendit quelques femmes pleurer et d'autres dire:

— Pauvre baron, si jeune et si beau!

On continua silencieusement la route, puis tout à coup:

— Oh! monsieur Lenet, dit-il, je voudrais bien cependant la voir encore une fois.

— Voulez-vous que j'aille vous la chercher? voulez-vous que je vous l'amène? demanda Lenet, qui n'avait plus de volonté.

— Oh! oui, murmura Canolles.

— Eh bien! j'y cours; mais vous la tuerez.

— Tant mieux! souffla l'égoïsme au cœur du jeune homme; si tu la tues, un autre ne la possédera jamais.

Puis, soudain, surmontant cette dernière faiblesse:

— Non, non, dit Canolles en retenant Lenet par la main: vous lui avez promis de rester avec moi, restez.

— Que dit-il? demanda le duc au capitaine des gardes.

Canolles entendit la question.

— Je dis, monsieur le duc, répondit-il, que je ne croyais pas qu'il y eût si loin de la prison à l'Esplanade.

— Hélas! ajouta Lenet, ne vous plaignez pas, pauvre jeune homme, car nous voilà arrivés.

En effet, les flambeaux qui éclairaient la marche et l'avant-garde qui précédait l'escorte disparaissaient à l'instant même au tournant d'une rue.

Lenet serra la main du jeune homme, et voulant, avant d'arriver sur le lieu de l'exécution, tenter un dernier effort, il alla au duc :

— Monsieur, lui dit-il tout bas, encore une fois, je vous en supplie, grâce! vous perdez notre cause en faisant exécuter monsieur de Canolles.

— Au contraire, répliqua le duc, nous prouvons que nous la regardons comme juste, puisque nous ne craignons pas d'user de représailles.

— Les représailles se font entre égaux, monsieur le duc, et vous avez beau dire, la reine sera toujours reine, et nous ses sujets.

— Ne discutons pas de pareilles choses devant monsieur de Canolles, répondit tout haut le duc, vous voyez bien que c'est inconvenant.

— Ne parlez donc pas de grâce devant monsieur le duc, reprit Canolles, vous voyez bien qu'il est en train de faire son coup d'État; ne le troublons pas pour si peu...

Le duc ne répliqua point; mais à ses lèvres serrées, à son coup d'œil ironique, on vit que le trait avait porté. Pendant ce temps, on avait continué de marcher, et Canolles, à son tour, se trouvait à l'entrée de l'Esplanade; au loin, c'est-à-dire vers l'autre extrémité de la place, on voyait la foule pressée et un vaste cercle formé par les canons reluisants des mousquets; au centre s'élevait quelque chose de noir et d'informe que Canolles ne s'attacha point à distinguer dans les ténèbres, il croyait que c'était un échafaud ordinaire ; mais tout à coup les flambeaux, en arrivant au centre de la place, illuminèrent cet objet noir, d'abord méconnaissable, et dessinèrent l'horrible silhouette d'un gibet.

— Un gibet! s'écria Canolles en s'arrêtant et en étendant la main vers la machine. Est-ce que ce n'est pas un gibet que je vois là-bas, monsieur le duc?

— En effet, et vous ne vous trompez pas, répondit froidement celui-ci.

La rougeur de l'indignation colora le front du jeune homme, il écarta les deux soldats qui marchaient à ses côtés, et d'un seul bond se trouva en face de monsieur de La Rochefoucault.

— Monsieur, s'écria-t-il, oubliez-vous que je suis gentilhomme! Tout le monde sait, et le bourreau lui-même ne l'ignore pas, qu'un gentilhomme a le droit d'avoir la tête tranchée.

— Monsieur, il est des circonstances...

— Monsieur, interrompit Canolles, ce n'est point en mon nom que je vous parle, c'est au nom de toute la noblesse où vous tenez un si haut rang, vous qui avez été prince, vous qui êtes duc ; ce sera un déshonneur, non pas pour moi, qui suis innocent, mais pour vous tous tant que vous êtes, qu'un des vôtres soit mort par le gibet.

— Monsieur, le roi a fait pendre Richon!

— Monsieur, Richon était un brave soldat, noble par le cœur autant que qui que ce soit au monde, mais qui n'était pas noble de naissance ; moi je le suis.

— Vous oubliez, dit le duc, qu'il s'agit ici de représailles : fussiez-vous prince du sang, on vous pendrait.

Canolles, par un mouvement irréfléchi, chercha son épée à son côté, mais ne l'y trouvant pas, le sentiment de sa situation reprit toute sa force, sa colère s'évanouit, et il comprit que sa supériorité à lui était dans sa faiblesse même.

— Monsieur le philosophe, dit-il, malheur à ceux qui usent de représailles, et deux fois malheur à ceux qui, en usant, ne font pas la part de l'humanité! Je ne demande pas grâce, je demandais justice. Il y a des gens qui m'aiment, Monsieur, j'appuie sur ce mot, parce que vous ignorez, je le sais, que l'on puisse aimer. Eh bien! dans le cœur de ces gens-là, vous allez imprimer à jamais, avec le souvenir de ma mort, l'ignoble image du gibet. Un coup d'épée, je vous prie; une balle de mousquet; passez-moi votre poignard que je me frappe moi-même, et puis ensuite vous pendrez mon cadavre si cela vous fait plaisir.

— Richon a été pendu vivant, Monsieur, répondit froidement le duc.

— C'est bien. Maintenant, écoutez-moi : un jour, un affreux malheur vous frappera; un jour, vous vous rappellerez que ce malheur est une punition du ciel; quant à moi, je meurs avec cette conviction que ma mort est votre ouvrage.

Et Canolles tout frémissant, tout pâle, mais plein d'exaltation et de courage, s'approcha de la potence et se posa fier et dédaigneux devant la populace, le pied sur le premier degré de l'échelle.

— Et maintenant, messieurs les bourreaux, dit-il, faites votre office.

— Il n'y en a qu'un, s'écria la foule surprise : l'autre! où est donc l'autre? on nous en avait promis deux!

— Ah! voilà qui me console, dit Canolles en souriant, cette excellente populace n'est pas même contente de ce que vous faites pour elle : l'entendez-vous, monsieur le duc?

— A mort! à mort! vengeance pour Richon! hurlèrent dix mille voix.

— Si je les irritais, pensa Canolles, ils sont capables de

me mettre en morceaux, alors je ne serais pas pendu, et monsieur le duc enragerait.

— Vous êtes des lâches! cria-t-il, j'en reconnais parmi vous qui étaient à l'attaque du fort Saint-Georges, et que j'ai vus fuir. Vous vous vengez aujourd'hui sur moi de ce que je vous ai battus.

Un hurlement lui répondit.

— Vous êtes des lâches? reprit-il, des rebelles, des misérables!

Mille couteaux étincelèrent, et des pierres vinrent tomber au pied de la potence.

— A la bonne heure, murmura Canolles; et puis tout haut: Le roi a fait pendre Richon, et il a bien fait: quand il prendra Bordeaux, il en fera pendre bien d'autres...

A ces mots la foule se précipita comme un torrent vers l'Esplanade, renversa les gardes, brisa les palissades, et s'élança rugissante vers le prisonnier.

Cependant, sur un geste du duc, un des bourreaux avait soulevé Canolles par-dessous les bras, tandis que l'autre lui passait un lacet au cou.

Canolles sentit la pression de la corde et redoubla d'injures; s'il voulait être tué à temps, il n'avait pas une minute à perdre.

En ce moment suprême il regarda autour de lui; partout il ne vit que des yeux flamboyants et des armes menaçantes.

Un homme seulement, un soldat à cheval, lui montra son mousquet.

— Cauvignac! C'est Cauvignac! s'écria Canolles en se cramponnant à l'échelle de ses deux mains qu'on n'avait pas liées.

Cauvignac fit avec son arme un signe à celui qu'il n'avait pu sauver, et le coucha en joue.

Canolles le comprit.

— Oui, oui ! cria-t-il avec un mouvement de tete.

Maintenant, disons comment Cauvignac se trouvait là.

IV

Nous avons vu Cauvignac sortir de Libourne et nous savons dans quel but il en sortait.

Arrivé près de ses soldats commandés par Ferguzon, il s'était arrêté un instant, non pas pour reprendre haleine, mais pour exécuter le plan qu'une marche aussi rapide avait permis à son esprit inventif de former en une demi-heure.

D'abord il s'était dit, et cela avec infiniment de raison, que s'il se présentait devant madame la Princesse après ce qui était arrivé, madame la Princesse, qui faisait pendre Canolles contre lequel elle n'avait rien, ne manquerait pas de le faire pendre lui, à qui elle avait bien quelque chose à reprocher, et sa mission, remplie en ce que Canolles était sauvé peut-être, était manquée en ce que lui était pendu... Il s'empressa donc de changer d'habit avec un de ses soldats, fit mettre à Barrabas, moins connu que lui de madame la Princesse, ses plus beaux vêtements, et l'emmenant avec lui, reprit au grand galop la route de Bordeaux. Cependant une chose l'inquiétait, c'était le contenu de cette lettre dont il était porteur et que sa sœur avait écrite avec une si grande confiance que, selon elle, il n'y avait qu'à la remettre à madame la Princesse pour que Canolles fût sauvé ; or, cette inquiétude grandit à un tel point, qu'il résolut purement et simplement de lire le contenu de la lettre, se faisant à lui-même cette observation qu'un bon négociateur ne saurait réussir dans sa négociation s'il ne connait à fond l'affaire dont on le charge ; et puis, il faut le dire, Cauvignac ne péchait pas par une extrême confiance dans son prochain, et Nanon, toute sa sœur qu'elle était et justement même parce qu'elle était sa sœur, pouvait bien garder rancune à son frère, d'abord de l'aventure de Jaulnay, puis ensuite de l'évasion inattendue du Château-Trompette, et jouant le rôle du hasard, remettre toute chose à sa place, ce qui n'était qu'une simple tradition de famille.

Cauvignac décacheta donc facilement le pli qui n'était fermé que par un simple cachet de cire, et il éprouva une impression étrange et bien douloureuse en lisant la lettre.

Voici ce qu'écrivait Nanon :

« Madame la Princesse, il faut une victime expiatoire au
« malheureux Richon : ne prenez pas un innocent, prenez
« la vraie coupable; je ne veux pas que monsieur de Ca-
« nolles meure, car tuer monsieur de Canolles se serait ven-
« ger un assassinat par un meurtre. Au moment où vous
« lirez cette lettre, je n'aurai plus qu'une lieue à faire pour
« arriver à Bordeaux avec tout ce que je possède; vous me
« livrerez au peuple qui me hait, puisqu'il a voulu déjà
« deux fois m'égorger, et vous garderez pour vous mes ri-
« chesses qui montent à deux millions. Oh! Madame, c'est
« à genoux que je vous demande cette grâce ; je suis en
« partie cause de cette guerre : moi morte, la province est
« pacifiée et Votre Altesse triomphe. Madame, un quart
« d'heure de sursis! vous ne lâcherez Canolles que lorsque
« vous me tiendrez; mais alors, sûr votre âme, vous le lâ-
« cherez, n'est-ce pas?

« Et moi, je serai votre respectueuse et reconnaissante
    « NANON DE LARTIGUES. »

Cauvignac, après cette lecture, fut stupéfait de trouver son cœur gonflé et ses yeux humides.

Il demeura ainsi immobile et muet comme s'il ne pouvait croire à ce qu'il venait de lire. Puis tout à coup il s'écria :

— Il est donc vrai qu'il y a dans le monde des cœurs généreux pour le plaisir de l'être ! Eh bien ! morbleu ! on verra que je suis aussi capable qu'un autre d'être généreux quand il le faut.

Et, comme il était à la porte de la ville, il remit sa lettre à Barrabas, en lui donnant ces seules instructions :

— A tout ce qu'on te dira, réponds seulement :

« De la part du roi ! »

Et ne remets cette lettre qu'aux mains mêmes de madame de Condé.

Et, tandis que Barrabas s'élançait vers le palais habité par madame la Princesse, Cauvignac prenait de son côté le chemin du Château-Trompette.

Barrabas ne trouva aucun empêchement ; les rues étaient désertes, la ville semblait vide, toute la population s'était portée vers l'Esplanade.

A la porte du palais, les sentinelles voulurent l'empêcher de passer ; mais, selon la recommandation faite par Cauvignac, il agita sa lettre en criant :

— De la part du roi !... de la part du roi !...

Les sentinelles le prirent pour un messager de cour, et levèrent leurs hallebardes.

Barrabas pénétra donc dans le palais comme il avait pénétré dans la ville.

Or, si on se le rappelle, ce n'était pas la première fois que le digne lieutenant de maître Cauvignac avait l'honneur de pénétrer chez madame de Condé. Il sauta donc à bas de cheval, et comme il connaissait son chemin, il s'élança rapidement dans l'escalier et, à travers les valets affairés, pénétra jusqu'au fond des appartements; là il s'arrêta, car il se trouva en face d'une femme qu'il reconnut pour madame la Princesse, et aux genoux de laquelle se tenait une autre femme.

— Oh! Madame, grâce, au nom du ciel! disait celle-ci.

— Claire, répondait la princesse, laisse-moi, sois raisonnable; songe que nous avons abdiqué notre qualité de femmes comme nous en avons abdiqué les habits : nous sommes les lieutenants de monsieur le Prince, et la raison d'État commande.

— Oh! Madame, il n'y a plus de raison d'État pour moi, s'écria Claire, il n'y a plus de parti politique, il n'y a plus d'opinion, il n'y a plus que lui dans ce monde qu'il va quitter, et quand il l'aura quitté il n'y aura plus rien pour moi que la mort!...

— Claire, mon enfant, je t'ai déjà dit que c'était impossible, reprit la princesse; ils nous ont tué Richon, si nous ne leur rendons pas la pareille, nous sommes déshonorés.

— Oh! Madame, on n'est jamais déshonoré pour avoir fait grâce, on n'est jamais déshonoré pour avoir usé d'un privilége réservé au roi du ciel et aux rois de la terre; un mot, Madame, un seul; il attend, le malheureux!

— Mais, Claire, tu es folle; puisque je te dis que c'est impossible!

— Mais je lui ai dit qu'il était sauvé, moi; mais je lui ai montré sa grâce signée de votre propre main; mais je lui ai dit que j'allais revenir avec la confirmation de cette grâce!

— Je l'avais donnée à la condition que l'autre payerait pour lui; pourquoi a-t-on laissé partir l'autre?

— Il n'est pour rien dans cette évasion, je vous le jure; d'ailleurs, l'autre n'est peut-être pas sauvé; peut-être qu'on le retrouvera...

— Ah oui! prends garde, dit Barrabas, qui arrivait juste en ce moment.

— Madame, ils vont l'emmener; Madame, le temps s'écoule; ils vont se lasser d'attendre.

— Tu as raison, Claire, dit la princesse, car j'ai ordonné que tout fût fini à onze heures, et voilà onze heures qui sonnent; tout doit-être fini.

La vicomtesse jeta un cri et se releva; en se relevant, elle se trouva face à face avec Barrabas.

— Qui êtes-vous? que voulez-vous? s'écria-t-elle, venez-vous déjà annoncer sa mort?

— Non, Madame, répondit Barrabas en prenant son air le plus gracieux, je viens au contraire pour le sauver.

— Comment cela? s'écria la vicomtesse; parlez vite.

— En remettant cette lettre à madame la Princesse.

Madame de Cambes allongea le bras, arracha la lettre des mains du messager, et, la présentant à la princesse :

— Je ne sais pas ce qu'il y a dans cette lettre, dit-elle, mais au nom du ciel, lisez!

La princesse ouvrit la lettre et lut tout haut, tandis que madame de Cambes, pâlissant à chaque ligne, dévorait les paroles à mesure qu'elles tombaient des lèvres de la princesse.

— De Nanon! s'écria la princesse après avoir lu. Nanon est là! Nanon se livre! Où est Lenet? où est le duc? Quelqu'un, quelqu'un!

— Me voici, dit Barrabas, prêt à courir où Votre Altesse voudra.

— Courez sur l'Esplanade, courez au lieu de l'exécution, dites qu'on suspende; mais non, on ne vous croirait pas!

Et la princesse, sautant sur une plume, écrivit au bas du billet :

Suspendez!

Et elle remit la lettre tout ouverte à Barrabas, qui s'élança hors de l'appartement.

— Oh ! murmura la vicomtesse, elle l'aime plus que moi ; et, malheureuse que je suis, c'est à elle qu'il devra la vie.

Et cette idée la renverse foudroyée sur un fauteuil, elle qui a reçu debout tous les chocs de cette terrible journée.

Cependant Barrabas n'avait pas perdu une seconde ; il avait descendu l'escalier comme s'il avait eu des ailes, puis il avait sauté sur son cheval et avait pris au grand galop la route de l'Esplanade.

En même temps qu'il se rendait au palais, Cauvignac avait couru, lui, droit au Château-Trompette. Là, protégé par la nuit, rendu méconnaissable par le large feutre abattu jusque sur ses yeux, il avait interrogé et avait appris sa propre évasion dans tous ses détails, et comment Canolles allait payer pour lui. Alors instinctivement, sans savoir ce qu'il allait y faire, il s'élance du côté de l'Esplanade, éperonnant son cheval avec fureur, fendant la foule, meurtrissant, renversant, écrasant tout ce qui se trouve sur son passage ; arrivé jusqu'à l'Esplanade, il aperçoit le gibet et pousse un cri perdu parmi les hurlements de ce peuple que Canolles excite et provoque, afin de se faire déchirer par lui.

C'est alors que Canolles l'aperçoit, qu'il devine l'intention de Cauvignac, et que Canolles lui fait signe de la tête qu'il est le bienvenu.

Cauvignac se dresse sur ses étriers, regarde tout autour de lui s'il voit venir Barrabas ou un messager de la princesse, écoute s'il entend retentir le mot : *Grâce !* mais il ne voit rien, mais il n'entend rien que Canolles que le bourreau va détacher de l'échelle et lancer dans le vide, et qui d'une main lui montre son cœur.

C'est alors que Cauvignac abaisse son mousquet dans la direction du jeune homme, met en joue, ajuste et fait feu.

— Merci, dit Canolles en ouvrant les bras ; au moins je meurs de la mort d'un soldat.

La balle lui avait traversé la poitrine.

Le bourreau poussa le corps, qui resta suspendu au bout de la corde infâme ; mais ce n'était plus qu'un cadavre.

La détonation fut comme un signal ; mille autres coups de mousquet partent en même temps. Une voix crie :

— Arrêtez ! arrêtez ! coupez la corde !

Mais la voix se perdit dans les hurlements de la foule ; d'ailleurs, la corde est coupée par une balle, la garde résiste vainement et est enfoncée par les flots du peuple ; la potence est brisée, arrachée, anéantie ; les bourreaux fuient, la foule s'épand comme une ombre, s'empare du cadavre, l'arrache, le déchire et le traîne en lambeaux par la ville.

La foule, stupide dans sa haine, croyait ajouter au supplice du gentilhomme, et, tout au contraire, elle lui sauvait l'infamie qu'il craignait tant.

Pendant tout ce mouvement, Barrabas avait joint le duc, et quoiqu'il eût vu lui-même qu'il arrivait trop tard, il lui avait remis la dépêche dont il était porteur.

Le duc s'était contenté, au milieu des coups de fusil, de se retirer un peu à l'écart, car il était froid et calme dans son courage comme dans tout ce qu'il faisait ; il décacheta la lettre et la lut.

— C'est dommage, dit-il en se retournant vers ses officiers, la chose que proposait cette Nanon eût peut-être mieux valu, mais ce qui est fait est fait.

Puis, après un moment de réflexion :

— A propos, dit-il, puisqu'elle attend notre réponse de l'autre côté de la rivière, il y aurait peut-être moyen de renouer cette affaire-là.

Et sans s'inquiéter davantage du messager, piquant son cheval, il retourna vers la princesse avec son escorte.

Au même instant l'orage, qui depuis quelque temps menaçait, éclata sur Bordeaux, et une pluie accompagnée d'éclairs tomba sur la place de l'Esplanade comme pour laver le sang innocent.

V

Pendant que ces choses se passaient à Bordeaux, pendant que la populace traînait par les rues le corps du malheureux Canolles, que le duc de La Rochefoucault retournait flatter l'orgueil de madame la Princesse en lui disant que, pour faire le mal, elle était aussi puissante qu'une reine; pendant que Cauvignac regagnait les portes de la ville avec Barrabas, jugeant qu'il était inutile de pousser plus loin leur mission, un carrosse, traîné par quatre chevaux hors d'haleine et ruisselant d'écume, venait de s'arrêter sur la rive de la Gironde opposée à Bordeaux, entre le village de Belcroix et celui de la Bastide.

Onze heures venaient de sonner.

Un coureur, qui suivait à cheval, sauta précipitamment à terre aussitôt qu'il vit le carrosse immobile, et ouvrit la portière.

Une femme descendit précipitamment, interrogea le ciel tout rougi d'un reflet sanglant, écouta les rumeurs et les bruits lointains.

— Vous êtes sûre, dit-elle à sa femme de chambre qui descendait après elle, que nous n'avons été suivies par personne?

— Non, Madame, répondit celle-ci; les deux piqueurs qui

étaient restés en arrière par ordre de Madame viennent de rejoindre le carrosse et n'ont rien vu ni entendu.

— Et vous, n'entendez-vous rien du côté de la ville?

— Il me semble que j'entends des cris lointains.

— Ne voyez-vous pas quelque chose?

— Je vois comme une lueur d'incendie.

— Ce sont des flambeaux.

— Oui, Madame, oui, car ils s'agitent, ils courent comme des feux follets; entendez-vous, Madame, le bruit redouble, et les cris deviennent presque distincts?

— Mon Dieu! balbutia la jeune femme en tombant à genoux sur le sol humide; mon Dieu! mon Dieu!

C'était là sa seule prière. Un seul mot se présentait à son esprit, sa bouche ne savait articuler qu'une parole, c'était le nom de celui-là seul qui pouvait faire un miracle en sa faveur.

La femme de chambre ne s'était pas trompée. En effet, des flambeaux s'agitaient, les cris semblaient se rapprocher ; on entendit un coup de fusil suivi de cinquante autres, puis un grand tumulte, puis les flambeaux s'éteignirent, puis les cris s'éloignèrent; la pluie commença de tomber, un orage grondait au ciel, mais qu'importait à la jeune femme : ce n'était pas de la foudre qu'elle avait peur...

Elle avait toujours les yeux fixés sur cet endroit où elle avait entendu un si grand tumulte. Elle ne voyait plus rien, elle n'entendait plus rien, et, à la lueur des éclairs, il lui semblait que la place était vide.

— Oh! s'écria-t-elle, je n'ai pas la force d'attendre plus longtemps. A Bordeaux! que l'on me conduise à Bordeaux!

Tout à coup, un bruit de chevaux se fit entendre qui allait se rapprochant.

— Ah! s'écria-t-elle, enfin ils viennent. Les voilà! Adieu, Finette, retire-toi, il faut que j'aille seule; prenez-la en croupe, Lombard, et laissez dans le carrosse tout ce que j'ai apporté.

— Mais qu'allez-vous donc faire, Madame! s'écria la femme de chambre tout effrayée.

— Adieu, Finette; adieu!

— Mais pourquoi adieu, Madame? où allez-vous donc?

— Je vais à Bordeaux.

— Oh! ne faites pas cela, Madame, au nom du ciel! ils vous tueront.

— Eh bien! pourquoi crois-tu donc que je veuille y aller?...

— Oh! Madame! Lombard, à mon secours! aidez-moi, empêchons Madame...

— Chut! retire-toi, Finette. Je me suis souvenue de toi, sois tranquille; retire-toi, je ne veux pas qu'il t'arrive malheur. Obéis... Ils s'approchent, les voilà!

En effet, un cavalier accourut suivi à quelque distance d'un autre cavalier; on entend rugir plutôt que respirer son cheval.

— Ma sœur! ma sœur! s'écria-t-il. Ah! j'arrive à temps!

— Cauvignac! s'écria Nanon. Eh bien! est-ce convenu? m'attend-il? partons-nous?

Mais, au lieu de répondre, Cauvignac s'est élancé à bas de son cheval; il a saisi dans ses bras Nanon, qui le laisse faire avec l'immobile raideur des spectres et des fous. Cauvignac la dépose dans le carrosse, fait monter près d'elle Finette et Lombard, ferme la portière et saute sur son cheval. En vain la pauvre Nanon, revenue à elle, s'écrie et se débat.

— Ne la lâchez point, dit Cauvignac, pour rien au monde ne la lâchez. Barrabas, garde l'autre portière, et toi, cocher, si tu quittes le galop, je te fais sauter la cervelle.

Ces ordres sont si rapides qu'il y a un moment d'hésitation ; la voiture est lente à s'ébranler, les valets tremblent, les chevaux hésitent à partir.

— Mais, hâtez-vous donc, mille diables! vociféra Cauvignac, ils viennent ! ils viennent !

En effet, dans le lointain on commençait à entendre des pas de chevaux retentissant comme on entend le roulement d'un tonnerre qui va se rapprochant rapide et menaçant.

La peur est contagieuse. Le cocher, à la voix de Cauvignac, comprend que quelque grand danger menace, et saisit les rênes de ses chevaux.

— Où allons-nous ? balbutie-t-il.

— A Bordeaux ! à Bordeaux ! crie Nanon de l'intérieur de la voiture.

— A Libourne, mille tonnerres ! crie Cauvignac.

— Monsieur, les chevaux tomberont avant de faire seulement deux lieues.

— Je ne demande pas qu'ils en fassent tant ! crie Cauvignac en les fouettant de son épée. Qu'ils arrivent jusqu'au poste de Ferguzon, c'est tout ce que je demande.

Et la lourde machine s'ébranle, part et roule avec une effroyable rapidité. Hommes et chevaux suants, haletants, sanglants, s'animent les uns les autres, les uns par des cris, les autres par des hennissements.

Nanon a essayé de réagir, de lutter, de sauter à bas de la voiture ; mais elle a épuisé ses forces dans la lutte: elle est retombée en arrière sans force et épuisée ; elle n'entend plus, elle ne voit plus. A force de chercher Cauvignac dans ce pêle-mêle d'ombres fuyantes, le vertige la prend : elle ferme les yeux, jette un cri et reste froide dans les bras de sa femme de chambre.

Cauvignac a dépassé la portière de la voiture ; il a gagné la tête des chevaux. Son cheval laisse une traînée de feu sur le pavé de la route.

— A moi, Ferguzon! à moi! crie-t-il.

Et il entend comme un hourra dans le lointain.

— Enfer, s'écrie Cauvignac, tu joues contre moi, mais je crois qu'aujourd'hui encore tu perdras. Ferguzon! à moi, Ferguzon!

Deux ou trois coups de feu retentissent par derrière, mais en avant on y répond par une décharge générale.

La voiture s'arrête : deux des chevaux sont tombés de fatigue, un troisième frappé d'une balle.

Ferguzon et ses hommes tombent sur les troupes de monsieur de La Rochefoucault : comme ils sont triples en nombre, les Bordelais, incapables de résister, tournent bride, et vainqueurs et vaincus, poursuivants et fuyards, pareils à un nuage qu'emporte le vent, disparaissent dans la nuit.

Cauvignac reste seul avec les valets de Finette près de Nanon insensible.

Heureusement l'on n'était qu'à cent pas du village du Carbonblanc. Cauvignac prit Nanon dans ses bras jusqu'à la première maison du faubourg; là, après avoir donné l'ordre d'amener la voiture, il déposa sa sœur sur un lit, et tirant de sa poitrine un objet que Finette ne put distinguer, il le glissa dans la main crispée de la pauvre femme.

Le lendemain, en sortant de ce qu'elle prenait pour un affreux rêve, Nanon porta cette main à son visage, et quelque chose de soyeux et de parfumé caressa ses lèvres pâles.

C'était une boucle de cheveux de Canolles que Cauvignac avait héroïquement conquise au péril de sa vie sur les tigres bordelais.

VI

Pendant huit jours et huit nuits, madame de Cambes demeura délirante et glacée sur le lit où on l'avait portée évanouie, après qu'elle eut appris l'affreuse nouvelle.

Ses femmes veillaient autour d'elle, mais c'était Pompée qui gardait la porte ; seul, le vieux serviteur, s'agenouillant devant le lit de sa malheureuse maîtresse, pouvait réveiller en elle un éclair de raison.

Des visites nombreuses assiégeaient cette porte ; mais le fidèle écuyer, sévère en sa consigne comme un vieux soldat, défendait courageusement l'entrée, d'abord par la conviction qu'il avait que toute visite serait importune à sa maîtresse, puis par l'ordre du médecin, qui redoutait pour madame de Cambes une trop forte émotion.

Chaque matin, Lenet se présentait à la porte de la pauvre jeune femme, mais Lenet n'était pas plus reçu que les autres. Madame la Princesse elle-même s'y présenta à son tour avec une grande suite un jour qu'elle venait de rendre visite à la mère du pauvre Richon, qui demeurait dans un faubourg de la ville. Le but de madame de Condé, outre l'intérêt qu'elle portait à la vicomtesse, était d'afficher une complète impartialité.

Elle se présenta donc pour jouer la souveraine ; mais Pompée lui fit respectueusement observer qu'il avait une consigne, de laquelle il ne pouvait s'écarter; que tous les hommes même les ducs et les généraux; que toutes les femmes, même les princesses, étaient soumises à cette consigne, et madame de Condé bien plus encore qu'une autre, attendu qu'après ce qui s'était passé, sa visite pourrait amener une crise terrible chez la malade.

La princesse, qui acquittait ou qui croyait acquitter un devoir et qui ne demandait qu'à se retirer, ne se le fit pas redire à deux fois, et partit avec sa suite.

Le neuvième jour, Claire avait repris connaissance; on avait remarqué que, durant son délire, qui avait duré huit fois vingt-quatre heures, elle n'avait point cessé de pleurer; quoique ordinairement la fièvre sèche les larmes, les siennes avaient pour ainsi dire creusé un sillon sous sa paupière cerclée de rouge et de bleu pâle, comme celle de la sublime Vierge de Rubens.

Le neuvième jour, comme nous l'avons dit, au moment où on s'y attendait le moins, et comme on commençait à désespérer, la raison lui revint tout à coup, comme par enchantement : ses larmes tarirent, ses yeux se portèrent tout autour d'elle et s'arrêtèrent avec un sourire triste sur ses femmes qui l'avaient si bien servie, et sur Pompée qui l'avait si bien gardée; alors, elle demeura quelques heures muette et appuyée sur son coude, poursuivant d'un œil aride la même pensée, qui renaissait plus vivace incessamment dans son intelligence régénérée.

Puis tout à coup, sans s'inquiéter si ses forces répondaient à sa résolution :

— Qu'on m'habille, dit-elle.

Les femmes s'approchèrent stupéfaites et voulurent lui offrir quelques avis. Pompée fit trois pas dans la chambre, et joignit les mains comme pour l'implorer.

Cependant la vicomtesse répéta doucement, mais avec fermeté :

— J'ai dit que l'on m'habille, habillez-moi.

Les femmes s'apprêtèrent à obéir. Pompée s'inclina et sortit à reculons.

Hélas! les joues roses et rebondies avaient fait place à la pâleur, à la maigreur des mourants : sa main, toujours belle et d'une forme charmante, se souleva diaphane et d'un blanc mat comme celui de l'ivoire sur sa poitrine, qui effaçait la blancheur de la batiste dans laquelle elle était enveloppée; sous la peau couraient ces veines violacées, symptôme de l'épuisement causé par une longue souffrance. Les habits qu'elle avait quittés la veille pour ainsi dire, et qui avaient dessiné sa taille élégante, tombaient autour d'elle en longs et vastes plis; on l'habilla comme elle le désirait, mais la toilette fut longue, car elle était si faible que trois fois elle faillit se trouver mal; puis, lorsqu'elle fut habillée, elle s'approcha d'une fenêtre. Mais soudain se reculant comme si la vue du ciel et de la ville l'eussent effrayée, elle revint s'asseoir à une table, demanda une plume et de l'encre, et écrivit à madame la Princesse pour lui demander la faveur d'une audience.

Dix minutes après que cette lettre eût été envoyée par Pompée à madame la Princesse, on entendit le bruit d'une voiture qui s'arrêtait devant l'hôtel, et presque aussitôt on annonça madame de Tourville.

— Est-ce bien vous, demanda-t-elle à madame la vicomtesse de Cambes, qui avez écrit à madame la Princesse pour lui demander une audience?

— Oui, Madame, répondit Claire; me la refusera-t-elle?

— Oh! tout au contraire, chère enfant; car j'accours vous dire de sa part que vous savez bien que vous n'avez pas besoin d'audience, et que vous pouvez entrer à toute heure du jour et de la nuit chez Son Altesse.

— Merci, Madame, dit la vicomtesse, je vais profiter de la permission.

— Comment cela! s'écria madame de Tourville. Allez-vous donc sortir dans l'état où vous êtes?

— Rassurez-vous, Madame, répondit la vicomtesse; je me sens parfaitement bien.

— Et vous allez venir?

— Dans un instant.

— Je vais prévenir Son Altesse de votre arrivée.

Et madame de Tourville sortit comme elle était entrée, après avoir fait à la vicomtesse une cérémonieuse révérence. La nouvelle de cette visite inattendue produisit, comme on le comprend bien, un grand effet dans cette petite cour : la situation de la vicomtesse avait inspiré un intérêt aussi vif que général, car il s'en fallait de beaucoup que tout le monde approuvât la conduite de madame la Princesse dans les dernières circonstances. La curiosité était donc à son comble : officiers, dames d'honneur, courtisans, garnissaient le cabinet de madame de Condé, ne pouvant croire à la visite promise, car, la veille encore, on avait présenté l'état de Claire comme presque désespéré.

Tout à coup on annonça madame la vicomtesse de Cambes.

Claire parut.

A l'aspect de cette figure pâle comme la cire, froide et immobile comme le marbre, et dont les yeux caves et bistrés n'avaient plus qu'une seule étincelle, dernier reflet des larmes qu'elle avait versées, un murmure douloureux s'éleva autour de la princesse.

Claire ne parut pas s'en apercevoir.

Lenet s'avança tout ému à sa rencontre, et lui tendit timidement la main.

Mais Claire, sans donner la sienne, fit un salut plein de noblesse à madame de Condé et s'avança vers elle, traversant toute la longueur de la salle d'une marche ferme, quoiqu'elle fût si pâle qu'à chaque pas on eût pu croire qu'elle allait tomber.

La princesse, fort agitée et fort pâle elle-même, vit s'avancer Claire avec un sentiment qui ressemblait à de l'effroi, et n'eut point la force de cacher ce sentiment qui se peignait malgré elle sur son visage.

— Madame, dit la vicomtesse d'une voix grave, j'ai sollicité de Votre Altesse une audience qu'elle a bien voulu m'accorder pour lui demander en face de tous si, depuis que j'ai l'honneur de la servir, elle a été satisfaite de ma fidélité et de mon dévouement.

La princesse porta son mouchoir à ses lèvres, et répondit en balbutiant :

— Sans doute, chère vicomtesse, en toute occasion j'ai eu à me louer de vous, et plus d'une fois je vous en ai exprimé ma reconnaissance.

— Ce témoignage est précieux pour moi, Madame, répondit la vicomtesse, car il m'autorise à solliciter de Votre Altesse la faveur d'un congé.

— Comment! s'écria la princesse, vous me quittez, Claire ?

Claire salua respectueusement et se tut.

On voyait sur tous les visages la honte, le remords ou la douleur. Un silence funèbre planait sur l'assemblée.

— Mais pourquoi me quittez-vous? reprit la princesse.

— J'ai peu de jours à vivre, Madame, répliqua la vicomtesse ; et ce peu de jours je voudrais les employer à l'œuvre de mon salut.

— Claire, chère Claire! s'écria la princesse, mais réfléchissez donc...

— Madame, interrompit la vicomtesse, j'ai deux grâces à vous demander : puis-je espérer que vous me les accorderez ?

— Oh! parlez, parlez! s'écria madame de Condé, car je serai bien heureuse de faire quelque chose pour vous.

— Vous le pouvez, Madame.

— Alors, quelles sont-elles?

— La première, c'est la concession de l'abbaye de Sainte-Radegonde, vacante depuis la mort de madame de Montivy.

— Une abbaye à vous, chère enfant ! mais vous n'y songez pas.

— La seconde, Madame, continua Claire avec un léger tremblement dans la voix, c'est qu'il me soit permis de faire inhumer dans mon domaine de Cambes le corps de mon fiancé, monsieur le baron Raoul de Canolles, assassiné par les habitants de Bordeaux.

La princesse se retourna en étreignant son cœur d'une main défaillante. Le duc de La Rochefoucault pâlit et perdit contenance. Lenet ouvrit la porte de la salle et s'enfuit.

— Votre Altesse ne répond pas ? dit Claire ; refuse-t-elle ? j'ai peut-être demandé beaucoup.

Madame de Condé n'eut que la force de faire un mouvement de tête en signe d'assentiment, et elle retomba évanouie sur son fauteuil.

Claire se retourna comme eût fait une statue, et chacun ouvrant devant elle un large chemin, elle passa droite et impassible devant ces fronts courbés ; et ce ne fut seulement que lorsqu'elle eut quitté la salle qu'on s'aperçut que nul n'avait songé à porter secours à madame de Condé.

Au bout de cinq minutes un carrosse roula lentement dans la cour : c'était la vicomtesse qui quittait Bordeaux.

— Que décide Votre Altesse ? demanda la marquise de Tourville à madame de Condé lorsque celle-ci revint à elle.

— Que l'on obéisse à madame la vicomtesse de Cambes, pour l'accomplissement des deux désirs qu'elle a formés tout à l'heure, et qu'on la supplie de nous pardonner.

L'ABBESSE
DE SAINTE-RADEGONDE DE PEYSSAC

ÉPILOGUE.

Un mois s'était écoulé depuis ces événements.

Un dimanche soir, après l'office du salut, l'abbesse du couvent de Sainte-Radegonde de Peyssac revenait la dernière de l'église, située à l'extrémité du jardin du couvent, détournant parfois ses yeux rougis de pleurs vers un sombre couvert de tilleuls et de sapins, et cela avec une telle expression de regret, qu'on eût dit que son cœur était resté à cette place dont elle ne pouvait s'éloigner.

Devant elle, et suivant sur une seule et longue ligne le chemin de la maison, les religieuses, muettes et voilées, semblaient une procession de fantômes rentrant dans leur tombeau, et dont se détournait un autre fantôme regrettant la terre.

Peu à peu, et les unes après les autres, les nonnes disparurent sous les sombres arcades du cloître, la supérieure les suivit des yeux jusqu'à la dernière, puis elle se laissa tomber sur un chapiteau de colonne gothique, à moitié enseveli dans l'herbe, avec une indicible expression de désespoir.

— Ah! mon Dieu! mon Dieu! dit-elle en appuyant une main sur son cœur, vous m'êtes témoin que je ne puis supporter cette vie, que je ne connaissais pas ; c'est la solitude et l'obscurité que je cherchais dans le cloître, et non tous ces regards attachés sur moi.

Alors elle se releva et fit un pas vers le petit bois de sapins.

— Après tout, dit-elle, que m'importe le monde, puisque je l'ai renié? ce monde ne m'a fait que du mal; cette société a été cruelle envers moi, pourquoi donc alors m'inquiéterais-je de ses jugements, moi qui me suis réfugiée près de Dieu, et qui ne relève plus que de lui ; mais peut-être Dieu proscrit-il cet amour qui vit dans mon cœur et qui le dévore. Eh bien ! alors, qu'il l'arrache donc de mon âme, ou qu'il arrache mon âme de mon corps.

Mais à peine la pauvre désespérée eut-elle prononcé ces paroles, que, jetant les yeux sur la robe dont elle était couverte, elle eut horreur de ce blasphème, si peu en harmonie avec la robe sainte qu'elle portait ; elle essuya de sa main blanche et amaigrie les larmes qui bordaient sa paupière, et levant les yeux au ciel, lui offrit dans un seul regard l'holocauste de ses éternelles souffrances.

En ce moment une voix retentit à son oreille. L'abbesse se retourna ; cette voix était celle de la sœur tourière.

— Madame, dit-elle, il y a une femme au parloir qui voudrait être admise à vous parler.

— Son nom?

— Elle ne veut le dire qu'à vous.

— A quelle condition semble-t-elle appartenir ?

— Mais à une condition distinguée.

— Encore le monde, murmura l'abbesse.

— Que répondrai-je ? demanda la tourière.

— Que je l'attends.

— Où cela, Madame ?

— Amenez-la ici, je l'écouterai dans ce jardin, assise sur ce banc. L'air me manque ; j'étouffe quand je ne suis pas sous le ciel.

La tourière se retira, et un instant après reparut, suivie d'une femme qu'à ses habits, riches jusque dans leur sombre simplicité, on reconnaissait pour une femme de distinction.

Elle était de petite taille ; sa démarche, rapide, manquait peut-être un peu de noblesse, mais respirait un charme inexprimable. Elle portait sous son bras un petit coffret d'ivoire, dont la mate blancheur tranchait avec le satin noir de sa robe garnie de jais.

— Madame, dit la tourière, voici madame la supérieure.

L'abbesse abaissa son voile, et se retourna vers l'étrangère.

Celle-ci baissa les yeux ; la supérieure, la voyant pâle et tremblante d'émotion, la regarda d'un œil plein de douceur, et lui dit :

— Vous avez demandé à me parler, me voici prête à vous entendre, ma sœur.

— Madame, répondit l'inconnue, j'ai été heureuse au point que mon orgueil a cru peut-être que Dieu lui-même ne pouvait pas détruire mon bonheur. Aujourd'hui, Dieu a soufflé dessus ; j'ai besoin de pleurer, j'ai besoin de me repentir. Je viens vous demander asile pour que mes sanglots soient étouffés par les murs épais de votre manoir, pour que mes pleurs, qui tracent un sillon sur mes joues, ne servent pas de risée au monde ; pour que Dieu, qui me cherche peut-être joyeuse au milieu des fêtes, me retrouve éplorée dans une sainte retraite et priant aux pieds de ses autels.

— Votre âme est profondément blessée, je le vois, car, moi aussi, je sais ce que c'est que de souffrir, répondit la jeune supérieure ; et dans son trouble, elle ne sait pas bien distinguer ce qui est réellement de ce qu'elle désire. S'il vous faut le silence, s'il vous faut les macérations, s'il vous faut la pénitence, ma sœur, entrez ici, et souffrez avec nous; mais si vous cherchez un endroit où l'on puisse dilater son cœur par de libres sanglots, où l'on puisse pousser tous les cris de son désespoir, où nul regard ne s'arrête sur vous, triste victime, oh ! Madame, Madame! dit-elle en secouant la tête, éloignez-vous, enfermez-vous dans votre chambre, le monde vous y verra bien moins que vous ne serez vue ici, et les tapisseries de votre oratoire absorberont bien mieux vos sanglots que les planches de nos cellules.

Quant à Dieu, à moins que de trop grands crimes ne l'ait forcé à détourner de vous son regard, il vous verra partout.

L'inconnue releva la tête et regarda à son tour avec étonnement la jeune abbesse qui lui parlait ainsi.

— Madame, dit-elle, tous ceux qui souffrent ne doivent-ils pas venir au Seigneur, et votre maison n'est-elle pas une sainte station sur la route du ciel?

— Il n'y a qu'une manière d'aller à Dieu, ma sœur, répondit la religieuse entraînée par son désespoir; que regrettez-vous? que pleurez-vous? que demandez-vous? le monde vous a froissée, l'amitié vous a trahie, l'or vous a manqué, une douleur passagère vous fait croire à une douleur éternelle ; n'est-ce pas, vous souffrez en ce moment, et vous croyez que vous souffrirez toujours ainsi, comme lorsqu'on se voit une blessure ouverte, on croit qu'elle ne se refermera jamais ; vous vous trompez, toute blessure qui n'est pas mortelle se cicatrise ; souffrez donc, et laissez la souffrance suivre son cours ; vous guérirez, et alors, si vous êtes enchaînée à nous, commencera une autre souffrance ; mais celle-là bien réellement éternelle, implacable, inouïe ; vous reverrez, à travers une barrière d'airain, le monde dans lequel vous ne pourrez pas rentrer ; alors vous maudirez le jour où derrière vous se sera refermée la grille de cette hôtellerie sainte, que vous prenez pour une station du ciel. Ce que je vous dis là n'est peut-être pas selon nos règles, il n'y a pas assez longtemps que je suis abbesse pour les bien connaître, mais c'est selon mon cœur, c'est ce que je vois à chaque instant, non pas en moi, Dieu merci ! mais autour de moi.

— Oh ! non, non ! s'écria l'étrangère, le monde est fini pour moi, j'ai perdu tout ce qui me faisait aimer le monde ; non, soyez tranquille, Madame, je ne le regretterai jamais. Oh ! j'en suis bien sûre... Jamais !

— Alors ce dont vous vous plaignez est-il plus grave ? au lieu d'une illusion avez-vous perdu une réalité ? Êtes-vous séparée à jamais d'un époux, d'un enfant... d'un ami ? Oh ! alors je vous plains bien réellement, Madame, car alors votre cœur est percé de part en part, votre mal est incurable ; alors venez à nous, Madame, le Seigneur vous consolera, il remplacera par nous, qui formons une grande famille, un troupeau dont il est le pasteur, les amis ou les parents que vous avez perdus, et, ajouta la religieuse à voix basse, s'il ne vous console pas, ce qui est encore possible, eh bien, il vous restera cette dernière consolation de pleurer avec moi, qui suis venue ici pour y chercher comme vous la consolation, et qui ne l'ait point encore trouvée.

— Hélas ! s'écria l'étrangère, était-ce de semblables paroles que je devais entendre ? est-ce ainsi que l'on soutien les malheureux ?

— Madame, dit la supérieure en étendant la main vers la jeune femme comme pour écarter le reproche qu'elle venait de lui faire, ne parlez pas de malheur devant moi ; je ne sais pas qui vous êtes, je ne sais pas ce qui vous est arrivé, mais vous ne connaissez pas le malheur.

— Oh ! s'écria l'inconnue avec un accent si douloureux

qu'il fit tressaillir la supérieure, vous ne me connaissez pas, Madame, car si vous me connaissiez, vous ne me parleriez pas ainsi; d'ailleurs vous n'êtes pas juge du degré de ma souffrance, car il faudrait pour cela que vous eussiez souffert ce que je souffre; en attendant, accueillez-moi, recevez-moi, ouvrez-moi les portes de la maison de Dieu ; et à mes larmes, à mes cris, et à mes agonies de chaque jour, vous verrez bien si je suis réellement malheureuse.

— Oui, dit la supérieure, je comprends à votre accent, je comprends à vos plaintes que vous avez perdu l'homme que vous aimez, n'est-ce pas ?

L'étrangère poussa un sanglot et se tordit les bras.

— Oh! oui, oui, dit-elle.

— Eh bien ! puisque vous le voulez, reprit la supérieure, entrez donc ici ; mais je vous en préviens, pour le cas où vous souffririez autant que je souffre, voici ce que vous aurez dans ce cloître : deux murs éternels, impitoyables, qui au lieu de conduire nos pensées au ciel où elles devraient s'élever, aboutiront incessamment à la terre, dont vous serez séparée; car rien ne s'éteint où le sang circule, le pouls bat, le cœur aime ; car tout isolées que nous sommes et cachées que nous croyons être, les morts nous appellent du fond de leurs sépultures ; pourquoi quittez-vous la sépulture de vos morts ?

— Parce que tout ce que j'ai aimé au monde est ici, répondit d'une voix étranglée l'inconnue se jetant à genoux devant la supérieure qui la regardait avec stupéfaction. Maintenant vous avez mon secret, ma sœur ; maintenant vous pouvez apprécier ma douleur, ma mère. Je vous en supplie à genoux, vous voyez mes larmes, acceptez le sacrifice que je fais à Dieu, ou plutôt accueillez la grâce que je vous demande. Il est enterré dans l'église de Peyssac, laissez-moi pleurer sur sa tombe, qui est ici.

— Qui est ici ? quelle tombe ? de qui parlez-vous ? que voulez vous dire ? s'écria la supérieure, en reculant devant cette femme agenouillée qu'elle regardait presque avec effroi.

— Quand j'étais heureuse, continua la pénitente d'une voix si basse que cette voix était couverte par le bruit du vent passant dans les branches, et j'ai été bien heureuse, on m'appelait Nanon de Lartigues. Me reconnaissez-vous à présent, et savez-vous ce que j'implore ?

La supérieure se leva comme si un ressort l'eût fait mouvoir, et les yeux au ciel, les mains jointes, elle demeura un instant muette et pâle.

— Oh! Madame, dit-elle enfin d'une voix en apparence assez calme, et dans laquelle cependant on entendait trembler une dernière émotion, oh ! Madame, vous ne me connaissez donc pas non plus, vous qui demandez à venir ici pleurer sur une tombe? vous ne savez donc pas que j'ai payé de ma liberté, de mon bonheur en ce monde, de toutes les larmes de mon cœur, la triste joie dont vous venez réclamer la moitié ? Vous êtes Nanon de Lartigues ; moi, quand j'avais un nom, l'on m'appelait la vicomtesse de Cambes.

Nanon poussa un cri, s'approcha de la supérieure, et soulevant le capuce sous lequel s'abritaient les yeux éteints de la religieuse, elle reconnut sa rivale.

— Elle! murmura Nanon. Elle qui était si belle, lorsqu'elle vint à Saint-Georges ! Ah! pauvre femme !

Elle fit un pas en arrière, les yeux toujours fixés sur la vicomtesse et en secouant la tête.

— Oh ! s'écria à son tour la vicomtesse entraînée par cette satisfaction de l'orgueil qui veut que nous sachions plus et mieux souffrir que les autres ; ah ! vous venez de dire une bonne parole et qui m'a fait du bien. Oh! j'ai donc cruellement souffert, que je suis si cruellement changée ; j'ai donc bien pleuré; je suis donc plus malheureuse que vous, car vous, vous êtes encore belle.

Et la vicomtesse leva au ciel, comme pour y chercher Canolles, ses yeux resplendissants du premier rayon de joie qui y avait brillé depuis un mois.

Nanon, toujours à genoux, cacha son visage dans ses mains et fondit en larmes.

— Hélas! Madame, dit-elle, j'ignorais à qui je m'adressais, car depuis un mois j'ignore tout ce qui s'est passé, et ce qui m'a conservée belle ; c'est sans doute que j'ai été folle. Maintenant, me voici ; je ne veux point vous rendre jalouse jusque dans la mort ; je demande à entrer ici comme la plus humble de vos religieuses ; vous ferez de moi ce qu'il vous plaira, vous aurez contre moi la discipline, le cachot, l'*impace* si je vous désobéis. Mais, au moins, de temps en temps, ajouta-t-elle d'une voix frémissante, vous me laisserez voir, n'est-ce pas, la place où repose cet homme que nous avons tant aimé ?

Et elle tomba haletante et sans forces sur le gazon.

La vicomtesse ne répondit pas ; renversée au tronc d'un sycomore auquel elle avait demandé un appui, elle semblait prête à expirer de son côté.

— Oh! Madame, Madame! s'écria Nanon, vous ne me répondez pas, vous me refusez! Eh bien! un seul trésor me reste ; vous n'avez rien de lui, peut-être, vous. Eh bien! moi j'en ai quelque chose ; ce trésor, accordez-moi ce que je vous demande, et il est à vous.

Et détachant de son cou un large médaillon soutenu par une chaîne d'or, et qui était enseveli sur sa poitrine, elle l'offrit à madame de Cambes. Le médaillon restait ouvert dans la main de Nanon de Lartigues.

Claire poussa un cri et se précipita sur cette relique, baisant avec un transport si véhément ces cheveux froids et desséchés, qu'il lui sembla que son âme remontait jusqu'à ses lèvres pour prendre sa part de ce baiser.

— Eh bien ! reprit Nanon, toujours à genoux et suffoquant à ses pieds, croyez-vous avoir jamais plus souffert que je ne souffre en ce moment?

— Oh ! vous l'emportez, Madame, répondit la vicomtesse de Cambes en la relevant et en l'attirant dans ses bras ; venez, venez, ma sœur, car maintenant je vous aime plus que tout au monde, vous qui avez partagé avec moi ce trésor.

Et, s'inclinant vers Nanon, qu'elle releva doucement, la vicomtesse effleura de ses lèvres la joue de celle qui avait été sa rivale.

— Oh ! vous serez bien ma sœur et mon amie, dit-elle ; oui, nous vivrons et nous mourrons ensemble en parlant de lui, en priant pour lui. Venez, vous avez raison ; il dort près d'ici, dans notre église : c'est la seule faveur que j'aie pu obtenir de celle à qui j'avais consacré ma vie. Dieu lui pardonne !

A ces mots, Claire prit Nanon de Lartigues par la main, et pas à pas, si légèrement qu'elles effleuraient à peine l'herbe, elles arrivèrent sous le massif de tilleuls et de sapins derrière lequel était cachée l'église.

La vicomtesse conduisit Nanon à une chapelle au milieu de laquelle s'élevait, à la hauteur de quatre pouces, une simple pierre : sur cette pierre était gravée une croix.

Madame de Cambes se contenta, sans dire une seule parole, d'étendre la main vers la pierre.

Nanon s'agenouilla et baisa le marbre. Madame de Cambes s'appuya à l'autel en baisant les cheveux. L'une essayait de s'habituer à la mort, l'autre essayait de rêver une dernière fois la vie.

Un quart d'heure après, les deux femmes regagnèrent la

maison. Excepté pour parler à Dieu, elles n'avaient pas un seul instant rompu leur lugubre silence.

— Madame, dit la vicomtesse, à partir de cette heure vous avez votre cellule dans ce couvent; voulez-vous celle qui touche à la mienne, nous serons moins séparées?

— Je vous rends grâce bien humblement, Madame, dit Nanon de Lartigues, de l'offre que vous me faites, et que j'accepte avec reconnaissance. Mais avant de quitter pour jamais le monde, laissez-moi dire un dernier adieu à mon frère qui m'attend à la porte, et qui, lui aussi, est bien navré de douleur.

— Hélas! dit madame de Cambes, se souvenant malgré elle que le salut de Cauvignac avait coûté la vie à son compagnon de captivité, allez, ma sœur.

Nanon sortit.

LE FRÈRE ET LA SOEUR

Nanon avait dit vrai, Cauvignac l'attendait, assis sur une pierre, à deux pas de son cheval qu'il considérait tristement, tandis que le cheval lui-même, broutant l'herbe sèche autant que le lui permettait la longueur de sa bride, relevant de temps en temps la tête, regardait intelligemment son maître.

Devant l'aventurier passait la route poudreuse qui, disparaissant à une lieue de là dans les ormes d'une petite montagne, semblait partir de ce monastère pour se perdre dans l'immensité.

On eût pu dire et peut-être, si peu tourné que fût son esprit aux pensées philosophiques, notre aventurier pensat-il que là-bas était le monde, et que ces bruits venaient expirer humblement à cette grille de fer surmontée d'une croix.

En effet, Cauvignac en était arrivé à ce degré de sensibilité, que l'on peut supposer qu'il pensait à des choses semblables.

Mais il s'était, pour un caractère comme le sien, oublié depuis déjà bien longtemps dans cette rêverie sentimentale. Il rappela donc à lui le sentiment de sa dignité d'homme, et, se repentant d'avoir été si faible :

— Quoi! dit-il, moi qui suis supérieur à toutes ces gens

de cœur pour l'esprit, je ne serais pas leur égal pour le cœur, ou plutôt pour le défaut de cœur! Que diable! Richon est mort, c'est vrai; Canolles est mort, c'est vrai encore; mais moi je vis, et, quant à moi, il me semble que c'est le principal.

Oui, mais c'est justement parce que je vis, que je pense, qu'en pensant je me rappelle, et qu'en me rappelant je suis triste. Pauvre Richon! un si brave capitaine! pauvre Canolles! un si beau gentilhomme! pendus tous deux, et cela, mille tonnerres! par ma faute, par la faute de Roland Cauvignac; ouf! c'est triste, j'étouffe.

Sans compter que ma sœur, qui n'a pas toujours eu à se louer de moi, n'ayant plus aucun motif pour me ménager, puisque Canolles est mort, et qu'elle a fait la sottise de se brouiller avec monsieur d'Épernon; sans compter que ma sœur doit m'en vouloir mal de mort, et, aussitôt qu'elle aura un moment à elle, va en profiter pour me déshériter de son vivant.

C'est là bien certainement qu'est la vraie infortune et non pas dans ces diables de souvenirs qui me poursuivent. Canolles, Richon, Richon, Canolles, et bien! mais, n'en ai-je pas vu mourir par centaines des hommes, et eux étaient-ils donc autre chose que des hommes? Oh! c'est égal, ma parole d'honneur, il y a des moments où je crois que je regrette de n'avoir pas été pendu avec lui, je serais mort en bonne société au moins, tandis que qui sait en quelle compagnie je mourrai.

En ce moment, la cloche du monastère sonna sept coups; ce bruit rappela Cauvignac à lui-même; il se rappela que sa sœur lui avait dit de l'attendre jusqu'à sept heures, que ce timbre lui annonçait que Nanon allait reparaître, et qu'il devait jouer jusqu'au bout son rôle de consolateur.

En effet, la porte se rouvrit, et Nanon reparut. Elle traversa la petite cour où Cauvignac aurait pu l'attendre, s'il eût voulu, car les étrangers avaient le droit d'entrer dans cette petite cour qui, n'étant pas tout à fait lieu profane, n'était pas encore endroit sacré.

Mais l'aventurier n'avait pas voulu pénétrer jusque-là, disant que le voisinage des couvents et surtout des couvents de femmes lui donnait toujours de mauvaises pensées, et il s'était tenu, comme nous l'avons dit, sur la route et en dehors de la grille.

Au bruit des pas qui faisaient crier le sable, Cauvignac se retourna, et, apercevant Nanon dont il était encore séparé par la grille :

— Ah ! dit-il avec un énorme soupir, vous voilà donc, petite sœur. Quand je vois une de ces malheureuses grilles se refermer sur une pauvre femme, il me semble toujours voir la pierre du sépulcre retomber sur une morte, et je n'attends plus l'une qu'avec son habit de novice, l'autre qu'avec son suaire de trépassée.

Nanon sourit tristement.

— Bon ! dit Cauvignac, vous ne pleurez plus ; c'est déjà quelque chose.

— C'est vrai, dit Nanon, je ne puis plus pleurer.

— Mais vous pouvez encore sourire, tant mieux ; avec votre permission, nous allons repartir, n'est-ce pas ? Je ne sais pas comment cela se fait, mais ce lieu m'inspire toutes sortes de pensées.

— Salutaires ? dit Nanon.

— Salutaires ! vous trouvez ? bon ! nous ne discuterons pas là-dessus, et je suis enchanté que vous trouviez ces pensées telles que vous dites ; vous en aurez fait bonne provision, je l'espère, chère sœur, et vous n'aurez pas besoin d'en venir rechercher de longtemps.

Nanon ne répondit pas, elle pensait.

— Au nombre de ces pensées salutaires, dit Cauvignac se hasardant à interroger, j'espère que vous avez puisé l'oubli des injures?

— J'y ai puisé sinon l'oubli, du moins le pardon.

— J'aimerais mieux l'oubli, mais n'importe; il ne faut pas se montrer trop difficile quand on est dans son tort; vous me pardonnerez donc mes injures envers vous, petite sœur?

— C'est pardonné, répondit Nanon.

— Ah! vous me ravissez, dit Cauvignac; ainsi donc vous me verrez désormais sans répugnance?

— Non-seulement sans répugnance, mais même avec plaisir.

— Avec plaisir?

— Oui, mon ami.

— Votre ami! eh bien! Nanon, voici un nom qui me fait plaisir, car vous n'êtes pas forcée de me le donner, tandis que vous êtes forcée de m'appeler votre frère; ainsi, vous me souffrirez près de vous?

— Oh! je ne dis pas cela, répondit Nanon; il y a des impossibilités, Roland, nous les respecterons tous les deux.

— Je comprends, dit Cauvignac avec un soupir en progression sur le premier. Exilé! vous m'exilez n'est-ce pas? Je ne vous verrai plus. Eh bien! quoique cela me fasse grand'peine de ne plus vous voir, parole d'honneur, Nanon, je sais que je mérite cela, et je m'étais condamné moi-même. D'ailleurs, que ferais-je en France, puisque voilà la paix faite, puisque voilà la Guyenne pacifiée, puisque voilà la reine et madame de Condé qui vont redevenir les meilleures amies du monde? Or, je ne m'abuse pas au point de croire que je sois dans les bonnes grâces de l'une ou de l'autre des deux princesses. Ce que j'ai de mieux à faire, c'est donc de m'exiler comme vous dites; ainsi donc, petite sœur, dites adieu au voyageur éternel. Il y a guerre en Afrique ; monsieur de Beaufort va combattre les Infidèles, j'irai avec lui. Ce n'est pas, à vous dire vrai, que les Infidèles ne me paraissent avoir cent fois raison contre les fidèles; mais n'importe, ceci est l'affaire des rois et non la nôtre. On peut être tué là-bas, voilà tout ce qu'il me faut. J'irai ; vous me haïrez moins quand vous me saurez mort.

Nanon, qui avait écouté ce flux de paroles la tête baissée, leva ses grands yeux sur Cauvignac.

— Est-ce vrai? demanda-t-elle.

— Quoi?

— Ce que vous méditez là, mon frère.

Cauvignac s'était laissé entraîner à son discours comme un homme habitué, à défaut de la sensibilité réelle, à s'échauffer lui-même aux cliquetis de ses paroles : la question de Nanon le rappela au positif; il l'interrogea lui-même pour voir s'il devait tomber de cette emphase dans quelque calcul un peu plus vulgaire.

— Eh bien! oui, dit-il, petite sœur, je le jure, par quoi? je ne sais. Voyons, je jure, foi de Cauvignac, que je suis réellement triste et malheureux depuis la mort de Richon et surtout de... Enfin, tenez, là, tout à l'heure, sur cette pierre, je me faisais des raisonnements sans nombre pour endurcir mon cœur, dont, jusqu'à présent, je n'avais jamais entendu parler, et qui maintenant ne se contente plus de battre, mais qui parle, qui crie, qui pleure. Dites-moi, Nanon, est-ce que ce serait là ce que l'on appelle des remords?

Ce cri fut si naturel et si douloureux, malgré sa burlesque sauvagerie, que Nanon reconnut qu'il venait du plus profond du cœur.

— Oui, dit-elle, c'est du remords, et vous êtes meilleur que je ne le croyais.

— Eh bien! dit Cauvignac, puisque c'est du remords, va pour la campagne à Gigery ; vous me donnerez bien quelque petite chose pour mes frais de voyage et mes équipements, n'est-ce pas, petite sœur? et puissé-je emporter tous vos chagrins avec les miens.

— Vous ne partirez pas, mon ami, dit Nanon, et vous allez vivre désormais dans toute la prospérité dont une destinée favorable peut vous faire jouir. Depuis dix ans, vous luttez contre la misère; je ne parle pas des dangers que vous avez courus, ce sont ceux d'un soldat; cette fois vous avez gagné la vie où un autre l'a perdue; c'était donc la volonté de Dieu que vous viviez, et mon désir, d'accord avec cette volonté, est qu'à partir d'aujourd'hui vous viviez heureux.

— Voyons, petite sœur, comment dites-vous cela? répondit Cauvignac, et qu'entendez-vous par ces paroles?

— J'entends que vous alliez à ma maison de Libourne avant qu'elle ne soit pillée; vous y trouverez, dans l'armoire secrète qui est derrière ma glace de Venise...

— Dans l'armoire secrète? reprit Cauvignac.

— Oui, vous la connaissez, n'est-ce pas? dit Nanon avec un faible sourire; n'est-ce pas dans cette armoire que vous avez pris deux cents pistoles, le mois passé?

— Nanon, rendez-moi cette justice que j'aurais pu prendre davantage si j'avais voulu, car cette armoire était pleine d'or, et je n'ai pris absolument que la somme dont j'avais besoin.

— C'est vrai, dit Nanon, et si cela peut vous excuser à vos propres yeux, je m'empresse d'en rendre témoignage.

Cauvignac rougit, et baissa les yeux.

— Eh! mon Dieu! dit Nanon, n'y pensons plus, vous savez bien que je vous pardonne.

— La preuve? demanda Cauvignac.

— La preuve, la voici : vous irez à Libourne, vous ouvrirez cette armoire, vous y trouverez tout ce que j'ai pu mobiliser de ma fortune : vingt mille écus en or.

— Qu'en ferai-je?

— Vous les prendrez.

— Mais à qui destinez-vous ces vingt mille écus!

— A vous, mon frère ; c'est tout ce dont je puis disposer, car vous savez bien que, n'ayant rien demandé pour moi en quittant monsieur d'Épernon, mes maisons et mes terres ont été saisies.

— Que dites-vous donc là, ma sœur? s'écria Cauvignac tout effaré, et que vous passe-t-il par la tête?

— Il y a, Roland, que, comme je vous le dis, vous prendrez pour vous ces vingt mille écus!

— Pour moi! et vous, donc?

— Moi, je n'ai pas besoin de cet argent.

— Oui, je comprends ; vous en avez d'autre, tant mieux. Mais la somme est énorme, petite sœur, réfléchissez-y, c'est trop pour moi, du moins d'un seul coup.

— Je n'ai pas d'autre somme; seulement je garde mes pierreries. Je voudrais vous les donner aussi, mais c'est ma dot pour entrer dans ce couvent.

Cauvignac fit un bond de surprise.

— Dans ce couvent! s'écria-t-il; vous, ma sœur, vous voulez entrer dans un couvent?

— Oui, mon ami.

— Ah! par le ciel, ne faites pas cela, petite sœur. Le couvent! vous ne savez pas comme c'est ennuyeux. Je puis vous le dire, moi qui ai été au séminaire. Le couvent! Nanon, ne faites pas cela, vous en mourrez.

— Je l'espère bien, dit Nanon.

— Ma sœur, je ne veux pas de votre argent à ce prix, entendez-vous. Cordieu! il me brûlerait.

— Roland, reprit Nanon, ce n'est pas pour vous faire riche, que j'entre ici, c'est pour me faire heureuse.

— Oh! c'est de la folie, dit Cauvignac. Je suis votre frère, Nanon, je ne souffrirai pas cela.

— Mon cœur est déjà ici, Roland, que ferait mon corps ailleurs ?

— Cela est affreux à penser, dit Cauvignac. Oh! ma sœur, ma bonne Nanon, par pitié!

— Pas un mot de plus, Roland. Vous m'avez entendue ? l'argent est à vous, faites-en un bon usage, car votre pauvre Nanon ne sera plus là pour vous en donner d'autre, de force ou de bonne volonté.

— Mais pour être si excellente avec moi, pauvre sœur, quel bien avez-vous donc reçu de moi?

— Le seul que je pouvais attendre, le seul que j'ambitionnasse, le plus grand de tous, celui que vous me rapportâtes de Bordeaux, le soir où il mourut, et où moi je ne pus pas mourir.

— Ah! oui, dit Cauvignac, je me rappelle, cette boucle de cheveux...

L'aventurier baissa la tête ; il sentait dans son œil une sensation inconnue.

Il y porta la main.

— Un autre pleurerait, dit-il ; moi, je ne sais pas pleurer, mais, en vérité, je souffre autant, si ce n'est plus.

— Adieu, mon frère, ajouta Nanon en tendant la main au jeune homme.

— Non, non, non! dit Cauvignac, je ne vous dirai jamais adieu de ma pleine volonté. Est-ce la crainte qui vous fait entrer dans ce couvent? eh bien! nous quitterons la Guyenne, nous parcourrons le monde ensemble. Moi aussi j'ai dans le cœur une flèche que je trainerai partout avec moi, et dont la douleur me rendra sensible à votre douleur. Vous me parlerez de lui, moi je vous parlerai de Richon: vous pleurerez, et peut-être que je parviendrai à pleurer aussi, moi, cela me fera du bien. Voulez-vous que nous nous retirions dans un désert? je vous y servirai, et respectueusement, car vous êtes une sainte fille. Voulez-vous que je me fasse moine ? Non, je ne pourrai pas, je l'avoue. Mais n'entrez pas au couvent; mais ne me dites pas adieu!

— Adieu, mon frère.

— Voulez-vous rester en Guyenne, malgré les Bordelais, malgré les Gascons, malgré tout le monde? Je n'ai plus ma compagnie, mais j'ai toujours Ferguzon, Barrabas et Carrotel. A nous quatre, nous pouvons faire bien des choses. Nous vous garderons, et la reine ne sera pas gardée comme vous. Et si l'on arrive jusqu'à vous, si l'on touche un cheveu de votre tête, vous pourrez dire: Ils sont morts tous les quatre: *Requiescant in pace.*

— Adieu, dit-elle.

Cauvignac allait répondre par quelque nouvelle supplication, quand on entendit le bruit d'un carrosse qui roulait sur la route.

Devant ce carrosse galopait un courrier à la livrée de la reine.

— Qu'est-ce que cela ? demanda Cauvaignac en se retournant de ce côté de la route, mais sans quitter la main de sa sœur qui serrait la sienne à travers la grille.

Ce carrosse, selon la forme du temps, avec les armoiries massives et les panneaux ouverts, était traîné par six chevaux, et contenait huit personnes avec tout un monde de laquais et de pages.

Derrière ce carrosse venaient des gardes et des courtisans à cheval.

— Place! place ! cria le courrier en envoyant un coup de fouet au cheval de Cauvignac, qui se tenait cependant avec une réserve pleine de modestie sur le revers de la route.

Le cheval bondit tout effaré.

— Eh! l'ami! cria Cauvignac en lâchant la main de sa sœur; prenez, s'il vous plaît, garde à ce que vous faites.

— Place à la reine! dit le courrier en continuant son chemin.

— La reine! Ah! diable! dit Cauvignac, n'allons point nous faire encore une mauvaise affaire de ce côté-là.

Et il se rangea le plus près qu'il pût de la muraille, tenant son cheval par la bride.

En ce moment un trait de la voiture cassa, et le cocher, d'une secousse vigoureuse, força les six chevaux de plier les genoux.

— Qu'y a-t-il, dit une voix remarquable par son accent italien, et pourquoi vous arrêtez-vous?

— Il y a un trait de cassé, Monseigneur, dit le cocher.

— Ouvrez, ouvrez! cria la même voix.

Deux laquais s'élancèrent, ouvrirent la portière; mais avant que le marchepied ne fût abaissé, l'homme à l'accent italien était déjà à terre.

— Ah! ah! il signor Mazarini, dit Cauvignac, il ne s'est pas fait prier pour descendre le premier, ce me semble.

Après lui descendit la reine.

Après la reine, monsieur de La Rochefoucault.

Cauvignac se frotta les yeux.

Après monsieur de La Rochefoucault, monsieur d'Epernon.

— Ah! ah! fit l'aventurier, pourquoi donc n'est-ce pas ce beau-frère là qui est pendu au lieu de l'autre?

Après monsieur d'Epernon, monsieur de La Meilleraie.

Après monsieur de La Meilleraie, le duc de Bouillon.

Puis deux dames d'honneur.

— Je savais bien qu'ils ne se battaient plus, dit Cauvignac, mais je ne savais pas qu'ils fussent si bien raccommodés

— Messieurs, dit la reine, au lieu d'attendre ici que ce

trait soit raccommodé, il fait beau, l'air du soir est frais, voulez-vous marcher un peu !

— Aux ordres de Votre Majesté, dit monsieur de La Rochefoucault en s'inclinant.

— Venez près de moi, duc, vous me direz quelques-unes de vos belles maximes ; vous avez dû en faire bon nombre depuis que nous ne nous sommes vus.

— Donnez-moi le bras, duc, dit Mazarin à monsieur de Bouillon, je sais que vous avez la goutte.

Monsieur d'Épernon et monsieur de La Meilleraie fermèrent la marche en causant avec les deux dames d'honneur.

Tout ce monde riait et s'épanouissait aux chaudes teintes d'un soleil couchant comme un groupe d'amis réunis pour une fête.

— Y a-t-il encore loin d'ici à Bourcy? demanda la reine ; vous pouvez me dire cela, vous, monsieur de La Rochefoucault, qui avez étudié le pays.

— Trois lieues, Madame ; nous y serons certainement avant neuf heures.

— C'est bien, et demain vous partirez de grand matin, pour dire à notre chère cousine, madame de Condé, que nous serons tout à fait heureuse de la voir.

— Votre Majesté, dit le duc d'Épernon, voit-elle ce beau cavalier qui tourne sa tête du côté de la muraille, et, à cette vue, la belle dame qui a disparu lorsque nous sommes descendus de voiture?

— Oui, dit la reine, j'ai vu tout cela ; il paraît qu'on se donne du bon temps au couvent de Sainte-Radegonde de Peyssac.

En ce moment, la voiture raccommodée passa au grand trot pour rejoindre les illustres promeneurs qui avaient déjà, lorsqu'elle les rejoignit, dépassé le couvent d'une vingtaine de pas.

— Allons, dit la reine, ne nous fatiguons pas, Messieurs, vous savez que le roi nous donne les violons ce soir.

Et tous remontèrent dans la voiture avec de grands éclats de rire qui se perdirent bientôt dans le bruit des roues du carrosse.

Cauvignac, absorbé par l'affreux contraste de cette joie qui passait bruyante sur le chemin, devant cette douleur muette enfermée dans le couvent, les regarda s'éloigner; puis, lorsqu'il les eut perdus de vue :

— C'est égal, dit-il, je suis content de savoir une chose : c'est que, tout mauvais que je suis, il y a des gens qui ne me valent pas ; et, mort de Marie! je vais tâcher qu'il n'y ait plus personne qui me vaille ; je suis riche maintenant, ce sera facile. Et il se retourna pour prendre congé de sa sœur; mais, comme nous l'avons dit, Nanon avait disparu.

Alors il remonta en soupirant sur son cheval, jeta un dernier regard sur le couvent, prit au galop le chemin de Libourne, et disparut à l'angle opposé de la route où venait de disparaître elle-même la voiture qui emmenait les illustres personnages qui ont joué le principal rôle dans cette histoire.

Peut-être les retrouverons-nous un jour ; car cette prétendue paix, mal cimentée par le sang de Richon et de Canolles, n'était qu'une trêve, et la guerre des femmes n'était pas encore finie.

TABLE

La Vicomtesse de Cambes. 1
L'Abbaye de Peyssac. 223
Épilogue. — I. L'Abbesse de Sainte-Radegonde. 279
      — II. Le Frère et la Sœur. 289

FIN DU TOME DEUXIÈME ET DERNIER.

LAGNY. — Typographie de A. VARIGAULT et Cie.

COLLECTION MICHEL LÉVY. — Gr. in-18. 1 fr. le volume.

A. Achard. Parisiennes et Provinciales. Brunes et Blondes. Femmes honnêtes. Dernières Marquises.
A. Adam. Souv. d'un Musicien. Dern. Souvenirs d'un Musicien.
G. d'Alaux. L'Empereur Soulouque et son Empire.
Achim d'Arnim. (Trad. .. Gautier fils). Contes bizarres.
A. Assolant. Hist. fantast. de Pierrot.
X. Aubryet. Femme de vingt-cinq ans.
E. Augier. Poésies complètes.
J. Autran. Milianah.
Th. de Banville. Odes funambulesques.
Ch. Barbara. Hist. émouvantes.
Roger de Beauvoir. Chevalier de Saint-Georges. Aventurier et Courtisane. Hist. cavalières. Mlle de Choisy. Chev. de Charny. Cabaret des Morts.
A. de Bernard. Portr. de la Marquise.
Ch. de Bernard. Nœud gordien. Homme sérieux. Gerfaut. Ailes d'Icare. Gentilh. campagne, d. 2 v. Beau-père, 2 v. Paravent. Peau du Lion. L'Écueil. Théâtre et Poésies.
Mme C. Berton. Bonheur impossible. Rosette.
J. Boulibet. Melœnis.
R. Bravard. Petite Ville. L'honneur des Femmes.
A. de Bréhat. Scènes de la vie contemporaine. Bras d'acier.
Max Buchon. En Province.
H. Blaze. Music iens contemporains.
E. Carlen (Trad. de M. Souvestre). Deux jeunes Femmes.
L. de Carné. Drame sous la Terreur.
Émile Carrey. Huit jours sous l'Équateur. Métis de la Savane. Révoltés du Para. Récits de Kabylie. Scènes de la vie en Algérie. Hist. et mœurs Kabyles.
C. de Chabrillan. Voleurs d'or. Sapho.
Champfleury. Excentriques. Avent. de Mlle Mariette. Réalisme. Souffr. du Prof. Delteil. Premiers Beaux-Jours. Usurier Blaizot. Souv. des Funambules. Bourgeois de Molinchart. Sensations de Josquin. Chien-Caillou.
*** Souvenirs d'un officier du 2me de Zouaves.
H. Conscience (Trad. Wocquier). Scènes de la Vie flamande, 2 v. Fléau du Village. Démon de l'Argent. Veillées Flamandes. Guerre des Paysans. Mère Job. Heures du Soir. L'Orpheline. Batavia. Aurélies, 3 v. Souvenirs de Jeunesse. Lion de Flandre, 2 v.
Tex. Floury. Voyages et Voyageurs.
A. Dantragues. Histoires d'amour et d'argent.
Tom. Deck. Bals masqués. Jeu de la Reine. Chaîne d'Or. Fruit défendu. Chât. en Afrique. Poudre et la neige. Marquise de Parabère.
Général Daumas. Grand Désert. Chevaux du Sahara.
P. Boiteau. Aventures parisiennes. L'une et l'autre.
Ch. Dickens (Trad. A. Pichot). Nev. de ma Tante, 2 v. Contes de Noël.
Oct. Didier. Mad. Georges. Fille de Roi.
Alex. Dumas. Vie au Désert, 2 v. Maison de glace, 2 v. Charles le Téméraire, 2 v.
Alex. Dumas fils. Avent. de quatre Femmes. Vie à vingt ans. Antonine. Dame aux Camélias. Boîte d'Argent.
X. Eyma. Peaux noires. Femmes du Nouveau monde.
Paul Féval. Tueur de Tigres. Dernières Fées.
G. Flaubert. Madame Bovary, 2 v.
V. de Forville. Marq. de Pazaval. Conseil de l'an VIII. Deux Belles-Sœurs.
Marc-Fournier. Monde et Comédie.
Th. Gautier. Beaux-Arts en Europe, 2 v. Constantinople. L'Art moderne. Grotesques.
Mme Émile de Girardin. Marguerite. Nouvelles. Marquise de Pontanges. Contes d'une vieille Fille à ses Neveux. Poésies. Vicomte de Launay, 4 v.
L. Goslan. Château de France, 2 v. Not. de Chantilly. Émot. de Polydore Marasquin. Nuits du Père-Lachaise. Famille Lambert. Hist. de Cent trente Femmes. Médecin du Pecq. Dernière Sœur grise. Dragon rouge. Comédie et Comédiens. Marquise de Belverana. Balzac et Vidocq.
Hildebrand (Trad. Wocquier). Scènes de la Vie hollandaise. Chambre obscure.
Hoffmann (Trad. Champfleury). Contes posthumes.
A. Houssaye. Femmes comme elles sont. L'Amour comme il est. Pécheresse.
Ch. Hugo. Chaise de paille. Bohême dorée, 2 v. Cochon de saint Antoine.
F. V. Hugo (Trad.). Sonnets de Shakspeare. Faust anglais de Marlowe.
F. Hugonnet. Souv. d'un Chef de bureau arabe.
J. Janin. Chem. de traverse. Contes littér. Contes fantastiq. L'Âne mort. Confession. Cœur pour deux Amours.
Ch. Jobey. Amour d'un Nègre.
A. Karr. Les Femmes. Agathe et Cécile. Promen. hors de mon Jardin. Sous les Tilleuls. Poignée de Vérités. Voy. autour de mon Jardin. Soirées de Sainte-Adresse. Pénélope normande. Encore les Femmes. Trois Cents Pages. Guêpes, 6 v. Menus Propos. Sous les orangers. Les Fleurs. Raoul. Roses noires et Roses bleues.
L. Lompert Trad. D. Stauben). Scènes du Ghetto. Juifs de la Bohême.
A. de Lamartine. Les Confidences. Nouv. Confidences. Touss. Louverture.
V. de Laprade. Psyché.
Th. Lavallée. Hist. de Paris, 2 v.
J. Lecomte. Poignard de Cristal.
J. de la Madeleine. Ames en peine.
F. Malleville. Capitaine La Rose. Marcel.
Mém. de Don Juan, 2 v. Monsieur Corbeau.
X. Marmier. Au Bord de la Newa. Drames intimes. Grande Dame russe.
F. Maynard. De Delhi à Cawnpore. Drame dans les mers boréales.
Méry. Hist. de Famille. Salons et Souterrains de Paris. André Chénier. Nuits anglaises. Nuits italiennes. Nuits espagnoles. Nuits d'Orient. Château vert. Chasse au Chastre.
P. Meurice. Scènes du Foyer. Tyrans de Village.
P. de Molènes. Mém. d'un Gentilh. du siècle dernier. Caract. et récits du temps. Chron. contemp. Hist. intimes. Hist. sentim. et milit. Avent. du temps passé.
F. Mornand. Vie arabe. Bernerette.
H. Murger. Dernier Rendez-vous. Pays Latin. Scèn. de Campagne. Buveurs d'eau. Vacances de Camille. Roman de toutes les Femmes. Scèn. de la Vie de Bohême. Propos de ville et propos de théâtre. Scèn. de la vie de jeunesse. Sabot rouge. Madame Olympe. Amoureuses.
P. de Musset. Bavolette. Puylaurens.
A. de Musset, de Balzac, G. Sand. Tiroir du Diable. Paris et Parisiens. Parisiennes à Paris.
Nadar. Quand j'étais Étudiant. Miroir aux Alouettes.
Gérard de Nerval. Bohême galante. Marquis de Fayolles. Filles du Feu. Souvenirs d'Allemagne.
Charles Nodier (Trad.). Vicaire de Wakefield.
P. Perret. Bourgeois de campagne. Avocats et meuniers.
Amédée Pichot. Poètes amoureux.
R. Plouvier. Dernières Amours.
Edgard Poe (Trad. Baudelaire). Hist. extraordinaires. Nouv. hist. extraordinaires. Aventures d'A. Gordon-Pym.
F. Ponsard. Études antiques.
A. de Pontmartin. Cont. et Nouv. Mém. d'un Notaire. Fin de Procès. Contes d'un Plat de choux. Pourq. je reste à la Campagne. Or et Clinquant.
M. Radiguet. Souvenirs de l'Amérique espagnole.
H. Révoil (Traducteur). Il Nouv. Monde. Docteur américain.
L. Reybaud. Dernier des Voyag. Coq du Clocher. Industr. en E. Jérôme Paturot, Position sociale. J. Paturot, République. Ce qu'on peut voir dans une Rue. Comtesse de Mauléon. Rebours. Vie de Corsaire. Vie de l'Emp.
A. Rolland. Martyrs du Foyer.
Ch. de La Roumat. Comédie de l'Amour.
J. de Saint-Félix. Scènes de la Vie de Gentilhomme.
J. Sandeau. Sacs et Parchemins. Nouvelles. Catherine.
G. Sand. Histoire de ma Vie, 10 v. Maprat. Valentine. Indiana. Jeanne. Meunier. Diable. Petite Fadette. François le Champi. Teverino. Consuelo, 3 v. Comt. de Rudolstadt, 2 v. André. Horace. Jacques. Lélia, 2 v. Lucrezia Floriani. Péché de M. Antoine, 2 v. Lettres d'un Voyageur. Meunier d'Angibault. Piccinino, 2 v. Signor Dernière Aldini. Secrétaire intime.
E. Scribe. Théâtre, 20 v. Nouvelles. Historiet. et Prov. Piquillo Alliaga, 3 v.
Alb. Second. A quoi tient l'Amour.
Fr. Soulié. Mém. du Diable, 2 v. Deux Cadavres. Quatre Sœurs. Conf. générale, 2 v. Au Jour le Jour. Marguerite. Maître d'école. Bananier. Eulalie Pontois. Si Jeun. savait... si Vieill. pouvait... Huit jours au Château. Conseiller d'État. Malheur complet. Magnétiseur. Lioncel. Port de Créteil. Comt. de Monrion. Vicgeron. Été à Mendon. Drames inconnus. Maison n° 3 de la r. de Provence. Av. Cadet de Famille. Amours de Olivier Duhamel. Chât. des Pyrénées, 2 v. Rêve d'Amour. Diane et Louise, 2 v. Sathaniel. Comte de Toulouse, 2 v. Confess. pour les enfants. Qu. de Béziers. Saturnin Fichet, 2 v.
E. Souvestre. Philos. sous les toits. Confess. d'un Ouvrier. Coin du feu. Sc. de la Vie intime. Circ. de la Vie. Clairière. Scèn. de Chouannerie. la Prairie. Dern. Paysans. Etalage. Scèn. et Récits des Alpes d'Eau. Soirées de Meudon. Echelle Femmes. Souv. d'un Vieillard. Sous Filets. Contes et Nouv. Foyer breton. Dern. Bretons, 2 v. Anges de la Foi. Sur la Pelouse. Riche et Pauvre, 2 v. Jeunesse. Réprouvés et Élus, 2 vol. Famille. Pierre et Jean. Deux Misères. Pendant la Moisson. Bord du Lac. Drames parisiens. Sous les ombrages. Mût en cocarde. Mémorial de Famille. Souv. d'un Bas-Breton, 2 v. L'Homme de l'Argent. Monde tel qu'il sera. Histoires d'autrefois. Sous la tonnelle. Théâtre de la Jeunesse.
Marie Souvestre. Paul conduit de l'Anglais.
D. Stauben. Scènes de la Vie Alsace.
De Stendhal. L'Amour. Rouge et Noir. Chartreuse de Parme. Promenades à Rome, 2 v. Chroniq. Italiennes. Mém. d'un touriste, 2 v. Vie de Rossini.
Mme H. Stowe (Trad. Forcade). Souvenirs heureux, 3 v.
E. Sué. Sept Péchés capitaux : L'Orgueil, 2 v. L'Envie. Colère, 2 v. Luxure. Paresse, 2 v. Avarice. Gourmandise. Gilbert et Gilberte, 3 v. Adèle Verneuil. Grande Dame. Clémance Hervé.
E. Texier. Amour et Finance.
L. Ulbach. Secrets du Diable.
G. de Vallée. Maniaques d'argent.
A. Vacquerie. Profils et Grimaces.
M. Valrey. Marthe de Montfran. Fille sans Dot.
F. Wey. Anglais chez eux. Londres. Il y a cent ans.
*** Mme la duchesse d'Orléans.
*** Zouaves et Chasseurs à pied.

PARIS. — IMPRIMERIE DE ÉDOUARD BLOT, RUE SAINT-LOUIS, 46.

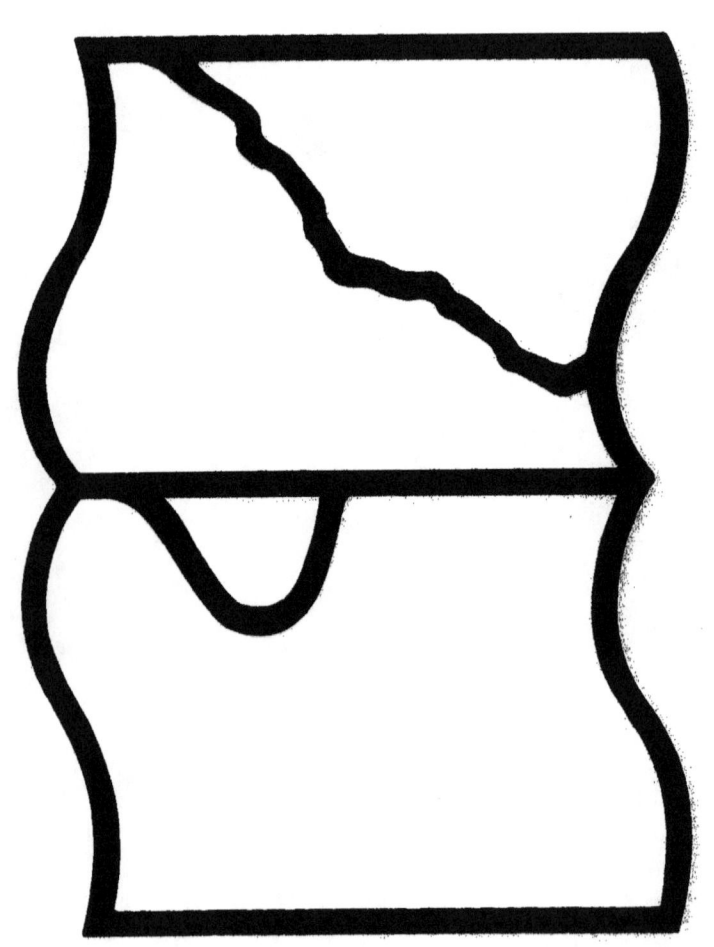

Texte détérioré — reliure défectueuse

www.ingramcontent.com/pod-product-compliance
Lightning Source LLC
Chambersburg PA
CBHW071520160426
43196CB00010B/1594